ABITUR 2017
Original-Prüfungsaufgaben mit Lösungen

Mathematik GK

Sachsen
2010–2016

STARK

© 2016 Stark Verlagsgesellschaft mbH & Co. KG
21. ergänzte Auflage
www.stark-verlag.de

Das Werk und alle seine Bestandteile sind urheberrechtlich geschützt. Jede vollständige oder teilweise Vervielfältigung, Verbreitung und Veröffentlichung bedarf der ausdrücklichen Genehmigung des Verlages.

Inhalt

Vorwort
Stichwortverzeichnis

Hinweise und Tipps zum Zentralabitur

Ablauf der Prüfung	I
Leistungsanforderungen und Bewertungen	II
Operatoren und Anforderungsbereiche	IV
Methodische Hinweise oder allgemeine Tipps zur schriftlichen Prüfung	V
Hinweise und Tipps zum Lösen von Aufgaben mit dem CAS-Rechner	X
Arbeiten mit dem CAS-Rechner	X

Abiturprüfung 2010

Teil A	2010-1
Teil B, Aufgabe 1	2010-7
Teil B, Aufgabe 2	2010-13

Abiturprüfung Nachtermin 2010

Teil A	2010-19
Teil B, Aufgabe 1	2010-24
Teil B, Aufgabe 2	2010-29

Abiturprüfung 2011

Teil A	2011-1
Teil B, Aufgabe 1	2011-7
Teil B, Aufgabe 2	2011-14

Abiturprüfung Nachtermin 2011

Teil A	2011-21
Teil B, Aufgabe 1	2011-27
Teil B, Aufgabe 2	2011-34

Abiturprüfung 2012

Teil A	2012-1
Teil B, Aufgabe 1	2012-7
Teil B, Aufgabe 2	2012-13

Abiturprüfung 2013

Teil A	2013-1
Teil B, Aufgabe 1	2013-7
Teil B, Aufgabe 2	2013-14

Abiturprüfung 2014

Teil A	2014-1
Teil B, Aufgabe 1	2014-8
Teil B, Aufgabe 2	2014-14

Abiturprüfung 2015

Teil A	2015-1
Teil B, Aufgabe 1	2015-8
Teil B, Aufgabe 2	2015-15

Abiturprüfung 2016

Teil A	2016-1
Teil B, Aufgabe 1	2016-6
Teil B, Aufgabe 2	2016-12

Ihr Coach zum Erfolg: Mit dem **Online-Prüfungstraining zum hilfsmittelfreien Teil des Abiturs** lösen Sie interaktiv Aufgaben, die speziell auf diesen Prüfungstyp zugeschnitten sind. Am besten gleich ausprobieren!
Ausführliche Infos inkl. Zugangscode finden Sie auf dem Ausklappbogen in diesem Buch.

Sitzen alle mathematischen Begriffe?
Unter www.stark-verlag.de/mathematik-glossar/ finden Sie ein kostenloses Glossar zum schnellen Nachschlagen aller wichtigen Definitionen mitsamt hilfreicher Abbildungen und Erläuterungen.

Jeweils zu Beginn des neuen Schuljahres erscheinen die neuen Ausgaben der Abiturprüfungsaufgaben mit Lösungen.

Lösungen der Aufgaben:

Marion Genth, Schönborn

Vorwort

Liebe Abiturientin, lieber Abiturient,

mit diesem Buch helfen wir Ihnen, sich effektiv auf die **zentrale Abiturprüfung 2017 im Fach Mathematik (Grundkurs) in Sachsen** vorzubereiten. Aufgrund des umfangreichen Stichwortverzeichnisses eignet sich das Material aber auch zur gezielten **Vorbereitung auf Klausuren**.

Genaue Informationen und wertvolle Hinweise über die Struktur der Prüfung erfahren Sie in dem Abschnitt **„Hinweise und Tipps zum Zentralabitur"**. Dort erhalten Sie auch ausführliche Ratschläge zum Umgang mit dem CAS-Rechner in der Prüfung.

Der Hauptteil des Bandes enthält die **Abitur-Prüfungsaufgaben der Jahrgänge 2010 bis 2016**.

Zu allen Aufgaben finden Sie von mir ausgearbeitete **vollständige Lösungsvorschläge** sowie separate **Tipps zum Lösungsansatz**, die den Einstieg in die Aufgabe erleichtern und dazu beitragen, die Aufgabe **möglichst selbstständig** zu lösen.

Mithilfe der offiziellen Abituraufgaben gewinnen Sie einen Eindruck von Inhalt, Struktur, Umfang und Schwierigkeitsgrad der Prüfung und durch das Bearbeiten vieler Aufgaben auch zunehmende Sicherheit bei deren Lösung. Beginnen Sie deshalb rechtzeitig mit der Vorbereitung auf die Prüfung.

Sollten nach Erscheinen dieses Bandes noch wichtige Änderungen in der Abiturprüfung 2017 vom Sächsischen Staatsministerium für Kultus bekannt gegeben werden, finden Sie aktuelle Informationen dazu im Internet unter:
www.stark-verlag.de/pruefung-aktuell

Viel Erfolg für die Prüfungsvorbereitung und für das Abitur!

Marion Genth

Stichwortverzeichnis

Das Verzeichnis gliedert sich in die drei Themenbereiche Analysis, Geometrie/Algebra und Stochastik.
Folgende Abkürzungen wurden zur Kennzeichnung der einzelnen Aufgaben gewählt:

10/B 1.1   Abitur 2010, Teil **B**, Aufgabe 1, Teilaufgabe **1.1**
N10/A 2   Nachtermin Abitur 2010, Teil **A**, Teilaufgabe **2**

Analysis

Ableitung	10/A 1.2; N10/A 1.2; N10/B 2.2; 11/A 1.1; 11/B 1.3; N11/A 1.2; N11/B 2.4; 12/A 1.1, 1.2, 4.1; 12/B 1.3; 13/A 1.2, 2; 13/B 1.3; 14/A 1.2; 14/B 1.3; 15/A 1.1, 1.3; 15/B 1.4; 16/A 1.1; 16/B 2.2, 2.4
Abstand	10/B 1.1; N10/B 1.1; 11/B 1.3; N11/B 2.3; 12/B 1.2; 13/B 1.2, 1.4, 1.5; 14/B 1.1, 1.3; 15/B 1.1, 1.3; 16/B 2.3
Abweichung der Funktionswerte	12/B 1.4
Anstieg	10/A 1.1, 2.1; 10/B 1.1; N10/B 1.2; 11/A 1.1; N11/A 1.2; N11/B 2.4; 12/A 1.2; 12/B 1.3; 13/A 1.2, 2; 14/B 1.3; 15/A 1.1; 16/B 2.2
Asymptote	16/A 1.2
Begründen des Kurvenverlaufs	10/A 2.2; 10/B 1.2; 11/A 2; N11/A 2; 14/A 2.2
Berührungspunkt	N10/B 2.2; 11/B 1.3; 12/A 4.1
Beschreiben des Kurvenverlaufs	10/A 2.1
Bestimmtes Integral	12/A 1.3; 13/B 1.5; 14/A 1.3; 14/B 1.2; 15/A 1.2, 2.1; 16/B 2.5, 2.6
Bogenlänge	13/B 1.6; 15/B 1.2
Definitionsbereich	N10/A 1.1; 13/A 1.1
Extrempunkte (lokale)	N10/B 1.1, 2.5; 11/A 2; 11/B 1.1; N11/B 2.3, 2.4; 12/B 1.1, 1.3, 1.4; 13/B 1.1; 14/A 1.2; 15/A 2.2; 15/B 1.1, 1.3; 16/B 2.1
Extremwertaufgabe	10/B 1.3, 2.6; 11/B 1.4; 13/B 1.4
Flächeninhalt	10/B 1.4, 2.5; N10/B 2.1; 11/A 3; 11/B 1.2, 2.2; N11/B 1.6, 2.5, 2.6; 12/A 4.2; 12/B 1.5; 13/B 1.5; 14/B 1.2, 1.4; 15/A 2.1
Funktion	
– Exponential-	10/A 1.2; 11/A 1.1; 12/A 1.2; 14/B 1.5; 15/A 1.1; 16/A 1.1

– ganzrationale	10/B 1, 2.5, 2.6; N10/A 1.2; N10/B 1.1, 1.2, 2; 11/B 1, 2.2; N11/B 1.6, 2; 12/A 4; 12/B 1; 13/A 1.3, 2; 13/B 1; 14/A 1.1, 1.3, 2; 14/B 1; 15/A 2; 15/B 1; 16/A 1.3, 2; 16/B 2
– gebrochenrationale	N11/A 1.1; 12/A 1.1; 16/A 1.2
– Logarithmus-	13/A 1.2
– Winkel-	N11/A 1.2; 12/B 1.4
– Wurzel-	N10/A 1.1; 13/A 1.1
Funktionsgleichung erstellen	10/B 2.5; N10/B 2.1; 11/B 1.5; 12/B 1.5; 16/B 2.4
Geradengleichung	10/B 1.1, 2.6; 11/B 1.3; 12/A 4.1; 13/B 1.4; 15/B 1.5
Geschwindigkeit	15/B 1.2
Gewinn	N10/B 2.5
Grenzwert	16/A 1.2
Integration	10/B 1.4, 2.5; 11/A 3; 11/B 1.2; N11/B 1.6, 2.5, 2.6; 12/A 4.2; 12/B 1.5; 13/B 1.5, 1.6; 14/A 1.3; 14/B 1.2; 15/A 1.2, 2.1; 15/B 1.2; 16/B 2.5, 2.6
Koordinaten eines Punktes	13/B 1.1; 15/B 1.1
Kosten	N10/B 2.5; 14/B 1.4
Lagebeziehung	
– Punkt – Graph der Funktion	13/B 1.1
– Gerade – Graph der Funktion	15/B 1.5
Lösen einer quadratischen Gleichung	12/A 4.2; 13/A 2
Lösungsmenge	10/A 1.3; 11/A 1.2
Monotonie	10/A 2.1; N11/A 2; 15/A 1.3
Nullstelle	11/A 3; 11/B 1.1; N11/B 2.3; 12/A 4.2; 13/A 2; 14/A 1.1; 15/A 2.1; 16/B 2.5
Parameter	16/B 2.6
Polstelle	N11/A 1.1
Schnittpunkte	
– von Funktionen	10/B 1.3; N11/B 2.5; 14/B 1.1
Skizzieren eines Funktionsgraphen	N10/A 2; 14/A 2.1
Stammfunktion	N10/A 1.3; 12/A 4.2; 13/A 1.3; 14/A 1.3; 15/A 1.2, 2.1; 16/A 1.3; 16/B 2.6
Symmetrie	N11/B 2.3
Tangente	11/B 1.3; 16/A 2
Tangentenanstieg	N10/B 2.2; 12/A 4.1; 13/A 1.2, 2; 14/B 1.3; 15/B 1.4
Verhalten im Unendlichen	16/A 1.2
Volumen	12/B 1.5
Wendepunkt	14/A 2.1; 15/B 1.4; 16/A 2; 16/B 2.2
Wendetangente	16/A 2

Winkel zwischen
- Geraden   N10/B 2.2
- Graph und Koordinatenachse   10/B 1.1; 11/B 1.3; 13/B 1.3; 14/B 1.3

Geometrie/Algebra

Abstand
- Punkt/Ebene   10/B 2.4; N10/B 1.5; 13/B 2.2
- Punkt/Punkt   10/B 2.3; N10/B 1.4, 2.4; 11/B 2.1; N11/B 1.3, 1.5,
                                    2.3, 2.8; 12/B 2.1, 2.2; 13/A 3.2; 13/B 2.1; 14/B 2.4

Betrag eines Vektors   siehe Abstand Punkt/Punkt

Darstellung
- im Raum   16/B 1.1
Dreieck
- gleichschenklig   11/B 2.1
Durchstoßpunkt   N10/A 4; N11/A 1.4; 12/A 1.4; 14/B 2.3

Ebenengleichung
- Normalform   N10/B 1.3, 2.4; N11/B 1.5; 12/B 2.1, 2.2; 13/B 2.4;
                                    14/B 2.2; 16/B 1.4
- Parameterform   10/B 2.4; N10/B 2.4; 11/B 2.5; N11/B 1.5; 12/B 2.2;
                                    13/B 2.3; 14/B 2.2; 16/B 1.4

Flächeninhalt
- eines Dreiecks   N11/B 1.3; 14/B 2.2
- eines Fünfecks   11/B 2.2
- eines Kreisausschnitts   11/B 2.2
- eines Kreisringes   14/B 1.4
- eines Rechtecks   10/B 2.6; 11/B 1.4
- eines Trapezes   10/B 2.3; 12/B 2.3; 15/B 2.3; 16/B 1.2

Geradengleichung
- Normalform   15/A 1.4
- Parameterform   10/A 3; 11/B 2.6; N11/B 1.4; 12/B 2.1; 13/A 3.1;
                                    14/A 3; 14/B 2.3, 2.4; 15/B 2.2, 2.4; 16/A 1.4

Koordinaten eines Punktes   10/B 2.2, 2.4; 11/A 1.3; 11/B 2.1; N11/A 3;
                                    N11/B 1.1, 1.2, 2.8; 12/A 2; 12/B 2.1, 2.2; 13/A 3.2;
                                    13/B 2.1, 2.2, 2.4; 14/B 2.1, 2.3; 15/A 3; 15/B 2.1,
                                    2.2, 2.4; 16/B 1.3, 1.4
Kosten   10/B 2.3; N11/B 1.3

Lagebeziehung
- Ebene/Ebene   N11/B 2.7; 13/A 1.4; 13/B 2.3; 14/B 2.2
- Ebene/Gerade   N10/A 4; 12/A 1.4; 14/B 2.3; 15/B 2.4
- Gerade/Gerade   10/A 1.4; 14/A 1.4; 14/B 2.4
- Punkt/Ebene   N10/A 1.4; N10/B 2.4; N11/B 2.8
- Punkt/Fläche   11/B 2.6
- Punkt/Gerade   10/A 3; N11/B 1.4; 13/A 3.1; 14/A 3; 16/A 3

Länge einer Strecke/eines Vektors	15/B 2.2; siehe auch Abstand Punkt/Punkt
Lotgerade	15/A 3; 16/B 1.4
Mittelpunkt einer Strecke	N11/A 3; N11/B 1.2; 14/B 2.1
Orthogonalität von	
– Gerade/Gerade	10/A 1.4; 11/A 1.4; N11/A 1.3; 14/A 1.4
Parallelogramm	N11/A 3; 14/B 2.3
Prisma	15/B 2
Prozentualer Anteil	13/B 2.4; 15/B 2.3
Pyramide	N11/B 1.2; 13/B 2.4; 14/B 2
Quader	14/B 2
Schnittpunkt von	
– Ebene/Gerade	11/B 2.6; N11/A 1.4; 13/B 2.4; 15/A 3; 15/B 2.4; 16/B 1.4
– Gerade/Gerade	10/A 1.4; 11/A 4; 15/B 2.2
Schnittwinkel von	
– Ebene/Ebene	10/B 2.4; N11/B 2.7; 12/B 2.2; 13/B 2.3; 14/B 2.2
– Gerade/Gerade	15/B 2.2
Skalarprodukt	10/A 1.4; 11/A 1.4; N11/A 1.3; 14/A 1.4
Spiegelung	
– Punkt an Ebene	15/A 3
Trapez	12/A 2; 12/B 2.3; 15/B 2; 16/B 1.1
Vektorprodukt	12/A 1.5; 13/B 2.3, 2.4
Volumen	13/B 2.4; 15/B 2.3
Winkel zwischen Vektoren	N10/B 1.4, 2.4; 11/B 2.1; 15/B 2.1
Winkelbeziehungen im rechtwinkligen Dreieck	N11/B 1.5; 14/B 1.3
Würfel	13/B 2
Zylinder	15/B 2.3

Stochastik

Alternativtest	13/B 1.7; 14/A 1.5; 14/B 2.6
Anzahl der Versuchsdurchführungen	N10/B 1.6; 11/B 1.7; N11/B 1.8; 12/B 2.4; 13/B 2.6; 14/B 1.7; 15/B 1.7
Binomialverteilung	10/B 1.5, 2.1; N10/B 1.6, 2.3; 11/B 1.6, 1.7, 2.4; N11/B 1.7, 2.2; 12/B 1.6, 2.4; 13/B 1.7, 2.5, 2.6; 14/B 1.6, 1.7, 2.6; 15/B 1.7, 2.5; 16/A 1.5; 16/B 2.7
Erwartungswert	N10/B 1.7; 11/B 1.6, 2.4; N11/A 4; 12/B 1.6, 2.4; 13/B 2.5; 14/A 4.2; 14/B 1.6; 15/A 4; 16/A 4
Kombinatorik	11/B 2.3; N11/A 1.5
Signifikanztest	16/B 2.8

Themenbereich
- Glücksspiel 10/A 1.5; N10/B 1.7; 12/A 3; 13/A 4; 14/A 4.2; 15/A 1.5
- Prüfung/Test/Kontrolle 10/B 1.5, 1.6, 1.7; 11/B 1.6, 2.4; N10/B 2.3; N11/B 2.1, 2.2; 12/B 1.6, 1.7, 2.4; 14/B 1.6, 1.7; 16/B 1.5, 2.8
- Sport 10/B 1.5, 1.6, 1.7; N11/B 1.7, 1.8; 15/B 1.6
- Urnenexperiment 10/A 4; 11/A 5; N11/A 4; 13/A 1.5; 16/A 1.5

Unabhängigkeit von Ereignissen 15/B 2.6

Wahrscheinlichkeit eines Ereignisses 10/A 1.5, 4; 10/B 1.5, 1.6, 1.7, 2.1; N10/A 3; N10/B 1.6, 2.3; 11/A 1.5, 5; 11/B 1.6, 2.4; N11/B 1.7, 2.1, 2.2; 12/A 3; 12/B 1.6, 1.7, 2.4; 13/A 1.5, 4; 13/B 2.5; 14/A 4.1; 14/B 2.5; 15/A 1.5; 15/B 1.6; 16/A 1.5; 16/B 1.5, 2.7

Wahrscheinlichkeitsverteilung N10/B 1.7; 11/B 2.4; N11/A 4; 14/A 4.2

Hinweise und Tipps zum Zentralabitur

Ablauf der Prüfung

Die zentrale schriftliche Abiturprüfung

Im Land Sachsen gibt es im Fach Mathematik zentrale schriftliche Abiturprüfungen getrennt nach Leistungskurs und Grundkurs.
Die Prüfungsinhalte richten sich nach den einheitlichen Prüfungsanforderungen aller Länder (EPA) und dem Lehrplan für das allgemeinbildende Gymnasium in Sachsen im Fach Mathematik.

Aufbau der Prüfungsarbeit

Seit dem **Schuljahr 2009/2010** besteht die Prüfungsarbeit aus den zu bearbeitenden **Prüfungsteilen A und B**.

Dabei sind von jedem Prüfungsteilnehmer zu bearbeiten:
- im Teil A mehrere Pflichtaufgaben zu grundlegenden Problemen der Analysis, Geometrie/Algebra und Stochastik
- im Teil B bis zu drei Pflichtaufgaben, die Probleme der Analysis, Geometrie/Algebra und Stochastik enthalten

Seit dem Schuljahr 2014/2015 ist erstmals der Lernbereich Matrizen verpflichtend im Lehrplan vorgeschrieben und kann demnach in der Abiturprüfung abgefragt werden. Da dieser Bereich zuvor nicht verpflichtend war und bisher nicht abgefragt wurde, ist er in den Aufgaben in diesem Buch nicht berücksichtigt.

Die Aufgaben im Prüfungsteil B berücksichtigen auch Aspekte der
- Vernetzung von Inhalten unterschiedlicher mathematischer Teilgebiete,
- Anwendung mathematischer Kenntnisse und Fähigkeiten auf praxisorientierte Sachverhalte,
- selbstständigen Auswahl und flexiblen Anwendung grundlegender mathematischer Kenntnisse und Fähigkeiten bei offener Fragestellung.

Ergänzende Hinweise zum Prüfungsinhalt:
In den Aufgabenstellungen werden Kompetenzen im
- mathematischen Modellieren,
- algorithmisch-kalkülmäßigen Arbeiten sowie
- Interpretieren und Beurteilen von Lösungen und Lösungswegen

in einem ausgewogenen Verhältnis berücksichtigt.

Dauer der Prüfung

Für die Bearbeitung der Aufgaben stehen dem Schüler im **Grundkurs 240 Minuten** zur Verfügung.
Die Materialien und alle vom Schüler angefertigten Aufzeichnungen zum **Prüfungsteil A** werden **60 Minuten** nach Arbeitsbeginn vom Aufsicht führenden Lehrer eingesammelt.

Zugelassene Hilfsmittel

Die für die schriftliche Abiturprüfung im Fach Mathematik zugelassenen Hilfsmittel sind:
- grafikfähiger, programmierbarer Taschenrechner (GTR) mit oder ohne Computer-Algebra-System (CAS) oder ein Computer-Algebra-System auf der Grundlage einer anderen geschlossenen Plattform entsprechend den getroffenen Festlegungen der Schule im **Prüfungsteil B**
- Tabellen- und Formelsammlung im **Prüfungsteil B**
- Wörterbuch der deutschen Rechtschreibung
- Zeichengeräte

Sämtliche Entwürfe und Aufzeichnungen gehören zur Abiturarbeit und dürfen nur auf den für die Prüfung ausgeteilten Aufgabenblättern des Teils A bzw. dem ausgeteilten Papier „Blätter für Reinschrift und Konzept bei schriftlichen Abiturarbeiten" angefertigt werden.

Leistungsanforderungen und Bewertungen

Für die Bewertung der Prüfungsarbeiten gilt der folgende verbindliche Bewertungsmaßstab:
- Teil A: erreichbar sind 15 BE
- Teil B: erreichbar sind 45 BE

Insgesamt sind 60 Bewertungseinheiten (BE) erreichbar.

Es erfolgt die Anwendung folgender Bewertungsskala:

BE	Punkte	Noten
60 … 58	15	1+
57 … 55	14	1
54 … 52	13	1–
51 … 49	12	2+
48 … 46	11	2
45 … 43	10	2–
42 … 40	9	3+
39 … 37	8	3
36 … 34	7	3–
33 … 31	6	4+
30 … 28	5	4
27 … 25	4	4–
24 … 21	3	5+
20 … 17	2	5
16 … 13	1	5–
12 … 0	0	6

Das Korrekturverfahren umfasst mehrere Etappen:
- Die Erstkorrektur der Prüfungsarbeit führt der im Kurs unterrichtende Fachlehrer durch. Die Zweitkorrektur erfolgt durch einen Mathematiklehrer eines anderen Gymnasiums. Beide Lehrer bewerten die Arbeit unabhängig voneinander.
- Bei abweichenden Korrekturergebnissen zwischen Erst- und Zweitkorrektur um bis zu drei Punkte ist zur Festlegung der Bewertung das arithmetische Mittel zu bilden. Ergibt sich keine ganze Punktzahl, so ist aufzurunden.
- Bei abweichenden Korrekturergebnissen zwischen Erst- und Zweitkorrektur um mehr als drei Punkte oder bei einem Korrekturergebnis entweder des Erst- oder Zweitkorrektors von 0 Punkten setzt ein Drittkorrektor innerhalb des durch Erst- und Zweitkorrektor vorgegebenen Bewertungsrahmens die endgültige Punktzahl fest.

In die Bewertung gehen zunächst einmal die **fachliche Richtigkeit** und die **Vollständigkeit** ein. In die Bewertung gehen aber auch die **Darstellungsqualität** (u. a. richtiger Einsatz der Fachsprache, exakte mathematische Darstellung) und die **Sprachrichtigkeit** (Rechtschreibung, Grammatik, Zeichensetzung) ein. Bei schwerwiegenden und gehäuften Verstößen gegen die sprachliche Richtigkeit in der deutschen Sprache oder gegen die äußere Form kann jeweils ein Punkt der einfachen Wertung abgezogen werden.

Operatoren und Anforderungsbereiche

Bei der Formulierung der zentralen Prüfungsaufgaben werden sogenannte **Operatoren** verwendet, die sicherstellen, dass alle Schüler und Lehrer unter einer bestimmten Aufgabenstellung das Gleiche verstehen. Damit Sie die Aufgabenstellungen korrekt erfassen können, ist es unerlässlich, sich intensiv mit diesen Operatoren auseinanderzusetzen.
Die Operatoren sind für alle Aufgabenbereiche und Schwierigkeitsgrade einheitlich. Im Folgenden finden Sie eine Liste wesentlicher Operatoren bei der Nutzung des grafikfähigen Taschenrechners.

Operatoren im Aufgabentext	Schülertätigkeiten	Beispiele
Geben Sie ... an, Nennen Sie ...	Ergebnis numerisch oder verbal formulieren ohne Darstellung des Lösungswegs und ohne Begründung.	2010 B 1.1, B 2.2; 2011 A 2, B 1.1, B 2.1; 2012 B 1.4; 2013 B 1.7; 2014 A 4.1, B 1.5; 2015 A 2.2, B 2.1
Skizzieren Sie ...	Die wesentlichen Sachverhalte angeben.	2014 A 2.1
Beschreiben Sie ...	Darstellen eines Sachverhalts oder Verfahrens in Textform unter Verwendung der jeweiligen Fachsprache. I. d. R. sollten grammatikalisch vollständige Sätze gebildet werden.	
Ermitteln Sie ..., Bestimmen Sie ...	Lösungsweg darstellen und Ergebnis formulieren; die Wahl der Mittel (z. B. grafisch oder numerisch) bleibt offen. Durch Einschränkungen wie „Ermitteln Sie grafisch" oder „Bestimmen Sie rechnerisch" wird die Verwendung der Werkzeugebenen des GTR beschränkt. Die Verwendung von GTR-Programmen ist grundsätzlich gestattet, jedoch muss auf die Nutzung eines Programms (ggf. auch Ein- und Ausgabedaten) verwiesen werden. Beim grafischen Ermitteln von Lösungen kann dies durch das Anfertigen einer Zeichnung auf Papier oder durch die Darlegung der Lösungsschritte beim grafischen Lösen mit GTR erfolgen. Das Abzeichnen des Displaybildes ist nicht notwendig.	2010 A 4, B 1.3, B 2.5; N 2010 B 1.1, 2.1; 2011 A 5, B 1.3; 2012 A 2, B 2.2; 2013 A 3.2, B 1.7; 2014 A 4.2, B 2.2; 2015 A 4, B 1.3, B 2.2; 2016 B 1.5, B 2.4

Operatoren im Aufgabentext	Schülertätigkeiten	Beispiele
Berechnen Sie ...	Ergebnis von einem Ansatz ausgehend durch Rechenoperationen gewinnen. Die Nutzung des GTR einschließlich GTR-Programmen ist zulässig, lediglich die grafische Werkzeugebene ist ausgeschlossen. Wird die Angabe von Zwischenschritten gewünscht, ist dies in der Aufgabenstellung auszuweisen, z. B. durch „Leiten Sie ... her", „Stellen Sie Zwischenschritte der Berechnung dar", „Geben Sie Zwischenschritte für die Ermittlung einer allgemeinen Lösung an" oder „Geben Sie Zwischenergebnisse an".	2010 B 1.7, B 2.6; N 2010 A 4, B 1.6; 2011 A 3, B 1.6, B 1.7; 2012 A 4.2; 2013 B 1.5, B 2.6; 2014 B 1.2, B 1.7; 2015 B 1.2, B 2.3; 2016 A 3, A 4
Zeichnen Sie ..., Stellen Sie ... grafisch dar	Den Sachverhalt maßstäblich darstellen, konstruktive Elemente nutzen, ggf. Wertepaare berechnen.	2016 B 1.1
Untersuchen Sie ...	Eigenschaften von oder Beziehungen zwischen Objekten herausfinden und darstellen.	N 2010 B 1.7; 2013 A 2, A 4, B 2.3; 2014 A 3, B 2.4; 2015 B 1.5
Zeigen Sie ..., Weisen Sie nach ..., Beweisen Sie ..., Begründen Sie ...	Eine Aussage, einen mathematischen Satz nach gültigen Schlussregeln bestätigen (durch eine Herleitung oder eine logische Begründung).	2010 A 3, B 1.2; 2011 A 2; 2012 B 1.1; 2013 A 3.1; 2014 A 2.2; 2015 B 1.1, B 2.6; 2016 B 1.1, B 2.1

Methodische Hinweise oder allgemeine Tipps zur schriftlichen Prüfung

Vorbereitung

- Bereiten Sie sich **langfristig** auf die Abiturprüfung vor und fertigen Sie sich eine Übersicht über die von Ihnen zu bearbeitenden Themen, Inhalte und Verfahren an. Teilen Sie die Inhalte in sinnvolle Teilbereiche ein und legen Sie fest, bis wann Sie welchen Teilbereich bearbeitet haben wollen.
Es ist zweckmäßig, alle schriftlichen Bearbeitungen der gelösten Aufgaben übersichtlich aufzubewahren, um eine spätere Wiederholung zu erleichtern.
- Benutzen Sie zur Prüfungsvorbereitung neben diesem Übungsbuch ihre **Unterrichtsaufzeichnungen** und die Lehrbücher.
- Verwenden Sie während der Prüfungsvorbereitung grundsätzlich die **Hilfsmittel**, die auch in der Prüfung zugelassen sind. Prägen Sie sich wichtige Seiten in Ihrer Formelsammlung ein und nutzen Sie Ihren Taschenrechner mit allen Funktionen.

- Oft ist der Zeitfaktor ein großes Problem. Testen Sie, ob Sie eine Aufgabe in der vorgegebenen Zeit allein lösen können. **Simulieren Sie selbst eine Prüfungssituation.**
- Gehen Sie optimistisch in die Prüfung. Wer sich gut vorbereitet, braucht sich keine Sorgen zu machen.

Bearbeitung der Prüfung

- Es ist hilfreich, wenn Sie bei der **Analyse** der Aufgabenstellungen wichtige Angaben (z. B. gegebene Größen, Lösungshinweise, Operatoren) **farbig markieren**.
- Um den Lösungsansatz zu einer Aufgabe zu finden oder die gegebene Problemstellung zu veranschaulichen, kann das **Anfertigen einer Skizze** nützlich sein.
- Beachten Sie, dass in manchen Teilaufgaben „**Zwischenlösungen**" angegeben sind, die Ihnen als Kontrolle dienen bzw. mit denen Sie weiterarbeiten können.
- Falls Sie bei einer Aufgabe gar nicht weiterkommen, so halten Sie sich nicht zu lange daran auf. Versuchen Sie, mit der nächsten Teilaufgabe oder mit einer völlig anderen Aufgabe weiterzuarbeiten. Wenn Sie die anderen Aufgaben bearbeitet haben, kommen Sie nochmals auf die angefangene Aufgabe zurück und versuchen Sie in Ruhe, eine Lösung zu finden.
- Orientieren Sie sich an der angegebenen Anzahl der **Bewertungseinheiten (BE)**: Je mehr BE es für eine Aufgabe gibt, desto mehr Zeit sollte für die Bearbeitung eingeplant werden.
- Achten Sie auf die **sprachliche Richtigkeit** und eine saubere **äußere Form** Ihrer Lösungen.

Lösungsplan

Aufgrund des Umfangs und der Komplexität von Aufgaben auf Abiturniveau empfiehlt es sich, beim Lösen systematisch zu arbeiten. Folgende Vorgehensweise hilft Ihnen dabei:

Schritt 1:
Nehmen Sie sich ausreichend Zeit zum **Analysieren** der Aufgabenstellung. Ordnen Sie die Aufgabenstellung dem entsprechenden Themenbereich zu. Sammeln Sie alle Informationen, welche direkt gegeben sind, und achten Sie darauf, ob evtl. versteckte Informationen enthalten sind.

Schritt 2:
Markieren Sie die **Operatoren** in der Aufgabenstellung. Diese geben an, was in der Aufgabe von Ihnen verlangt wird. Verdeutlichen Sie sich die Bedeutung der verwendeten Fachbegriffe.

Schritt 3:
Versuchen Sie, den Sachverhalt zu veranschaulichen. Fertigen Sie gegebenenfalls mithilfe der Angaben und Zwischenergebnisse aus vorherigen Teilaufgaben eine **Skizze** an.

Schritt 4:
Erarbeiten Sie nun schrittweise den **Lösungsplan**, um aus den gegebenen Größen die gesuchte Größe zu erhalten. Notieren Sie sich, welche Einzel- bzw. Zwischenschritte auf dem Lösungsweg notwendig sind. Prinzipiell haben Sie zwei Möglichkeiten, oft hilft auch eine Kombination beider Vorgehensweisen:
- Sie gehen vom Gegebenen aus und versuchen, das Gesuchte zu erschließen.
- Sie gehen vom Gesuchten aus und überlegen „rückwärts", wie Sie zur Ausgangssituation kommen.

Schritt 5:
Suchen Sie nach geeigneten Möglichkeiten, das Ergebnis zu **kontrollieren**. Oftmals sind bereits Überschlagsrechnungen, Punktproben und Grobskizzen ausreichend.

Anhand der folgenden **Beispielaufgabe** werden diese Schritte verdeutlicht:

Gegeben ist die Funktion f durch $y = f(x) = \frac{1}{2} x^2 \cdot e^{-\frac{1}{2}x}$ ($x \in \mathbb{R}$).

a) Untersuchen Sie die Funktion auf Extrempunkte. Stellen Sie alle Lösungsschritte übersichtlich dar.

b) Weisen Sie nach, dass die Funktion F mit $F(x) = e^{-\frac{1}{2}x} \cdot (-x^2 - 4x - 8)$ eine Stammfunktion der Funktion f ist.

Der Graph der Funktion f, die Parabel g mit der Gleichung
$$y = g(x) = -\frac{1}{2}x^2 + 2x \quad (x \in \mathbb{R})$$
und die Gerade $x = 2$ begrenzen im Intervall [0; 2] eine Fläche vollständig.
Weisen Sie ohne Verwendung von Näherungswerten nach, dass der Inhalt der Fläche $\left(\frac{20}{e} - \frac{16}{3}\right)$ beträgt.

Lösungsvorschlag für Teilaufgabe a:

Schritt 1:
Themenbereich: Kurvendiskussion

Schritt 2:
- Der Operator „Untersuchen Sie" bedeutet, mögliche Eigenschaften herauszufinden und darzulegen.
- Unter Extrempunkten versteht man Hoch- oder Tiefpunkte.

Schritt 3:
Eine Darstellung des Graphen mit dem GTR ist sinnvoll. So sind alle berechneten Werte sofort überprüfbar.

Schritt 4:
Ausgehend von der Funktion werden mögliche Extremstellen berechnet und Art und Lage der Extrempunkte bestimmt:
- Man bestimmt die Ableitungsfunktion durch Anwendung von Produkt- und Kettenregel:
$$f'(x) = e^{-\frac{1}{2}x} \cdot \left(x - \frac{1}{4}x^2\right)$$
Die Nullstellen der Ableitungsfunktion sind die möglichen Extremstellen:
$$0 = e^{-\frac{1}{2}x} \cdot \left(x - \frac{1}{4}x^2\right) \Leftrightarrow 0 = x - \frac{1}{4}x^2 = x\left(1 - \frac{1}{4}x\right) \Leftrightarrow x = 0 \vee x = 4$$
- Ob tatsächlich Extremstellen vorliegen, lässt sich durch Einsetzen in die zweite Ableitung prüfen:
$$f''(x) = e^{-\frac{1}{2}x} \cdot \left(1 - x + \frac{1}{8}x^2\right)$$
$f''(0) = 1 > 0 \quad \Rightarrow \quad$ lokales Minimum bei $x = 0$
$f''(4) = -e^{-2} < 0 \quad \Rightarrow \quad$ lokales Maximum bei $x = 4$
- Um die Lage angeben zu können, benötigt man noch die y-Koordinate. Dazu werden die Extremstellen in die Funktionsgleichung eingesetzt:
$f(0) = 0$
$f(4) = 8e^{-2}$
- Ergebnis:
Tiefpunkt $E_{Min}(0|0)$ und Hochpunkt $E_{Max}(4|8e^{-2})$

Schritt 5:
Um die Ergebnisse zu prüfen, stellt man den Graphen der Funktion im GRAPH-Menü dar und lässt sich die Koordinaten der Extrempunkte anzeigen.

Lösungsvorschlag für Teilaufgabe b:

Schritt 1:
- Themenbereich: Flächenberechnung mithilfe eines Integrals
- Der Flächeninhalt soll ohne Verwendung von Näherungswerten bestätigt werden, d. h., eine ausführliche Rechnung ohne Nutzung des GTR ist notwendig.

Schritt 2:
- Der Operator ist „Weisen Sie nach", das bedeutet, dass die Aussage durch eine Herleitung oder logische Begründung zu bestätigen ist. Die Funktion und die zugehörige Stammfunktion sind dabei gegeben.

- Um zu zeigen, dass F(x) eine Stammfunktion von f(x) ist, kann entweder f(x) integriert oder F(x) abgeleitet werden. Es muss dann gelten: F'(x)=f(x). Da das Bilden der Ableitung leichter ist, als die Funktion zu integrieren, bietet es sich hier an, die Stammfunktion abzuleiten:

$$F(x) = e^{-\frac{1}{2}x} \cdot (-x^2 - 4x - 8)$$

$$F'(x) = \frac{1}{2}x^2 \cdot e^{-\frac{1}{2}x} \quad \Rightarrow \quad F'(x) = f(x) \quad \text{q.e.d.}$$

- Um den Flächeninhalt nachzuweisen, muss man den Flächeninhalt der Fläche zwischen den beiden Funktionsgraphen im vorgegebenen Intervall mittels Integral berechnen.

Schritt 3:
Mittels GTR veranschaulicht man sich
den Sachverhalt, indem man die beiden
Graphen und die Gerade x=2 im
GRAPH-Menü zeichnen lässt.

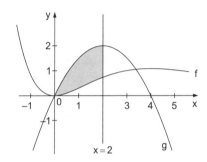

Schritt 4:
Wie aus der Skizze erkennbar ist, bestimmt man den Flächeninhalt mit folgendem Ansatz:

$$A = \int_0^2 (g(x) - f(x))\,dx = \int_0^2 \left(-\frac{1}{2}x^2 + 2x - f(x)\right)dx$$

Dabei sind die Integrationsgrenzen die Intervallgrenzen.

Für die Berechnung der Fläche benötigt man die angegebene Stammfunktion:

$$A = \left[-\frac{1}{6}x^3 + x^2 - e^{-\frac{1}{2}x} \cdot (-x^2 - 4x - 8)\right]_0^2$$

Damit ergibt sich für das Integral:

$$A = \left(-\frac{4}{3} + 4 - e^{-1} \cdot (-4 - 8 - 8)\right) - \left(-e^0 \cdot (-8)\right) = \frac{8}{3} + \frac{20}{e} - 8 = \frac{20}{e} - \frac{16}{3} \quad \text{q.e.d.}$$

Schritt 5:
Eine Prüfung des Ergebnisses ist hier nur möglich, indem man mittels GTR das Integral berechnet und prüft, ob der so ermittelte Näherungswert gut mit dem gegebenen exakten Wert übereinstimmt.

Hinweise und Tipps zum Lösen von Aufgaben mit dem CAS-Rechner

Schülerinnen und Schüler, die im Unterricht mit einem CAS gearbeitet haben, bearbeiten in Teil B die dafür vorgesehenen Aufgabenteile.
1. Wichtig ist, bei der Benutzung von Variablen zu kontrollieren, ob diese nicht bereits benutzt bzw. belegt worden sind. Dies kann schnell festgestellt werden, indem der Eingabeterm mit dem Ausgabeterm verglichen wird.
Dieses Verfahren impliziert, dass Terme zuerst eingegeben bzw. berechnet und dann erst beim nächsten Schritt abgespeichert werden.
2. Mit dem Befehl *DelVar* (siehe Befehlsliste) können Variablen gelöscht werden. Dies ist besonders bei der Verwendung von Variablen im Zusammenhang mit einer neuen Aufgabe zu beachten. Die TI-CAS-Rechner unterscheiden bei Variablen auch nicht zwischen Groß- und Kleinschreibung.
3. Es kommt z. B. beim Lösen von Gleichungen mit mehreren bzw. unendlich vielen Lösungen vor, dass der TI-CAS-Rechner nicht alle Lösungen berechnen kann. Deshalb sollte der Warnhinweis „*weitere Lösungen möglich*" in der untersten Zeile des Rechners beachtet werden. Es ist dann z. B. anderweitig zu prüfen, ob alle Lösungen im gewünschten Intervall berechnet wurden.

Arbeiten mit dem CAS-Rechner

In diesem Abschnitt werden die wichtigsten Befehle und Methoden dargestellt, mit denen mathematische Aufgaben mithilfe eines CAS-Rechners von Texas Instruments bearbeitet werden. Zum Teil werden auch die Verfahren beschrieben, die vom CAS-Rechner benutzt werden.
Jeder CAS-Rechner von Texas Instruments bietet alle Befehle und Methoden eines GTR und zusätzlich viele Rechenverfahren der Algebra und Analysis.
Elementare Grundkenntnisse in der Bedienung eines CAS-Rechners werden vorausgesetzt.

Das methodische Konzept

Das methodische Konzept des Arbeitens mit einem CAS-Rechner ist die Fenster-Methode (Windows-Shuttle-Method), d. h., verschiedene Aufgaben werden in dazugehörigen Fenstern bearbeitet.
Das Standardfenster ist das APPS-Fenster, das beim Einschalten bzw. mit der [APPS]-Taste geöffnet wird.
Die anderen Fenster, Applikationen oder Programme werden mit dem zugehörigen Icon (Symbol) im APPS-Fenster oder mit den Schnelltasten angewählt.

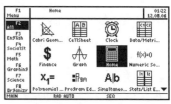

Häufig benötigte Fenster, die im APPS-Fenster oder mit den Schnelltasten aktiviert werden, sind:
- Das **HOME-** bzw. **CALC-Fenster** zum numerischen und algebraischen Rechnen.
  ◆[HOME]
- Das **Y=-Fenster** zur Eingabe von Funktionen, deren Schaubilder gezeichnet werden sollen, und von Plots zur Darstellung von Daten. Die Eingabe von Funktionen erfolgt entsprechend der gewählten Darstellungsform.
  ◆[Y=]
- Das **WINDOW-Fenster** zur Einstellung des GRAPH-Fensters.
  ◆[WINDOW]
- Das **GRAPH-Fenster** zur Darstellung und Untersuchung von Schaubildern bzw. Diagrammen.
  ◆[GRAPH]
- Das **TBLSET-Fenster** zur Eingabe des Startwerts und der Schrittweite der Wertetabelle.
  ◆[TBLSET]
- Das **TABLE-Fenster** für Wertetabellen der Funktionen.
  ◆[TABLE]

In dem aus drei Seiten bestehenden MODE-Fenster können die Grundeinstellungen des CAS-Rechners geändert werden. Das MODE-Fenster wird mit der [MODE]-Taste geöffnet.

Die Grundeinstellungen im MODE-Fenster sind:

Seite 1

Seite 2

Seite 3

Ferner gibt es drei Möglichkeiten, Befehle einzugeben:
- Buchstabe für Buchstabe oder
- über Tasten bzw. Menüs oder
- aus dem CATALOG-Fenster mit der Tastenfolge [2nd][CATALOG]. Durch Drücken eines Buchstabens springt die Marke ▶ zum ersten Befehl, der mit diesem Buchstaben beginnt.

Numerik und Algebra

Alle Taschenrechner rechnen mit 14 Ziffern. In dieser Zahlenmenge gelten viele Rechenregeln nicht, z. B. gibt es Rundungsfehler bei der digitalen Darstellung von Zahlen, bei den Algorithmen usw. Die CAS-Rechner rechnen immer algebraisch. Wenn algebraische Lösungen existieren, werden diese ausgegeben, ansonsten Näherungslösungen. Wenn im Term ein Dezimalpunkt bzw. eine Dezimalzahl auftritt, rechnen die CAS-Rechner immer numerisch. Es ist sinnvoll, bei anwendungsorientierten Aufgaben die Dezimalzahlen als Bruchzahlen einzugeben, algebraisch zu rechnen und die Ergebnisse dann wieder als Dezimalzahlen anzugeben.

Beispiele:
Mit dem solve-Befehl werden Gleichungen und Gleichungssysteme gelöst:

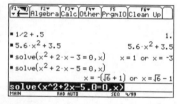
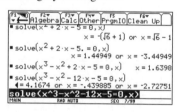

Bearbeiten von Termen

Die Befehle zum Bearbeiten von Termen befinden sich im [F2]-Algebra Menü.
Terme werden bei der Eingabe sofort gekürzt, jedoch wird die Definitionsmenge dabei nicht beachtet.
Zum Testen der Gleichheit von zwei Termen wird deren Differenz oder die Gleichung eingegeben, wobei aber die Definitionsmenge nicht beachtet wird.

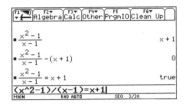

Der Wert eines Terms an einer Stelle wird am einfachsten mit dem „with-Operator" berechnet. Der „with-Operator" wird mit der Tastenfolge [2nd][|] eingegeben und erscheint als | auf dem Bildschirm.
Mit dem „with-Operator" kann auch die Definitionsmenge eingeschränkt werden.

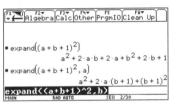

Mit dem Befehl expand*(Term,Variable)* wird ein Term nach der Variablen ausmultipliziert.

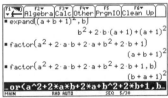

Mit dem Befehl factor*(Term,Variable)* wird ein Term nach der Variablen faktorisiert.

Die Angabe der Variablen spart Rechenzeit, Speicherplatz sowie Platz auf dem Bildschirm und macht den Term verständlicher.

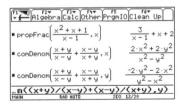

Mit dem Befehl propFrac*(Term,Variable)* wird ein Term nach der Variablen in eine Summe der echten Brüche und ein Polynom zerlegt.
Mit dem Befehl comDenom*(Term,Variable)* werden Bruchterme nach der Variablen zu einem Bruch zusammengefasst und gekürzt.

Umformen von Termen und Gleichungen

Um Terme oder Gleichungen Schritt für Schritt umzuformen, wird die Rechenart mit der Zahl bzw. dem Term eingegeben (siehe Statuszeile).

Gleichungen oder Gleichungssysteme lösen

Im HOME- oder CALC-Fenster werden Gleichungen oder Gleichungssysteme mit dem solve-Befehl gelöst:

solve(*Gleichung, Lösungsvariable*)
solve(*Gleichung 1 and Gleichung 2 and…, {Lösungsvariable 1, Lösungsvariable 2, …}*)

Beispiele:

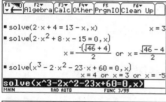

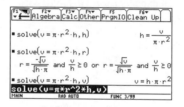

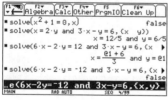

Das Zeichen @, gefolgt von einer Zahl, steht für einen Parameter, d. h., das Gleichungssystem hat unendlich viele Lösungen.

Vektorgleichungen lösen

Ab der OS Version 3.10 (Betriebssystem), die nur für den TI-89 und den Voyage 200 zur Verfügung steht, können auch Vektorgleichungen gelöst werden.

Beispiel:

Funktionen abspeichern, Schaubilder untersuchen und Wertetabelle anzeigen

Funktionen und ihre Ableitungen werden im HOME- oder CALC-Fenster eingegeben und abgespeichert. Die Funktionen, deren Schaubilder zu zeichnen sind, werden im Y=-Fenster eingegeben und im GRAPH-Fenster gezeichnet und untersucht. Die Definitionsmenge des zu zeichnenden Schaubildes und die dazugehörige Wertemenge usw. werden im WINDOW-Fenster eingegeben. Im TABLE-Fenster kann die Wertetabelle der Funktionen, deren Schaubilder gezeichnet wurden, betrachtet werden. Im TBLSET-Fenster können der Startwert und die Schrittweite der Wertetabelle eingetragen werden.

Beispiel:
Die Funktion f_t mit $f_t(x) = x^3 - 3 \cdot t \cdot x$ soll untersucht werden.
Der Funktionsterm wird eingegeben, auf Korrektheit geprüft und dann erst abgespeichert. Entsprechend wird der Term der Ableitungsfunktion bearbeitet, damit der Term berechnet wird. Ansonsten würde nur die Formel intern abgespeichert werden und müsste bei jedem Aufruf erst berechnet werden, was zeitaufwendig ist.
Höhere Ableitungen können auch direkt durch Angabe der Ordnung berechnet werden.

Y=-Fenster

GRAPH-Fenster

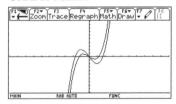

WINDOW-Fenster

Y=-Fenster

XV

GRAPH-Fenster

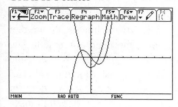

TBLSET-Fenster

TABLE-Fenster

Tipps:

- Geben Sie zuerst den Funktionsterm im HOME- bzw. CALC-Fenster ein. Prüfen Sie ihn auf Korrektheit und speichern Sie ihn anschließend ab.
- Funktionsterme, deren Schaubilder zu zeichnen sind, werden im Y=-Fenster eingegeben bzw. mit der [F4]-Taste mit einem Häkchen ☑ markiert.
- Betrachten Sie zuerst das Schaubild im GRAPH-Fenster in der Standardeinstellung ([F2] 6:ZoomStd) und stellen Sie dann im WINDOW-Fenster den gewünschten Ausschnitt ein.
- In jedem Fenster gibt es im [F1]-Menü den Befehl Format..., mit dem die Einstellungen für das Fenster geändert werden können.
- Mit dem [F3]-Trace-Befehl im GRAPH-Fenster kann das gewünschte Schaubild mit den Cursortasten ⓘ und ⓘ abgetastet oder der Funktionswert an einer Stelle angezeigt werden. Mit den Cursortasten ⊙ und ⊙ werden die Schaubilder ausgewählt.
- Im [F5]-Menü im GRAPH-Fenster gibt es Befehle zur numerischen Kurvenuntersuchung, z. B. wird mit dem Befehl „5: Intersection" der Schnittpunkt zweier Schaubilder näherungsweise berechnet. Zuerst werden die beiden Schaubilder ausgewählt und dann das linke und rechte Intervallende angegeben, in dem der Schnittpunkt liegt. Der Schnittpunkt wird durch den Cursor angezeigt und die Koordinaten werden unten am Bildschirmrand angegeben.

Beispiel:

Trace-Befehl für das Schaubild 1 an der Stelle 2.

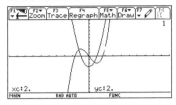

Trace-Befehl für das Schaubild 3 an der Stelle –2.

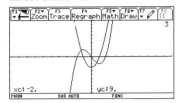

Im F5-Menü wird der Befehl zur numerischen Berechnung des linken Schnittpunktes der beiden Kurven ausgewählt und die dazugehörigen Daten eingegeben.

GRAPH-Fenster

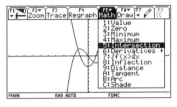

Auswahl der ersten Kurve

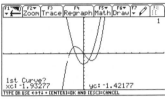

Auswahl der zweiten Kurve

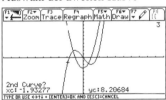

Auswahl der linken Grenze

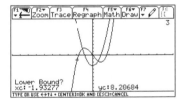

Auswahl der rechten Grenze

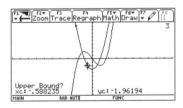

Berechneter Schnittpunkt im angegebenen Intervall

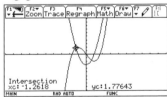

Berechnung der Schnittpunkte im HOME-Fenster

Berechnung der Extrempunkte

Für $t<0$ existieren keine Extrempunkte.
Für $t=0$ existieren keine Extrempunkte, aber ein Sattelpunkt im Nullpunkt.
Für $t>0$ existieren zwei Extrempunkte: der Hochpunkt $\left(-\sqrt{t} \mid 2t^{\frac{3}{2}}\right)$ und der Tiefpunkt $\left(\sqrt{t} \mid -2t^{\frac{3}{2}}\right)$.

Funktionsanpassungen

Gegeben sind Wertepaare bzw. Bedingungen, die durch einen Funktionsterm „*geeignet approximiert*" werden sollen. Ist der Typ des Funktionsterms vorgegeben und bestimmen die Wertepaare bzw. Bedingungen den Funktionsterm eindeutig, so heißt diese Funktionsanpassung **Interpolation**. Ist der Typ des Funktionsterms vorgegeben und wird der Funktionsterm dadurch bestimmt, dass die Summe der quadratischen Abweichungen minimal wird, so heißt diese Funktionsanpassung **Regression (Methode der kleinsten Fehlerquadrate)**.

Beispiel:
Zu den Daten $(0|0)$, $(1|2)$, $(2|0)$, $(3|-2)$, $\left(4 \mid \frac{1}{10}\right)$ ist ein geeigneter Funktionsterm gesucht.
Die Daten werden in den **Data/Matrix Editor** mit dem Namen **daten1** eingeben.

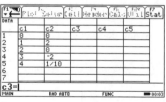

Im [F5]-Calc-Menü werden der Funktionstyp, die Datenspalten und der Name der Funktion, unter dem der Funktionsterm der Regression abgespeichert wird, ausgewählt.
Als Funktionstyp wird ein Polynom 4. Grades ausgewählt.

Bei fünf Datenpaaren und einem Polynom 4. Grades entspricht die Regression einer Interpolation.

Statt dem Polynom 4. Grades wird nun als Funktionstyp eine Sinusfunktion ausgewählt.

Auch mit der Sinusfunktion können die Daten approximiert werden.
Es gibt vier Parameter a, b, c und d, sodass mindestens vier Datenpaare benötigt werden.
Wegen dem 5. Datenpaar ist diese Regression keine Interpolation.
Für eine Interpolation müsste das 5. Datenpaar durch (4|0) ersetzt werden.

Wird in der Spalte c3 der Term y1(c1) und in der Spalte c4 der Term y2(c1) eingegeben, so werden die dazugehörigen Funktionswerte berechnet.
Die ... Punkte in den Zellen c3r1 und c3r3 bedeuten im Rahmen der Rechengenauigkeit die Zahl 0. Die Werte in den Spalten c2 und c3 stimmen also überein, d. h., die Regression entspricht einer Interpolation.

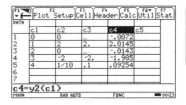

Folgen abspeichern, Schaubilder untersuchen und Wertetabelle anzeigen

Folgen sind Funktionen mit der Definitionsmenge $\mathbb{N}$.
Zum Zeichnen der Schaubilder muss im MODE-Fenster der Folgenmodus eingestellt werden. Damit ändern sich die Eingabemöglichkeiten im WINDOW- und Y=-Fenster.

Die Folgen, deren Schaubilder zu zeichnen sind, werden im Y=-Fenster eingegeben. Sie können explizit oder rekursiv eingegeben werden.
Eine explizite und eine rekursive Folge sind eingegeben. Bei der Eingabe ist es wichtig, zu beachten, dass auf der linken Seite der Index n steht und auf der rechten Seite der entsprechende Vorgänger.

Die Definitionsmenge des zu zeichnenden Schaubildes und die dazugehörige Wertemenge usw. werden im WINDOW-Fenster eingegeben.

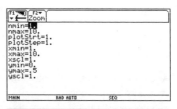

Im GRAPH-Fenster wird die Folge gezeichnet und untersucht.

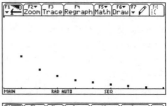

Im TABLE-Fenster kann die Wertetabelle der Funktionen, deren Schaubilder gezeichnet wurden, betrachtet werden.
Im TBLSET-Fenster kann der Startwert usw. der Wertetabelle eingetragen werden. Die Schrittweite ist bei Folgen 1.

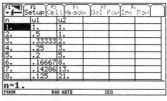

Folgenglieder, deren Term im Y=-Editor eingeben wurde, können auch im HOME-Fenster numerisch berechnet werden.

Auch im HOME-Fenster können die Terme der Folgen abgespeichert und berechnet werden.

Tipps:

- Betrachten Sie zuerst das Schaubild der Folge im GRAPH-Fenster in der Standardeinstellung (F2 A:ZoomFit) und stellen Sie dann im WINDOW-Fenster den gewünschten Ausschnitt ein.
- Beachten Sie im WINDOW-Fenster die Einstellung des Wertes von nmin.

Rechnen mit Matrizen

Matrizen können direkt im HOME-Fenster eingegeben werden. Eine Matrix beginnt und endet mit einer eckigen Klammer. Die Elemente werden durch Kommata und die Zeilen durch Strichpunkte getrennt. Zur Kennzeichnung einer Matrix bietet es sich an, dass ihr Name mit dem Buchstaben m, z. B. ma, beginnt. Eine Matrix kann auch im Data/Matrix Editor eingegeben werden.

Beispiel:

$2x + 4y - \frac{1}{2}z = \frac{5}{2}$

$x - y + 2z = -1$

$x - y - 4z = 5$

Die Matrix des linearen Gleichungssystems wird eingegeben. Mit dem Befehl rref*(Matrix)* wird die Diagonalform ausgegeben.
Aus der Diagonalform kann die Lösung bzw. die Lösbarkeit direkt abgelesen werden.
Die Lösung dieses linearen Gleichungssystems ist (1; 0; –1).

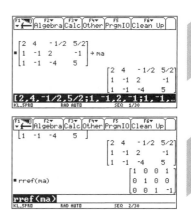

Rechnen mit Vektoren

Ein Vektor ist eine Matrix mit nur einer Spalte, entsprechend der Schreibweise in der Schule. Vektoren können direkt im HOME-Fenster eingegeben werden. Ein Vektor beginnt und endet mit einer eckigen Klammer. Die Zeilen werden durch Strichpunkte getrennt. Zur Kennzeichnung eines Vektors beginnt der Name mit dem Buchstaben v, z. B. va.

Beispiel:
Die Vektoren werden eingegeben. Mehrere Eingaben werden mit Doppelpunkt getrennt.
Mit dem Befehl dotP(*Vektor 1, Vektor 2*) wird das Skalarprodukt von zwei Vektoren und mit dem Befehl norm(*Vektor*) die Länge eines Vektors berechnet.

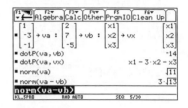

Mit dem Befehl crossP(*Vektor 1, Vektor 2*) wird das Kreuz- oder Vektorprodukt von zwei Vektoren berechnet. Mithilfe der Befehlsfolge
$\cos^{-1}(\text{dotp}(\text{unitV}(va), \text{unitV}(vb)))$
wird der Winkel zwischen zwei Vektoren berechnet. Dabei muss das Winkelmaß auf DEG eingestellt sein.

Befehle – Analysis

englische Bezeichnung	deutsche Bezeichnung	Bedeutung
DelVar	EntfVar	Löscht die angegebenen Variablen aus dem Speicher. Es ist sinnvoll, vor jeder neuen Aufgabe die Variablen, die darin benutzt werden sollen, zu löschen.
ClrGraph	LöGraph	Löscht alle Schaubilder und Wertetabellen von Funktionen oder Termen, die mit dem Befehl Graph erstellt wurden. Der Befehl ClrGraph muss immer nach einer Fehlermeldung beim Befehl Graph durchgeführt werden.
Graph	Graph	Stellt die gewünschten Funktionen oder Terme im eingestellten Grafikmodus dar.
factor	Faktor	Faktorisiert den Term nach der angegebenen Variablen.
expand	Entwick	Multipliziert den Term aus und fasst ihn nach der angegebenen Variablen zusammen.
comDenom	gemNenn	Gibt den gekürzten Quotienten einer Summe von Brüchen zurück, der nach der angegebenen Variablen entwickelt wurde.
propFrac	PzlBruch	Gibt die Summe der Brüche eines Terms bezüglich der angegebenen Variablen zurück.
limit	limes	Berechnet den Grenzwert einer Funktion. Durch die zusätzliche Angabe von –1 bzw. 1 wird der linksseitige bzw. rechtsseitige Grenzwert berechnet.
[d] differentiate	[d] differenziere	Berechnet die Ableitung des Terms bzw. die Ableitung der angegebenen Ordnung, welche eine ganze Zahl sein muss.
[$\int$] integrate	[$\int$] integriere	Berechnet eine Stammfunktion des Terms bzw. das bestimmte Integral.
[Σ] sum	[Σ] Summe	Summiert den gegebenen Term in den angegebenen Grenzen.
seq	Folge	Berechnet die gewünschten Folgenglieder.
with-Operator	Mit-Operator	Der with-Operator erfüllt drei Bedingungen: 1. Ersetzung, 2. Intervallbeschränkung, 3. Ausschließung

Beispiele:
- Grenzwert

  $\lim\limits_{x \to x_0} f(x)$ $\qquad$ limit(f(x), x, x_0)

  $\lim\limits_{\substack{x \to x_0 \\ x < x_0}} f(x)$ $\qquad$ limit(f(x), x, x_0, –1)

  $\lim\limits_{\substack{x \to x_0 \\ x > x_0}} f(x)$ $\qquad$ limit(f(x), x, x_0, 1)

- Ableitungen

  $f'(x) = \dfrac{d}{dx} f(x) = \dfrac{df(x)}{dx}$ $\qquad$ [d](f(x), x)

  $f''(x) = \dfrac{d^2}{dx^2} f(x) = \dfrac{d^2 f(x)}{dx^2}$ $\qquad$ [d](f(x), x, 2)

- Integrale

  $\int f(x) dx$ $\qquad$ [$\int$](f(x), x)

  $\int f(x) dx + c$ $\qquad$ [$\int$](f(x), x, c)

  $\int\limits_a^b f(x) dx$ $\qquad$ [$\int$](f(x), x, a, b)

- Summen

  $\sum\limits_{i=a}^{e} t(i)$ mit a < e $\qquad$ [Σ](t(i), i, a, e)

  Die Werte von a und e müssen ganzzahlig oder ∞ sein.

- Folgen

  {b(a), b(a+1), …, b(e)} $\qquad$ seq(b(n), n, a, e)

  Die Werte von a und e müssen ganzzahlig sein.

- with-Operator

  f(x) mit x = 1, d. h. f(1) $\qquad$ f(x)|x = 1

  f(x) = 0 und 0 < x < 2 $\qquad$ solve(f(x) = 0, x)|x > 0 and x < 2

  f(x) = 0 und x ≠ 3 $\qquad$ solve(f(x) = 0, x)|x ≠ 3

Befehle – Analytische Geometrie

englische Bezeichnung	deutsche Bezeichnung	Bedeutung
CrossP	KreuzP	Berechnet das Kreuzprodukt zweier Vektoren.
DotP	SkalarP	Berechnet das Skalarprodukt zweier Vektoren.
Norm	Norm	Berechnet die Norm bzw. den Betrag bzw. die Länge eines Vektors. (Im Gegensatz dazu berechnet abs den Betrag einer Zahl.)
UnitV	EinhV	Berechnet den Einheitsvektor eines Vektors.
Solve	Löse	Löst eine Gleichung bzw. ein Gleichungssystem.

Beispiele:

- Norm bzw. Länge

$$\|\vec{a}\| = \sqrt{a_1^2 + a_2^2 + a_3^2}$$ norm(va)

$$\|\overrightarrow{AB}\| = \|\vec{b} - \vec{a}\| = \|\vec{a} - \vec{b}\|$$ norm(vb − va) *oder* norm(va − vb)

- Einheitsvektor

$$\vec{a}_0 = \frac{\vec{a}}{\|\vec{a}\|}$$ unitV(va)

- Skalarprodukt

$$\vec{a} \cdot \vec{b} = a_1 b_1 + a_2 b_2 + a_3 b_3$$ dotP(va, vb) *oder* dotP(vb, va)

- Winkel

$$\alpha = \cos^{-1}\left(\frac{\vec{a} \cdot \vec{b}}{\|\vec{a}\|\|\vec{b}\|}\right)$$ [cos⁻¹](dotP(va, vb)[÷](norm(va)[×]norm(vb)))
(TI muss auf Gradmaß eingestellt sein.)

- Kreuzprodukt

$$\vec{a} \times \vec{b}$$ crossP(va, vb)

- Flächeninhalt eines Dreiecks

$$A = \frac{1}{2}\|\overrightarrow{AB} \times \overrightarrow{AC}\| =$$
$$= \frac{1}{2}\|(\vec{b} - \vec{a}) \times (\vec{c} - \vec{a})\|$$ 1[÷]2[×]norm(crossP(vb − va, vc − va))

- Lösen von Gleichungen
  $x + 5 = 0$ solve(x + 5 = 0, x)

- Lösen eines Gleichungssystems mit zwei Unbekannten
  $x + y = 3$
  $x - y = -1$ solve(x + y = 3 and x − y = −1, {x, y})

Grundkurs Mathematik (Sachsen): Abiturprüfung 2010
Teil A (ohne Rechenhilfsmittel)

1. In den Aufgaben 1.1 bis 1.5 ist von den jeweils fünf Auswahlmöglichkeiten genau eine Antwort richtig. Kreuzen Sie das jeweilige Feld an.

1.1 Eine Gerade besitzt den Anstieg $-\frac{5}{2}$. Jede Senkrechte zu dieser Geraden hat den Anstieg:

☐ $\frac{1}{2}$ ☐ $-\frac{2}{5}$ ☐ $\frac{5}{2}$ ☐ $-\frac{1}{2}$ ☒ $\frac{2}{5}$

1.2 Welcher der angegebenen Terme beschreibt die erste Ableitungsfunktion der Funktion f mit $f(x) = e^{2 \cdot x}$ ($x \in D_f$)?

☐ $2 \cdot x \cdot e^{2 \cdot x}$ ☒ $2 \cdot e^{2 \cdot x}$ ☐ e^2 ☐ $x \cdot e^{2 \cdot x}$ ☐ $e^{2 \cdot x}$

1.3 Wie viele Lösungen besitzt die Gleichung $\frac{1}{2} \cdot x \cdot (x^2 - 1) = 0$ ($x \in \mathbb{R}$)?

☐ 0 ☐ 1 ☐ 2 ☒ 3 ☐ 4

1.4 Die Geraden g und h werden durch folgende Gleichungen beschrieben:

g: $\vec{x} = \begin{pmatrix} 5 \\ 7 \\ 2 \end{pmatrix} + s \cdot \begin{pmatrix} 3 \\ 1 \\ 1 \end{pmatrix}$ ($s \in \mathbb{R}$); h: $\vec{x} = \begin{pmatrix} 5 \\ 7 \\ 2 \end{pmatrix} + t \cdot \begin{pmatrix} -3 \\ 0 \\ 1 \end{pmatrix}$ ($t \in \mathbb{R}$).

Welche Aussage bezüglich der Lagebeziehung der beiden Geraden g und h ist wahr?
Die Geraden g und h

☐ verlaufen parallel. ☐ schneiden sich senkrecht. ☐ schneiden sich nicht senkrecht. ☐ verlaufen windschief. ☐ sind identisch.

1.5 Ein Glücksrad ist in drei kongruente Segmente aufgeteilt. Jedes Segment wird mit genau einer Zahl beschriftet (zwei Segmente mit der Zahl „0" und ein Segment mit der Zahl „1"). Beim einmaligen Drehen dieses Glücksrades wird genau ein Segment ausgewählt. Das Rad wird genau zweimal gedreht.
Die Wahrscheinlichkeit für das Ereignis „Es werden zwei gleiche Zahlen ermittelt." beträgt:

☐ $\frac{1}{9}$ ☐ $\frac{4}{9}$ ☐ 1 ☐ $\frac{9}{5}$ ☒ $\frac{5}{9}$

Erreichbare BE-Anzahl: 5

2   In der Abbildung ist der Graph der ersten Ableitungsfunktion f' einer Funktion f dargestellt.

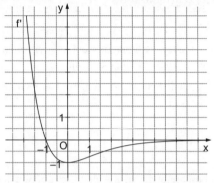

2.1 Formulieren Sie jeweils eine wahre Aussage
   (1) zum Vorzeichen des Anstiegs des Graphen der Funktion f an der Stelle $x = 2$;
   (2) zur Art der Monotonie der Funktion f im Intervall $0{,}5 < x < 1{,}5$ ($x \in \mathbb{R}$).

   Erreichbare BE-Anzahl: 2

2.2 Begründen Sie, dass die folgenden Aussagen für den Graphen der Funktion f wahr sind.

   Aussage 1: Der Graph der Funktion f besitzt bei $x = 0$ einen Wendepunkt.
   Aussage 2: Der Graph der Funktion f besitzt bei $x = -1$ eine zur x-Achse parallele Tangente.

   Erreichbare BE-Anzahl: 2

3   Zeigen Sie, dass die Punkte $A(2;\ 1;\ -2)$, $B(3;\ 2;\ -1)$ und $C(0;\ -1;\ 6)$ ein Dreieck bilden.

   Erreichbare BE-Anzahl: 2

4   Aus einer Urne mit genau einer blauen, genau fünf weißen und genau zwei gelben Kugeln wird zweimal nacheinander je eine Kugel ohne Zurücklegen gezogen und deren Farbe betrachtet.

   Bestimmen Sie jeweils die Wahrscheinlichkeit folgender Ereignisse.
   Ereignis A: Die zweite Kugel ist blau.
   Ereignis B: Die beiden Kugeln sind gleichfarbig.

   Erreichbare BE-Anzahl: 4

Tipps und Hinweise

Teilaufgabe 1.1
- Für den Anstieg zueinander senkrechter Geraden g und h gilt:
$m_g \cdot m_h = -1$ bzw. $m_g = -\frac{1}{m_h}$

Teilaufgabe 1.2
- Wenden Sie die Kettenregel an.

Teilaufgabe 1.3
- Nutzen Sie den Satz: Ein Produkt ist null, wenn mindestens ein Faktor null ist.
- Wenden Sie diesen Satz auf alle Faktoren der Gleichung an.

Teilaufgabe 1.4
- Untersuchen Sie im ersten Schritt die Lagebeziehung der beiden Geraden.
- Sollten Sie einen Schnittpunkt ermitteln, dann müssen Sie noch prüfen, ob die beiden Richtungsvektoren der Geraden g und h senkrecht zueinander verlaufen.
Nutzen Sie dazu folgende Beziehung: $g \perp h \implies \vec{a}_g \circ \vec{a}_h = 0$

Teilaufgabe 1.5
- Veranschaulichen Sie sich den Zufallsversuch in einem Baumdiagramm.
- Wenden Sie zur Berechnung der Wahrscheinlichkeit die Pfadregeln an.

Teilaufgabe 2
- Nutzen Sie zum Formulieren und zum Begründen u. a. folgende Zusammenhänge:
  - zwischen Nullstelle der Funktion f' und Extremstelle der Funktion f,
  - zwischen Extremstelle der Funktion f' und Wendestelle der Funktion f,
  - zwischen den Funktionswerten der Funktion f' und dem Anstieg/der Monotonie der Funktion f.

Teilaufgabe 3
- Beachten Sie, dass drei Punkte nur dann ein Dreieck bilden, wenn sie nicht auf einer Geraden liegen.

Teilaufgabe 4
- Veranschaulichen Sie sich den Zufallsversuch in einem Baumdiagramm.
- Wenden Sie zur Berechnung der Wahrscheinlichkeiten die Pfadregeln an.

Lösungen

1 *Vorbemerkung:* Als Lösung ist nur das Kreuz im jeweils richtigen Feld verlangt; im Folgenden sind zusätzlich Rechnungen und Begründungen für die richtige Antwort angegeben.

1.1 Richtige Antwort: Kreuz in <u>Feld 5</u>

Zwei Geraden g und h sind senkrecht zueinander, wenn für ihre Anstiege m gilt:
$m_g = -\dfrac{1}{m_h}$ bzw. $m_g \cdot m_h = -1$

Anstieg der Geraden g: $\quad m_g = -\dfrac{5}{2}$

Anstieg der Senkrechten s: $\quad m_s = -\dfrac{1}{m_g} = \dfrac{2}{5}$

1.2 Richtige Antwort: Kreuz in <u>Feld 2</u>

$f(x) = e^{2 \cdot x}$

$f'(x) = 2 \cdot e^{2 \cdot x}$

1.3 Richtige Antwort: Kreuz in <u>Feld 4</u>

$\dfrac{1}{2} \cdot x \cdot (x^2 - 1) = 0 \quad$ gdw. $\quad x_1 = 0$

$\qquad\qquad\qquad\qquad$ oder $\quad x^2 - 1 = 0$

$\qquad\qquad\qquad\qquad\qquad\quad\; x^2 = 1$

$\qquad\qquad\qquad\qquad\qquad\quad\; x_{2;3} = \pm 1$

$\Rightarrow$ 3 Lösungen

1.4 Richtige Antwort: Kreuz in <u>Feld 3</u>

$g: \vec{x} = \begin{pmatrix} 5 \\ 7 \\ 2 \end{pmatrix} + s \underbrace{\begin{pmatrix} 3 \\ 1 \\ 1 \end{pmatrix}}_{\vec{a}} \qquad h: \vec{x} = \begin{pmatrix} 5 \\ 7 \\ 2 \end{pmatrix} + t \underbrace{\begin{pmatrix} -3 \\ 0 \\ 1 \end{pmatrix}}_{\vec{b}}$

$\vec{a} = r \cdot \vec{b}$

$3 = -3r$

$1 = 0 \quad$ f. A. $\quad \Rightarrow \quad \vec{a} \nparallel \vec{b}$

$1 = r \qquad\quad \Rightarrow \quad$ g schneidet h oder g windschief zu h

Da beide Geraden denselben Stützvektor besitzen, haben sie den Punkt P(5; 7; 2) als gemeinsamen Punkt.

$\Rightarrow$ g und h schneiden sich.

Da $\vec{a} \circ \vec{b} = \begin{pmatrix} 3 \\ 1 \\ 1 \end{pmatrix} \circ \begin{pmatrix} -3 \\ 0 \\ 1 \end{pmatrix} = -8 \neq 0$ ist,

schneiden sich die Geraden g und h nicht senkrecht.

1.5 Richtige Antwort: Kreuz in Feld 5

A ... Zwei gleiche Zahlen werden ermittelt

$P(\text{Zahl } 0) = \dfrac{2}{3}$

$P(\text{Zahl } 1) = \dfrac{1}{3}$

$P(A) = \dfrac{2}{3} \cdot \dfrac{2}{3} + \dfrac{1}{3} \cdot \dfrac{1}{3} = \dfrac{5}{9}$

Baumdiagramm:

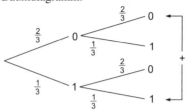

2.1 (1) Der Anstieg des Graphen der Funktion f hat an der Stelle x = 2 ein negatives Vorzeichen.

Begründung (nicht verlangt):
Die Ableitungsfunktion f' charakterisiert die Steigung der Funktion f. Wenn der Funktionswert der Funktion f' an einer Stelle negativ ist, dann ist die Funktion f an dieser Stelle monoton fallend und somit besitzt der Anstieg ein negatives Vorzeichen.

(2) Die Funktion f ist im Intervall 0,5 < x < 1,5 (streng) monoton fallend.

Begründung: analog zu (1)

2.2 Aussage 1:
An der Stelle x = 0 besitzt die Ableitungsfunktion f' ein Minimum. Somit hat der Graph der Funktion f an dieser Stelle eine Wendestelle.

Aussage 2:
Die Stelle x = –1 ist die Nullstelle der Ableitungsfunktion f'. Demzufolge ist der Anstieg der Funktion f an dieser Stelle null. Somit verläuft die Tangente an den Graphen der Funktion f an der Stelle x = –1 parallel zur x-Achse.

3 Drei Punkte bilden ein Dreieck, wenn sie nicht auf einer Geraden liegen.

$g_{AB}: \vec{x} = \begin{pmatrix} 2 \\ 1 \\ -2 \end{pmatrix} + r \begin{pmatrix} 1 \\ 1 \\ 1 \end{pmatrix}$ (r ∈ ℝ)

Punktprobe: C in g_{AB}:
$\left. \begin{array}{rcl} 0 &=& 2 + r \Rightarrow r_1 = -2 \\ -1 &=& 1 + r \Rightarrow r_2 = -2 \\ 6 &=& -2 + r \Rightarrow r_3 = 8 \end{array} \right\}$ $r_1 = r_2 \neq r_3$

⇒ C liegt nicht auf g_{AB}

⇒ Die drei Punkte bilden ein Dreieck.

4   Baumdiagramm:

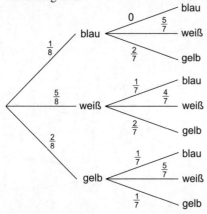

$P(A) = \dfrac{1}{8} \cdot 0 + \dfrac{5}{8} \cdot \dfrac{1}{7} + \dfrac{2}{8} \cdot \dfrac{1}{7} = \dfrac{7}{56} = \underline{\underline{\dfrac{1}{8}}}$

$P(B) = \dfrac{1}{8} \cdot 0 + \dfrac{5}{8} \cdot \dfrac{4}{7} + \dfrac{2}{8} \cdot \dfrac{1}{7} = \underline{\underline{\dfrac{11}{28}}}$

Grundkurs Mathematik (Sachsen): Abiturprüfung 2010
Teil B – Aufgabe 1

In der Abbildung ist die Profillinie (Längsschnitt) einer Schanzenanlage für den Skisprung vereinfacht dargestellt.
Die Profillinie des Schanzenanlaufes verläuft vom Punkt A bis zum Punkt B. Die Profillinie des Schanzentisches verläuft linear von Punkt B nach Punkt O, wobei im Punkt B ein tangentialer Übergang (ohne Knick) zwischen den beiden Profillinien erfolgt. Der Abschnitt vom Punkt C bis zum Punkt D wird als Profillinie des Aufsprunghanges bezeichnet.

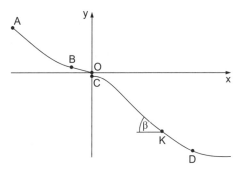

Abbildung (nicht maßstäblich)

Im Punkt O des Schanzentisches liegt der Ursprung eines kartesischen Koordinatensystems (1 Längeneinheit entspricht 1 Meter). Der Punkt B besitzt die Koordinaten B(−6,7; 1,3). Der Punkt C liegt auf der y-Achse.

1.1 Geben Sie eine Gleichung der Geraden g an, die durch die Punkte B und O verläuft.
Ermitteln Sie die Größe des Winkels α, den die Gerade g mit der negativen x-Achse einschließt.
Geben Sie die Länge der Strecke $\overline{BO}$ an.
Die Profillinie zwischen den Punkten A und B liegt auf dem Graphen einer Funktion.
Geben Sie an, welchen Anstieg der Graph dieser Funktion im Punkt B besitzt.

Erreichbare BE-Anzahl: 5

Die Profillinie des Aufsprunghanges kann annähernd durch einen Teil des Graphen der Funktion f mit $f(x) = 0{,}0000117 \cdot x^3 - 0{,}00380 \cdot x^2 - 0{,}277 \cdot x - 3{,}10$ ($x \in \mathbb{R}$, $x \geq 0$) beschrieben werden.

1.2 Begründen Sie, dass die Funktion f folgende Eigenschaften des Aufsprunghanges näherungsweise erfüllt:
   (1) Die Schanzentischhöhe beträgt $\overline{CO} = 3{,}1$ m.
   (2) Der Punkt K(108,3; −62,8) liegt auf dem Graphen von f.
   (3) Der Punkt K ist Wendepunkt der Profillinie des Aufsprunghanges (auf den Nachweis der hinreichenden Bedingung der Existenz des Wendepunktes wird verzichtet).

(4) Der Neigungswinkel β der Profillinie des Aufsprunghanges im Punkt K gegenüber der Horizontalen (siehe Abbildung) beträgt β = 34,5°.

Erreichbare BE-Anzahl: 5

1.3 Ein Skispringer bewegt sich während des Sprunges auf einer Flugbahn, die im dargestellten Koordinatensystem näherungsweise auf dem Graphen der Funktion k mit $k(x) = -0,00360 \cdot x^2 - 0,194 \cdot x$ ($x \in \mathbb{R}$; $0,0 \leq x \leq 160,0$) liegt.

Ermitteln Sie die Koordinaten des Landepunktes des Skispringers auf dem Aufsprunghang.

Die Höhe h des Skispringers über dem Aufsprunghang an der Stelle $x = u$ wird gemessen durch $h(u) = k(u) - f(u)$.

Bestimmen Sie die maximale Höhe des Skispringers über dem Aufsprunghang während des Sprunges.

Erreichbare BE-Anzahl: 4

1.4 Bei der Gestaltung des Aufsprunghanges musste Erdreich aufgeschüttet beziehungsweise abgetragen werden. Ein Teil der Profillinie des ursprünglichen Berghanges kann im Geländeschnitt näherungsweise durch den Graphen der Funktion i mit $i(x) = -0,480 \cdot x - 0,990$ ($x \in \mathbb{R}$; $0,0 \leq x \leq 50,0$) beschrieben werden.

Für die Abschätzung der beförderten Erdmassen im Bereich $0,0 \leq x \leq 50,0$ des Aufsprunghanges ist die Kenntnis der Inhalte der Flächen im Geländeschnitt zwischen ursprünglichem und neuem Hangverlauf wichtig.

Ermitteln Sie den Inhalt der Fläche, die im abzutragenden Bereich lag.

Erreichbare BE-Anzahl: 3

Nach Wettkämpfen werden Dopingkontrollen durchgeführt. Erfahrungsgemäß verlaufen 98,5 % aller Proben im ersten Test, der sogenannten A-Probe, negativ und die anderen Proben positiv. Positiv getestete Sportler müssen sich einer weiteren Kontrolle, der B-Probe, unterziehen. Dabei zeigt sich, dass ein Sportler mit positiver A-Probe in 95,0 % aller Fälle auch in der B-Probe positiv getestet wird.

1.5 Ermitteln Sie die Wahrscheinlichkeit, dass unter 50 zufällig kontrollierten Sportlern mindestens drei eine positive A-Probe aufweisen.

Erreichbare BE-Anzahl: 2

1.6 Berechnen Sie die Wahrscheinlichkeit, dass bei einem zufällig ausgewählten Sportler sowohl A-Probe als auch B-Probe positiv sind.

Erreichbare BE-Anzahl: 2

1.7 Bei Dopingkontrollen wird ein kompliziertes chemisches Verfahren zweimal nacheinander durchgeführt, wobei sich die beiden Testergebnisse nicht beeinflussen. Bei zweimaliger Durchführung ist die Wahrscheinlichkeit für mindestens einmaliges Gelingen 0,9775.

Berechnen Sie, mit welcher Wahrscheinlichkeit das Nachweisverfahren bei einmaliger Durchführung gelingt.

Erreichbare BE-Anzahl: 2

Tipps und Hinweise

Teilaufgabe 1.1
- Beachten Sie, dass die Gerade g durch den Koordinatenursprung verläuft (n = 0).
- Berechnen Sie den Anstieg mit dem Differenzenquotienten $m = \frac{\Delta y}{\Delta x} = \frac{y_B - y_O}{x_B - x_O}$.
- Nutzen Sie zur Berechnung des Winkels α die Beziehung $|m| = \tan \alpha$.
- Die Streckenlänge der Strecke $\overline{BO}$ berechnet sich als Abstand der Punkte B und O mit dem Lehrsatz des Pythagoras.
- Der Übergang im Punkt B erfolgt ohne Knick. Die Steigung im Punkt B, also $f'(x_B)$, stimmt mit dem Anstieg der Geraden, also m_g, überein.

Teilaufgabe 1.2
- (1) Bestimmen Sie f(0) und damit den Abstand zum Punkt O.
- (2) Zeigen Sie, dass die Koordinaten des Punktes K die Gleichung der Funktion f erfüllen.
- (3) Zeigen Sie, dass die notwendige Bedingung für die Wendestelle $f''(x_W) = 0$ für x = 108,3 erfüllt ist.
- (4) Bestimmen Sie die Steigung m_K der Funktion f im Punkt K und daraus unter Nutzung der Beziehung $|m_K| = \tan \beta$ den gesuchten Winkel.

Teilaufgabe 1.3
- Beachten Sie, dass der Landepunkt der Schnittpunkt zwischen Flugbahn (Funktion k) und Aufsprunghang (Funktion f) ist.
- Zur Bestimmung der maximalen Höhe ermitteln Sie mit dem GTR den Maximumpunkt der Funktion h. Der y-Wert dieses Punktes ist der gesuchte Wert.

Teilaufgabe 1.4
- Stellen Sie sich den Sachverhalt in einer Skizze dar.
- Wählen Sie den Bereich, in dem Erdreich abgetragen werden musste.
- Beschreiben Sie diese Fläche durch ein Integral und berechnen Sie dessen Wert.

Teilaufgabe 1.5
- Wählen Sie für die Wahrscheinlichkeit eine geeignete Zufallsgröße X, z. B. „Anzahl der kontrollierten Sportler mit positiver A-Probe". Diese Zufallsgröße X ist binomialverteilt mit den Parametern n = 50 und p = 0,015.
- Berechnen Sie die Wahrscheinlichkeit für $X \geq 3$.

Teilaufgabe 1.6
- Wenden Sie die Produktregel für Wahrscheinlichkeiten (1. Pfadregel) an.

Teilaufgabe 1.7

- Veranschaulichen Sie sich den Zufallsversuch in einem Baumdiagramm. Bezeichnen Sie die Wahrscheinlichkeit für das Gelingen des Nachweises mit p.
- Wenden Sie zur Berechnung der Wahrscheinlichkeit p die Pfadregeln an. Nutzen Sie das Gegenereignis.

Lösungen

1.1 Geradengleichung: g: $y = mx + n$

mit $n = 0$, da $O(0; 0) \in g$

und $m_g = \dfrac{\Delta y}{\Delta x} = \dfrac{1,3}{-6,7} \approx -0,19$

folgt: $\underline{\underline{g: y = -0,19x}}$

α ... Winkel zwischen Gerade g und negativer x-Achse

$m_g = -0,19 = \tan \alpha'$ oder $\tan \alpha = |m_g|$

$\quad \alpha' \approx -11°$ $\underline{\underline{\alpha \approx 11°}}$

$\Rightarrow \alpha = |\alpha'|$

$\underline{\underline{\alpha \approx 11°}}$

$\ell_{\overline{BO}} = \sqrt{x_B^2 + y_B^2}$

$\ell_{\overline{BO}} = \sqrt{(-6,7)^2 + 1,3^2}$ m

$\underline{\underline{\ell_{\overline{BO}} \approx 6,8 \text{ m}}}$

Die Strecke $\overline{BO}$ ist ca. 6,8 m lang.

Anstieg des Graphen im Punkt B: $\underline{\underline{f'(x_B) = m_g \approx -0,19}}$

Da der Übergang im Punkt $B(x_B; y_B)$ tangential (ohne Knick) zwischen beiden Profillinien erfolgt, muss gelten: $m_g = f'(x_B)$

1.2 $f(x) = 0,0000117 \cdot x^3 - 0,00380 \cdot x^2 - 0,277 \cdot x - 3,10$

(1) $f(0) = -3,10 \Rightarrow \overline{CO} = 0 - f(0) = 3,10$

Damit ist gezeigt, dass die Schanzentischhöhe 3,1 m beträgt.

(2) $f(108,3) = 0,0000117 \cdot 108,3^3 - 0,00380 \cdot 108,3^2 - 0,277 \cdot 108,3 - 3,10$

$f(108,3) = -62,8 \Rightarrow K \in f$

(3) K ist Wendepunkt der Profillinie des Aufsprunghanges, wenn f''(108,3) = 0 gilt.
f'(x) = 0,0000351 · x² − 0,00760 · x − 0,277
f''(x) = 0,0000702 · x − 0,00760
f''(108,3) = 0,0000702 · 108,3 − 0,00760 = 2,66 · 10⁻⁶ ≈ 0
⇒ Aussage bestätigt

Man kann den Nachweis für (3) auch ohne ausführlichen Lösungsweg unter Nutzung eines geeigneten GTR-Programms führen.

(4) f'(108,3) ≈ −0,6884 = m_K
  tan β = | m_K | = 0,6884
  β ≈ 34,5°
Damit ist die Größe des Winkels β nachgewiesen.

1.3 k(x) = −0,00360 · x² − 0,194 · x   (0,0 ≤ x ≤ 160,0)
Landepunkt L ist Schnittpunkt der Graphen der Funktionen f und k:
L(106,8; −61,8)

Den Schnittpunkt ermittelt man mit dem GTR.

Höhe h des Springers über dem Aufsprunghang an der Stelle x = u:
h(u) = k(u) − f(u)
h(u) = −0,0000117 · u³ + 0,0002 · u² + 0,083 · u + 3,10

Man lässt den Graphen der Funktion h im GRAPH-Menü zeichnen und liest die Koordinaten des Maximumpunktes ab. Der y-Wert dieses Punktes ist die gesuchte Höhe.
E_{Max}(54,7; 6,3)

Die Maximalhöhe des Skispringers über dem Aufsprunghang beträgt 6,3 m.

1.4 Skizze:

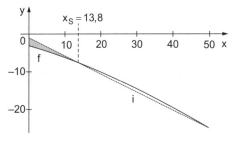

Schnittstelle x_S = 13,8

A ... Flächeninhalt im abzutragenden Bereich

$$A = \int_0^{13,8} [i(x) - f(x)]\,dx \approx \underline{\underline{13,0}}$$

Ca. 13 m² lagen im abzutragenden Bereich.

Die Lösungen (Schnittstelle und Flächeninhalt) bestimmt man mit dem GTR. Der Flächeninhalt kann aber auch unter Nutzung der Stammfunktion berechnet werden.

1.5 X ... Anzahl der kontrollierten Sportler mit positiver A-Probe
(X ist binomialverteilt mit n = 50, p = 0,015)
$P(X \geq 3) \approx \underline{\underline{0,0392}}$

Die Lösung wird mit einem geeigneten GTR-Programm bestimmt.

1.6 C ... A- und B-Probe positiv
$P(C) = 0,015 \cdot 0,95$
$P(C) \approx \underline{\underline{0,0143}}$

1.7 G ... Test gelingt
$\overline{G}$ ... Test gelingt nicht

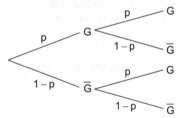

$1 - (1-p)^2 = 0,9775$
$\quad 2p - p^2 = 0,9775$
$\qquad 0 = p^2 - 2p + 0,9775$
$\qquad\quad \underline{\underline{p_1 = 0,85}} \quad$ Lösung der Gleichung z. B. mittels EQUA-Menü
$(p_2 = 1,15$ entfällt, da $0 \leq p \leq 1)$

Das Nachweisverfahren gelingt bei einmaliger Durchführung mit einer Wahrscheinlichkeit von $\underline{\underline{85\,\%}}$.

Grundkurs Mathematik (Sachsen): Abiturprüfung 2010
Teil B – Aufgabe 2

Ein Makler bietet einen Zweiseitenhof zum Verkauf an. Der Makler weiß aus Erfahrung, dass die Interessenten für solche Objekte 50 % junge Familien mit Kindern, 30 % ältere Ehepaare und 10 % alleinstehende Personen sind. Die restlichen Interessenten lassen sich keiner der drei Gruppen zuordnen. Im letzten Monat gab es 60 Anfragen von Interessenten zum oben beschriebenen Zweiseitenhof.

2.1 Geben Sie die Anzahl der älteren Ehepaare an, die nach den Erfahrungen des Maklers unter den Interessenten des letzten Monats zu erwarten waren.

Ermitteln Sie die Wahrscheinlichkeit dafür, dass von den Anfragen der Interessenten des letzten Monats mehr als die Hälfte von jungen Familien mit Kindern stammt.

Erreichbare BE-Anzahl: 3

Der Zweiseitenhof wurde in einem kartesischen Koordinatensystem (1 Längeneinheit entspricht 1 Meter) mit dem Koordinatenursprung O dargestellt (siehe Abbildung 1). Die Grundfläche ABCDEO liegt in der x-y-Koordinatenebene. Jede der sechs Fassadenflächen verläuft parallel zu einer Koordinatenebene. Die vier rechteckigen Fassadenflächen sind gleich hoch. Der Punkt F besitzt die Koordinaten F(16,0; 0,0; 6,0). Das Giebeldreieck FGL ist gleichschenklig mit der Basis $\overline{FG}$.

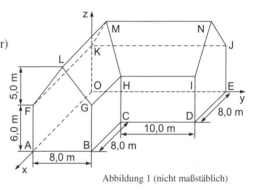

Abbildung 1 (nicht maßstäblich)

2.2 Geben Sie die Koordinaten der Eckpunkte A, B, G und L an.

Erreichbare BE-Anzahl: 2

Die Dachfläche HINM wird durch die Punkte mit den Koordinaten H(8,0; 8,0; 6,0), I(8,0; 18,0; 6,0), N(4,0; 18,0; 11,0) und M(4,0; 4,0; 11,0) begrenzt.

2.3 Ein am Kauf interessierter Kunde gibt einen Kostenvoranschlag für die Neueindeckung des Daches im Bereich der Dachfläche HINM in Auftrag. Der Quadratmeterpreis für Material und Arbeitsstunden beträgt 100,84 € netto (ohne 19 % Mehrwertsteuer).

Ermitteln Sie die Höhe der Bruttokosten (mit Mehrwertsteuer), mit denen der Kunde rechnen muss.

Erreichbare BE-Anzahl: 4

2.4 Auf der Dachfläche HINM möchte der Kunde eine Solaranlage installieren. Der Hersteller empfiehlt für eine solche Anlage eine Dachneigung von 30° bis 60° zum Boden.
Untersuchen Sie, ob diese Dachfläche diese Bedingung erfüllt.
Für eine größere Energieausbeute werden die Solarmodule durch senkrecht auf dem Dachboden HIJK befestigte, jeweils 1,5 m lange Stahlstreben angehoben.
Eine der Streben wird im Punkt T(7,0; 13,0; 6,0) des Dachbodens verankert.
Berechnen Sie den Abstand der Spitze dieser Strebe zur Dachfläche HINM.

Erreichbare BE-Anzahl: 5

2.5 Ein Teil des Giebeldreiecks FGL soll verglast werden. Der Sachverhalt wurde in einem ebenen kartesischen Koordinatensystem (1 Längeneinheit entspricht 1 Meter) dargestellt (siehe Abbildung 2). Die Verglasung (schraffiert) wird von zwei Linien begrenzt. Die eine Begrenzungslinie liegt auf dem Graphen einer zur y-Achse symmetrischen quadratischen Funktion, die andere auf der Strecke $\overline{FG}$.
Die maximale Höhe der Glasfläche über der Strecke $\overline{FG}$ beträgt 3,5 m und die Breite der Glasfläche auf $\overline{FG}$ ist 7,0 m.

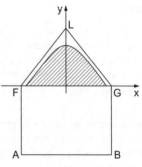

Abbildung 2 (nicht maßstäblich)

Ermitteln Sie den Inhalt der zu verglasenden Fläche.

Erreichbare BE-Anzahl: 4

2.6 Der am Kauf interessierte Kunde plant bereits den Ausbau des Dachbereiches unter den Dachflächen HINM und MNJK. Dabei möchte er auf Wandschrägen verzichten. Der umbaute Raum soll quaderförmig sein und die im Giebeldreieck liegende Querschnittsfläche dieses quaderförmigen Raumes soll möglichst groß werden.
Berechnen Sie den Inhalt dieser Querschnittsfläche (Wandstärken werden vernachlässigt).

Erreichbare BE-Anzahl: 4

Tipps und Hinweise

Teilaufgabe 2.1
- Beachten Sie, dass 30 % der 60 Interessenten des letzten Monats ältere Ehepaare waren.
- Wählen Sie für die Wahrscheinlichkeit eine geeignete Zufallsgröße X, z. B. „Anzahl der Anfragen von jungen Familien mit Kindern". Diese Zufallsgröße X ist binomialverteilt mit den Parametern n = 60 und p = 0,5.
- Berechnen Sie die Wahrscheinlichkeit für $X \geq 31$.

Teilaufgabe 2.2
- Lesen Sie die Koordinaten der Punkte aus der Abbildung ab. Beachten Sie, dass der Punkt O der Koordinatenursprung ist.

Teilaufgabe 2.3
- Skizzieren Sie die Dachfläche HINM. Beachten Sie die rechten Winkel bei I und N und die Trapezform der Dachfläche.
- Nutzen Sie zur Berechnung des Flächeninhalts die Formel: $A = \frac{1}{2} \cdot (a+c) \cdot h$
- Zur Berechnung der Bruttokosten multiplizieren Sie den Flächeninhalt mit dem Quadratmeterpreis und dem Wachstumsfaktor 1,19.

Teilaufgabe 2.4
- Erstellen Sie eine Gleichung der Ebene E_{HINM}.
- Bestimmen Sie den Schnittwinkel zwischen der Ebene E_{HINM} und dem Boden (x-y-Ebene z = 0) mit einem geeigneten GTR-Programm.
- Vergleichen Sie das Ergebnis mit der empfohlenen Dachneigung und formulieren Sie eine Entscheidung.
- Bestimmen Sie die Koordinaten der Spitze S der Strebe.
- Ermitteln Sie den Abstand des Punktes S zur Ebene E_{HINM} mit einem geeigneten GTR-Programm.

Teilaufgabe 2.5
- Erstellen Sie die Gleichung der quadratischen Funktion. Gehen Sie dabei von der allgemeinen Form $y = p(x) = ax^2 + b$ aus, da der Scheitelpunkt der Parabel auf der y-Achse liegt.
- Berechnen Sie den Inhalt der zu verglasenden Fläche mithilfe eines bestimmten Integrals.

Teilaufgabe 2.6

- Stellen Sie den Sachverhalt in einer Skizze dar. Beachten Sie, dass eine zweidimensionale Betrachtung der entsprechenden Giebelfläche genügt. Orientieren Sie sich an Abbildung 2 zu Teilaufgabe 2.5.
- Beachten Sie, dass es sich bei diesem Problem um eine Extremwertaufgabe handelt.
- Zum Erstellen der Zielfunktion benötigen Sie z. B. die Gleichung der Geraden durch die Punkte N und J.
- Berechnen Sie die Extremstelle der Zielfunktion und berechnen Sie damit den Inhalt der Querschnittsfläche.

Lösungen

2.1 Interessenten: 50 % junge Familien mit Kindern
     30 % ältere Ehepaare
     10 % alleinstehende Personen
     10 % restliche Interessenten

$60 \cdot 0,3 = \underline{18}$ ältere Ehepaare waren unter den Interessenten des letzten Monats zu erwarten.

X ... Anzahl der Anfragen von jungen Familien mit Kindern
(X ist binomialverteilt mit n = 60, p = 0,5)

$P(X \geq 31) \approx \underline{\underline{0,4487}}$

- Die Lösung wird mit einem geeigneten GTR-Programm bestimmt.

2.2 A(16,0; 0,0; 0,0)   G(16,0; 8,0; 6,0)
     B(16,0; 8,0; 0,0)   L(16,0; 4,0; 11,0)

2.3 Skizze der Dachfläche HINM:

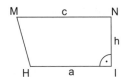

Flächeninhalt A der Dachfläche:

$A = \dfrac{1}{2}(a+c) \cdot h$ mit $a = \overline{HI}$; $c = \overline{MN}$; $h = \overline{IN}$ (Längen in Metern)

$a = y_I - y_H = 10$
$c = y_N - y_M = 14$
$h = \sqrt{(x_N - x_I)^2 + (z_N - z_I)^2} = \sqrt{16 + 25}$
$h = \sqrt{41}$

$$A = \frac{1}{2}(10+14) \cdot \sqrt{41}$$

$$A \approx 76{,}8$$

Der Flächeninhalt der Dachfläche HINM beträgt ca. 76,8 m².

Bruttokosten K:

$$K = A \cdot 100{,}84 \, \frac{€}{m^2} \cdot 1{,}19$$

$$K = 76{,}8 \, m^2 \cdot 100{,}84 \, \frac{€}{m^2} \cdot 1{,}19$$

$$K \approx 9\,216 \, €$$

Der Kunde muss mit Bruttokosten in Höhe von ca. 9 216 € rechnen.

2.4 Neigung der Dachfläche HINM:

$$E_{HINM}: \vec{x} = \begin{pmatrix} 8{,}0 \\ 8{,}0 \\ 6{,}0 \end{pmatrix} + r \begin{pmatrix} 0 \\ 1 \\ 0 \end{pmatrix} + s \begin{pmatrix} -4 \\ 0 \\ 5 \end{pmatrix} \quad (r, s \in \mathbb{R})$$

Boden (x-y-Ebene): $z = 0$

Der Schnittwinkel zwischen den Ebenen E_{HINM} und $z=0$ wird mit einem geeigneten GTR-Programm bestimmt: $\alpha \approx 51°$

Die Dachfläche hat einen Neigungswinkel von ca. 51°. Sie ist somit zur Installation der Solaranlage geeignet.

Spitze S der Strebe: S(7,0; 13,0; 7,5)

Der Abstand d des Punktes S zur Dachfläche HINM wird mit einem geeigneten GTR-Programm bestimmt:

$$d = \frac{1}{\sqrt{41}} \approx 0{,}16$$

Der Abstand der Spitze zur Dachfläche beträgt etwa 0,16 m.

2.5 Gleichung der quadratischen Funktion p:

$p(x) = ax^2 + b$ mit S(0; 3,5) folgt $b = 3{,}5$

$\Rightarrow p(x) = ax^2 + 3{,}5$ mit $x_N = 3{,}5$ folgt $p(3{,}5) = 0$

$\Rightarrow p(3{,}5) = 3{,}5^2 \cdot a + 3{,}5 = 0$

$$a = \frac{-1}{3{,}5} = -\frac{2}{7}$$

$\Rightarrow p(x) = -\frac{2}{7} x^2 + 3{,}5$

Inhalt der Glasfläche:

$$A = 2 \cdot \int_{0}^{3,5} \left(-\frac{2}{7}x^2 + 3,5 \right) dx$$

$$A = 2 \cdot \left[-\frac{2}{21}x^3 + 3,5x \right]_{0}^{3,5}$$

$$\underline{\underline{A \approx 16,3}}$$

Die zu verglasende Fläche hat einen Inhalt von ca. $\underline{\underline{16,3 \text{ m}^2}}$.

Die ausführliche Lösung ist nicht erforderlich, der Einsatz eines geeigneten GTR-Programms ist sinnvoll.

2.6 Skizze:

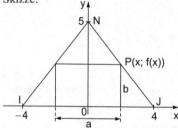

Hauptbedingung: $A(a, b) = a \cdot b$

Nebenbedingung: $g_{NJ}: f(x) = -\frac{5}{4}x + 5$ aus Skizze ablesbar

$a = 2x$
$b = f(x)$

Zielfunktion: $A(x) = 2x \cdot f(x)$

$$A(x) = -\frac{5}{2}x^2 + 10x$$

Bestimmung des Maximums:
$A'(x) = -5x + 10$
$A''(x) = -5$

$A'(x_E) = 0 = -5x_E + 10$
$\underline{x_E = 2}$

$A''(2) = -5 < 0 \Rightarrow$ lokales Maximum

$A(2) = -\frac{5}{2} \cdot 4 + 10 \cdot 2 = \underline{\underline{10}}$

Der Inhalt der Querschnittsfläche beträgt $\underline{10 \text{ m}^2}$.

Die Lösung kann auch mit dem GTR bestimmt werden.

Grundkurs Mathematik (Sachsen): Abiturprüfung 2010 (Nachtermin)
Teil A (ohne Rechenhilfsmittel)

1 In den Aufgaben 1.1 bis 1.5 ist von den jeweils fünf Auswahlmöglichkeiten genau eine Antwort richtig. Kreuzen Sie das jeweilige Feld an.

1.1 Gegeben ist die Funktion f durch $f(x) = \sqrt{\frac{1}{2} \cdot x + 4}$ ($x \in D_f$).
Welche Menge entspricht dem größtmöglichen Definitionsbereich der Funktion f?

☐ $\{x \in \mathbb{R}\}$ ☐ $\{x \in \mathbb{R}; x \geq -8\}$ ☐ $\{x \in \mathbb{R}; x \geq 0\}$ ☐ $\{x \in \mathbb{R}; x \neq -8\}$ ☐ $\{x \in \mathbb{R}; x > -8\}$

1.2 Welcher der angegebenen Funktionsterme beschreibt die erste Ableitungsfunktion der Funktion f mit $f(x) = (3 \cdot x + 4)^2$ ($x \in D_f$)?

☐ $18 \cdot x + 24$ ☐ $6 \cdot x + 8$ ☐ $\frac{1}{9} \cdot (3 \cdot x + 4)^3$ ☐ $\frac{1}{3} \cdot (3 \cdot x + 4)^3$ ☐ $18 \cdot x$

1.3 Welche Funktion ist eine Stammfunktion der Funktion f mit $f(x) = x^5 - 4 + \frac{1}{x^5}$ ($x \in D_f$)?

☐ $F(x) = 5 \cdot x^4 - 4 \cdot x + \frac{1}{x^5}$ ($x \in D_F$)

☐ $F(x) = \frac{1}{6} \cdot x^6 - 4 \cdot x + \frac{1}{x^6}$ ($x \in D_F$)

☐ $F(x) = \frac{1}{6} \cdot x^6 - 4 \cdot x - \frac{1}{4 \cdot x^4}$ ($x \in D_F$)

☐ $F(x) = \frac{1}{5} \cdot x^5 - \frac{4}{x} - \frac{1}{4 \cdot x^4}$ ($x \in D_F$)

☐ $F(x) = \frac{1}{5} \cdot x^4 - 4 \cdot x - 4 \cdot x^{-4}$ ($x \in D_F$)

1.4 Gegeben ist die Ebene E durch E: $-x + 2 \cdot y + 4 \cdot z = 6$.
Für welchen Wert für a liegt der Punkt $P_a(2; 0; a)$ in der Ebene E?

☐ $a = 1$ ☐ $a = 2$ ☐ $a = 3$ ☐ $a = 4$ ☐ $a = 5$

1.5 Für welchen Wert von m ($m \in \mathbb{R}$, $m > 0$) beträgt die Länge des Vektors $\begin{pmatrix} 10 \\ -2 \\ m \end{pmatrix}$ 15 Längeneinheiten?

☐ $m = 3$ ☐ $m = 7$ ☐ $m = 11$ ☐ $m = 14$ ☐ $m = \sqrt{329}$

Erreichbare BE-Anzahl: 5

2   In der Abbildung ist der Graph der ersten Ableitungsfunktion f' einer Funktion f dargestellt.

Skizzieren Sie in der Abbildung den Graphen einer zugehörigen Funktion f im dargestellten Intervall.

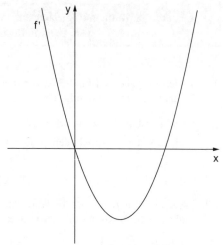

Erreichbare BE-Anzahl: 3

3   Aus Erfahrungen sind bestimmte Daten zur Grippeschutzimpfung bekannt. Man weiß, dass in einem bestimmten Wohnbezirk 40 % der Bevölkerung an der Grippeschutzimpfung teilnehmen und die anderen Bürger dieses Wohnbezirks sich nicht gegen Grippe impfen lassen.
Die nicht geimpften Bürger erkranken mit einer Wahrscheinlichkeit von 5,0 % an Grippe. 1,0 % der geimpften Bürger erkranken trotz Impfung an Grippe.

Berechnen Sie, mit welcher Wahrscheinlichkeit ein zufällig ausgewählter Bürger dieses Wohnbezirks
(1) sich einer Impfung unterzieht und nicht an Grippe erkrankt;
(2) an Grippe erkrankt.

Erreichbare BE-Anzahl: 4

4   Berechnen Sie die Koordinaten des Durchstoßpunktes D der Geraden g mit der Ebene E.

$$g: \vec{x} = \begin{pmatrix} -1 \\ -7 \\ -2 \end{pmatrix} + r \cdot \begin{pmatrix} 1 \\ 3 \\ 2 \end{pmatrix} \quad (r \in \mathbb{R}); \quad E: x - 5 \cdot y - 4 \cdot z = -2$$

Erreichbare BE-Anzahl: 3

Tipps und Hinweise

Teilaufgabe 1.1
✔ Der Wurzelradikand darf nicht negativ sein, also muss gelten:
$\frac{1}{2} \cdot x + 4 \geq 0$

Teilaufgabe 1.2
✔ Wenden Sie die Kettenregel an **oder** lösen Sie vor dem Differenzieren die Klammer auf. Beachten Sie dabei die binomische Formel.

Teilaufgabe 1.3
✔ Wenden Sie die Potenz- und die Faktorregel beim Integrieren an.

Teilaufgabe 1.4
✔ Setzen Sie die Koordinaten des Punktes P in die Ebenengleichung ein und stellen Sie diese nach a um.

Teilaufgabe 1.5
✔ Nutzen Sie die Formel $|\vec{a}| = \sqrt{a_1^2 + a_2^2 + a_3^2}$ für den Betrag des Vektors $\vec{a} = \begin{pmatrix} a_1 \\ a_2 \\ a_3 \end{pmatrix}$.

Teilaufgabe 2
✔ Nutzen Sie zur Darstellung des Graphen der Funktion f folgende Zusammenhänge:
- zwischen Nullstelle der Funktion f' und Extremstelle der Funktion f,
- zwischen Extremstelle der Funktion f' und Wendestelle der Funktion f,
- zwischen den Funktionswerten der Funktion f' und dem Anstieg/der Monotonie der Funktion f.

Teilaufgabe 3
✔ Veranschaulichen Sie sich den Sachverhalt in einem Baumdiagramm.
✔ Wenden Sie zur Berechnung der Wahrscheinlichkeiten die Pfadregeln an.

Teilaufgabe 4
✔ Setzen Sie die Koordinaten der Geradengleichung in die Ebenengleichung ein.
✔ Berechnen Sie mit dem ermittelten Parameterwert die Koordinaten des gesuchten Punktes.

Lösungen

1 *Vorbemerkung:* Als Lösung ist nur das Kreuz im jeweils richtigen Feld verlangt; im Folgenden sind zusätzlich Rechnungen und Begründungen für die richtige Antwort angegeben.

1.1 Richtige Antwort: Kreuz in Feld 2

$$D_f: \frac{1}{2}x + 4 \geq 0$$
$$x \geq -8, \quad x \in \mathbb{R}$$

1.2 Richtige Antwort: Kreuz in Feld 1

$f'(x) = 2 \cdot (3x + 4) \cdot 3$
$f'(x) = 6 \cdot (3x + 4)$
$f'(x) = 18x + 24$

1.3 Richtige Antwort: Kreuz in Feld 3

$$f(x) = x^5 - 4 + \frac{1}{x^5} = x^5 - 4 + x^{-5}$$
$$F(x) = \frac{1}{6}x^6 - 4x - \frac{1}{4}x^{-4} = \frac{1}{6}x^6 - 4x - \frac{1}{4x^4}$$

1.4 Richtige Antwort: Kreuz in Feld 2

P_a in E: $-2 + 2 \cdot 0 + 4a = 6$
$a = 2$

1.5 Richtige Antwort: Kreuz in Feld 3

$$\left| \begin{pmatrix} 10 \\ -2 \\ m \end{pmatrix} \right| = \sqrt{10^2 + (-2)^2 + m^2} = 15$$
$$\sqrt{104 + m^2} = 15$$
$$104 + m^2 = 225$$
$$m^2 = 121$$
$$m = 11$$
$$(m = -11 \text{ entfällt, da } m > 0)$$

2   Begründung des Kurvenverlaufes (nicht verlangt):

Die Nullstellen der Ableitungsfunktion f' sind die Extremstellen der Funktion f. Die Extremstelle der Ableitungsfunktion f' ist die Wendestelle der Funktion f.

In den Intervallen, in denen die Funktionswerte der Ableitungsfunktion f' positiv sind, ist die Funktion f monoton wachsend. In dem Intervall, in dem die Funktionswerte der Ableitungsfunktion f' negativ sind, ist die Funktion f monoton fallend.

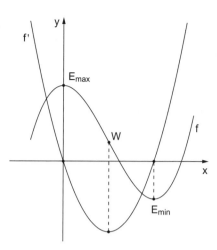

3   G ... Bürger hat an der Grippeschutzimpfung teilgenommen
E ... Bürger erkrankt
Baumdiagramm:

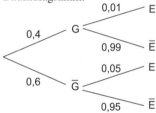

(1) $P(G \cap \overline{E}) = 0{,}4 \cdot 0{,}99 = \underline{\underline{0{,}396}}$

(2) $P(G \cap E) + P(\overline{G} \cap E) = 0{,}4 \cdot 0{,}01 + 0{,}6 \cdot 0{,}05$
$= 0{,}004 + 0{,}030$
$= \underline{\underline{0{,}034}}$

4   Einsetzen der Koordinaten von g in die Gleichung der Ebene E:
$(-1+r) - 5(-7+3r) - 4(-2+2r) = -2$
$42 - 22r = -2$
$r = 2$

r = 2 in Geradengleichung einsetzen:
$\begin{pmatrix} -1 \\ -7 \\ -2 \end{pmatrix} + 2 \cdot \begin{pmatrix} 1 \\ 3 \\ 2 \end{pmatrix} = \begin{pmatrix} 1 \\ -1 \\ 2 \end{pmatrix} \Rightarrow \underline{\underline{D(1|-1|2)}}$

Grundkurs Mathematik (Sachsen): Abiturprüfung 2010 (Nachtermin)
Teil B – Aufgabe 1

Für die erste Etappe einer Bergwanderung erstellt eine Wandergruppe das Höhenprofil der Wanderung. Das Höhenprofil kann in einem kartesischen Koordinatensystem (1 Längeneinheit entspricht 1 Kilometer) durch den Graphen der Funktion h mit $y = h(x) = -0{,}000075 \cdot x^5 + 0{,}005 \cdot x^3 + 0{,}525$ ($x \in \mathbb{R}$; $-8{,}0 \leq x \leq 8{,}5$) beschrieben werden.
Die Funktionswerte geben dabei die jeweilige Höhe über dem Meeresspiegel an.

1.1 Ermitteln Sie den Höhenunterschied zwischen dem tiefsten und dem höchsten Punkt dieser ersten Etappe in Meter.

Erreichbare BE-Anzahl: 3

1.2 Die Bergwanderung beginnt im Punkt $P(-8{,}0; h(-8{,}0))$.
Ein Wanderer behauptet, dass die größte Steigung auf dieser Etappe an der Stelle $x = 5{,}5$ sein wird.
Positionieren Sie sich zu dieser Behauptung und begründen Sie Ihre Meinung.

Erreichbare BE-Anzahl: 3

Die zweite Etappe der Bergwanderung führt in ein anderes Gebiet, welches in einem dreidimensionalen kartesischen Koordinatensystem (1 Längeneinheit entspricht 1 Kilometer) beschrieben wird.
Auf einem Hang befindet sich ein geradlinig verlaufender Lift, der die Talstation $T(2{,}0; 3{,}0; 0{,}6)$ mit der Bergstation $B(2{,}0; 6{,}0; 1{,}1)$ verbindet. Auf dem gleichen Hang befindet sich eine Hütte, deren Lage mit den Koordinaten $H(3{,}0; 4{,}0; 0{,}8)$ festgelegt ist.
Die Punkte B, T und H bestimmen eindeutig eine Ebene E, in welcher der Hang liegt.

1.3 Weisen Sie nach, dass die Ebene E durch die Gleichung $x + 5 \cdot y - 30 \cdot z = -1$ beschrieben werden kann.

Erreichbare BE-Anzahl: 2

1.4 Die Wanderer befinden sich an der Talstation T und möchten zur Hütte H wandern.
Berechnen Sie, in welchem Winkel zum Lift $\overline{TB}$ die Wanderer laufen müssen, wenn sie auf direktem Weg zur Hütte wandern wollen.
Ermitteln Sie die Zeit in Minuten, die die Wanderer von der Talstation T zur Hütte H benötigen, wenn ihre durchschnittliche Geschwindigkeit beim Wandern $3{,}0 \,\frac{km}{h}$ beträgt.

Erreichbare BE-Anzahl: 5

1.5 Ein Rettungshubschrauber befindet sich zu einer bestimmten Zeit im Punkt $F(2{,}5; 3{,}0; 0{,}9)$.
Ermitteln Sie den Abstand des Rettungshubschraubers zum Hang zu dieser Zeit.

Erreichbare BE-Anzahl: 2

1.6 Die Sicht von der Hütte auf den Gipfel ist erfahrungsgemäß nur an einem Fünftel der Tage während der Hauptsaison gut.
Berechnen Sie, mit welcher Wahrscheinlichkeit man bei 14 Urlaubstagen in der Hauptsaison genau 3 Tage gute Sicht von der Hütte auf den Gipfel hat.
Ermitteln Sie, wie viele Tage man sich in der Hauptsaison mindestens an der Hütte aufhalten müsste, um mit einer Wahrscheinlichkeit von mindestens 99 % mindestens einen Tag gute Sicht auf den Gipfel zu haben.

Erreichbare BE-Anzahl: 4

1.7 Der Betreiber der Hütte veranstaltet ein Glücksspiel mit einem Glücksrad. Bei einer Drehung gewinnt der Spieler in 20 % aller Fälle ein Freigetränk im Wert von 2,80 €. Für jede Drehung verlangt der Betreiber der Hütte 1,00 €.
Ein Wanderer beschließt, so lange am Glücksrad zu drehen, bis er ein Freigetränk gewonnen hat, maximal jedoch drei Mal.
Untersuchen Sie, ob der Wanderer erwarten kann, dass sich diese Strategie für ihn lohnt.

Erreichbare BE-Anzahl: 4

Tipps und Hinweise

Teilaufgabe 1.1
- Bestimmen Sie mittels GTR die Koordinaten der Extrempunkte.
- Bestimmen Sie den Höhenunterschied als Differenz der Extremwerte.
- Beachten Sie, dass der Höhenunterschied in Meter angegeben werden muss.

Teilaufgabe 1.2
- Zur Lösung dieses Problems können Sie verschiedene Lösungswege wählen.
  z. B. Weg 1: Bestimmen Sie die Maximumstelle der Ableitungsfunktion h' und vergleichen Sie diese mit der gegebenen Stelle $x = 5{,}5$.
  oder Weg 2: Untersuchen Sie die Ableitungsfunktion mittels TRACE im GRAPH-Menü und finden Sie Stellen mit einer größeren Steigung als an der gegebenen Stelle $x = 5{,}5$.

Teilaufgabe 1.3
- Zum Nachweis der Ebenengleichung können Sie mittels Punktprobe zeigen, dass die Punkte T, B und H die Ebenengleichung erfüllen, oder Sie stellen die Ebenengleichung in Parameterform auf und wandeln diese in parameterfreie Form um.

Teilaufgabe 1.4
- Nutzen Sie zur Berechnung des Winkels die Formel zur Berechnung eines Winkels zwischen zwei Vektoren, in diesem Fall den Vektoren $\vec{TB}$ und $\vec{TH}$.

- Für die Berechnung der benötigten Zeit verwenden Sie die Formel $v = \frac{s}{t}$, wobei s die Länge des Vektors $\overrightarrow{TH}$ ist.
- Beachten Sie, dass die Zeitangabe in Minuten erfolgen muss.

Teilaufgabe 1.5
- Bestimmen Sie den Abstand Punkt–Ebene mit einem geeigneten GTR-Programm.

Teilaufgabe 1.6
- Wählen Sie für die Wahrscheinlichkeit eine geeignete Zufallsgröße X, z. B. „Anzahl der Tage mit guter Sicht zum Gipfel". Diese Zufallsgröße X ist binomialverteilt mit den Parametern n = 14 und p = 0,2.
- Berechnen Sie die Wahrscheinlichkeit für X = 3.
- Nutzen Sie zur Berechnung der Mindestzahl der Tage folgenden Zusammenhang: P(mindestens ein Erfolg) = 1 – P(kein Erfolg) ≥ 0,99.

Teilaufgabe 1.7
- Veranschaulichen Sie sich den Zufallsversuch in einem Baumdiagramm.
- Wählen Sie eine geeignete Zufallsgröße X, z. B. „Gewinn in €". Erstellen Sie für diese Zufallsgröße eine Verteilungstabelle.
- Berechnen Sie den Erwartungswert dieser Zufallsgröße.
- Interpretieren Sie das Ergebnis.

Lösungen

1.1 Höhenunterschied Δh:
$\Delta h = h(x_{max}) - h(x_{min})$
$\Delta h \approx 1{,}031 - 0{,}019$
$\Delta h \approx 1{,}012$

Der Höhenunterschied zwischen dem höchsten und dem tiefsten Punkt der ersten Etappe beträgt ca. 1 012 m.

Die Lösung bestimmt man mit dem GTR, indem man z. B. den Graphen von h im GRAPH-Menü zeichnen lässt und die Funktionswerte der Extrempunkte abliest.

1.2 $h'(x) = -0{,}000375 x^4 + 0{,}015 x^2$ $\quad (x \in \mathbb{R}; -8{,}0 \leq x \leq 8{,}5)$
Man bestimmt das Maximum der Steigung, indem man die Funktion h' im GRAPH-Menü zeichnen lässt und die Extremstellen der Maximumpunkte abliest:
$x_{max_1} \approx -4{,}5$ und $x_{max_2} \approx 4{,}5$

Die Behauptung ist falsch. Die größte Steigung auf der Etappe ist an den Stellen $-4{,}5$ und $+4{,}5$.

Man kann die Steigung der Funktion h auch im GRAPH-Menü mittels TRACE untersuchen und so die Behauptung durch Angabe von Stellen mit größerer Steigung widerlegen.

1.3 Nachweis der Ebenengleichung

Weg 1: Punktprobe

B in E: $2{,}0 + 5 \cdot 6{,}0 - 30 \cdot 1{,}1 = -1 \Rightarrow$ wahre Aussage
T in E: $2{,}0 + 5 \cdot 3{,}0 - 30 \cdot 0{,}6 = -1 \Rightarrow$ wahre Aussage
H in E: $3{,}0 + 5 \cdot 4{,}0 - 30 \cdot 0{,}8 = -1 \Rightarrow$ wahre Aussage

Weg 2: Erstellen der Ebenengleichung

$$E_{TBH}: \vec{x} = \begin{pmatrix} 2{,}0 \\ 3{,}0 \\ 0{,}6 \end{pmatrix} + r \begin{pmatrix} 0{,}0 \\ 3{,}0 \\ 0{,}5 \end{pmatrix} + s \begin{pmatrix} 1{,}0 \\ 1{,}0 \\ 0{,}2 \end{pmatrix} \quad (r, s \in \mathbb{R})$$

Umwandlung in parameterfreie Form mittels GTR:
$E_{TBH}: x + 5y - 30z = -1 \Rightarrow$ entspricht E

Damit ist gezeigt, dass die Ebene durch die gegebene Gleichung beschrieben werden kann.

1.4 $\quad \vec{TB} = \begin{pmatrix} 0{,}0 \\ 3{,}0 \\ 0{,}5 \end{pmatrix} \qquad \vec{TH} = \begin{pmatrix} 1{,}0 \\ 1{,}0 \\ 0{,}2 \end{pmatrix}$

$|\vec{TB}| = \sqrt{9{,}25} \qquad |\vec{TH}| = \sqrt{2{,}04}$

$\cos \sphericalangle (\vec{TB}; \vec{TH}) = \dfrac{\vec{TB} \circ \vec{TH}}{|\vec{TB}| \cdot |\vec{TH}|}$

$\phantom{\cos \sphericalangle (\vec{TB}; \vec{TH})} = \dfrac{3{,}1}{\sqrt{9{,}25} \cdot \sqrt{2{,}04}}$

$\sphericalangle (\vec{TB}; \vec{TH}) \approx 44{,}5°$

Die Wanderer müssen in einem Winkel von $\underline{\underline{44{,}5°}}$ zum Lift laufen.

Der Winkel kann auch mit einem geeigneten GTR-Programm bestimmt werden.

Für die Geschwindigkeit gilt die Gleichung: $v = \dfrac{s}{t}$

$s = |\vec{TH}|$ ... zurückgelegter Weg
$t \qquad\quad$ ... benötigte Zeit

$\Rightarrow \quad t = \dfrac{s}{v}$

$\Rightarrow\ t=\dfrac{\sqrt{2{,}04}\ \text{km}}{3{,}0\ \frac{\text{km}}{\text{h}}}$

$t \approx 0{,}48\ \text{h}$

$t \approx 29\ \text{min}$

Die Wanderer benötigen ca. 29 min bis zur Hütte.

1.5 d ... Abstand des Punktes F zur Ebene E
$d \approx 0{,}280$

Der Rettungshubschrauber hat einen Abstand von ca. 280 m zum Hang.

Die Lösung bestimmt man mit einem geeigneten GTR-Programm.

1.6 X ... Anzahl der Tage mit guter Sicht zum Gipfel
(X ist binomialverteilt mit n = 14, p = 0,2)
$P(X=3) \approx 0{,}2501$

$P(X \geq 1) = 1 - P(X=0) \geq 0{,}99$
$P(X=0) \leq 0{,}01$
$0{,}8^n \leq 0{,}01$
$n \geq 20{,}6$

$\Rightarrow$ Man muss sich mindestens 21 Tage auf der Hütte aufhalten.

1.7 D ... Drink gewonnen

Baumdiagramm:

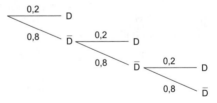

X ... Gewinn in € (Auszahlung – Einzahlung)

Anzahl der Drehungen	1	2	3	3
x_i	1,80	0,80	−0,20	−3,00
$P(X=x_i)$	0,2	0,8 · 0,2	$0{,}8^2 \cdot 0{,}2$	$0{,}8^3$

$E(X) = 1{,}80 \cdot 0{,}2 + 0{,}80 \cdot 0{,}8 \cdot 0{,}2 - 0{,}20 \cdot 0{,}8^2 \cdot 0{,}2 - 3{,}00 \cdot 0{,}8^3$
$E(X) = -1{,}07 < 0$

Die gewählte Strategie lohnt sich nicht für den Wanderer, da der Erwartungswert für den Gewinn negativ ist.

Grundkurs Mathematik (Sachsen): Abiturprüfung 2010 (Nachtermin)
Teil B – Aufgabe 2

Eine Schüssel mit achsensymmetrischer Querschnittsfläche hat einen Außendurchmesser von 14,0 cm und eine Höhe von 4,0 cm. Die Breite des oberen Randes beträgt 0,5 cm. Im tiefsten Punkt der Schüssel ist das Material 1,0 cm dick.
In der Abbildung 1 ist der Querschnitt dieser Schüssel in einem kartesischen Koordinatensystem (1 Längeneinheit entspricht 1 Zentimeter) dargestellt. Die Querschnittsfläche wird begrenzt durch die Graphen der quadratischen Funktionen f und g sowie durch zwei zur x-Achse parallele Strecken.

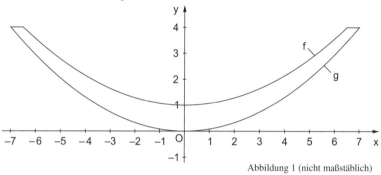

Abbildung 1 (nicht maßstäblich)

2.1 Zeigen Sie, dass die Funktion g durch die Gleichung

$g(x) = \frac{4}{49} \cdot x^2$ ($x \in \mathbb{R}$; $-7{,}0 \leq x \leq 7{,}0$) beschrieben werden kann.

Ermitteln Sie eine Gleichung der Funktion f.
Bestimmen Sie den Inhalt der Querschnittsfläche.

Erreichbare BE-Anzahl: 6

2.2 Die Aufbewahrung dieser Schüsseln erfolgt in einem Regal aus zwei Brettern (siehe Abbildung 2).
Diese Bretter berühren eine Schüssel in den Punkten B_1 und B_2, die jeweils 2,0 cm höher als der tiefste Punkt der Schüssel liegen.

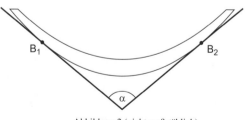

Abbildung 2 (nicht maßstäblich)

Ermitteln Sie die Größe des Öffnungswinkels α zwischen den Brettern des Regals.

Erreichbare BE-Anzahl: 4

2.3 Der Hersteller der Schüsseln gibt an, dass 90 % aller produzierten Schüsseln keine Mängel aufweisen. Ein Restaurant kauft viele Schüsseln von diesem Hersteller. Bei Anlieferung wird eine Stichprobe von 8 Schüsseln entnommen und auf Mängel untersucht. Das Restaurant nimmt die Lieferung nur an, wenn sich in dieser Stichprobe maximal eine Schüssel mit Mängeln befindet.
Berechnen Sie die Wahrscheinlichkeit dafür, dass die Lieferung durch das Restaurant abgelehnt wird.

Erreichbare BE-Anzahl: 2

2.4 Zum Transport des Geschirrs wird in dem Restaurant ein Förderband genutzt, das aus drei geradlinigen Abschnitten besteht.
Dieses Förderband hat von der Seite betrachtet den in der Abbildung 3 dargestellten Verlauf.

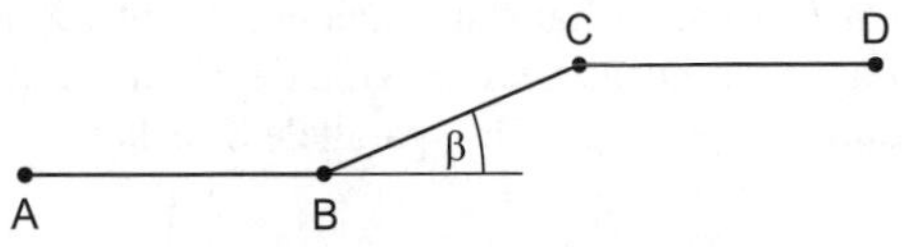

Abbildung 3 (nicht maßstäblich)

In einem kartesischen Koordinatensystem (1 Längeneinheit entspricht 1 Meter) besitzen die Punkte folgende Koordinaten:
A(3,0; 2,0; −1,0), B(−1,0; 5,0; −1,0), C(−7,0; 9,0; 0,5) und D(−11,0; 12,0; 0,5).

Zeigen Sie, dass die Punkte A, B, C und D in einer Ebene liegen.
Geben Sie die Länge des mittleren Abschnittes des Bandes an.
Ermitteln Sie die Größe des Winkels β.

Erreichbare BE-Anzahl: 5

2.5 Die Herstellerfirma der Schüsseln hat für die Herstellungskosten näherungsweise die Funktion K mit
$K(w) = 0{,}185 \cdot w^5 - 7{,}43 \cdot w^4 + 136{,}2 \cdot w^3 - 975{,}2 \cdot w^2 + 3\,262{,}7 \cdot w + 1\,280$
ermittelt.
Dabei ist w die produzierte Warenmenge in 1 000 Stück und K gibt die Herstellungskosten in Euro an.
Die Firma geht bei ihren Berechnungen davon aus, dass die produzierte Warenmenge w vollständig verkauft wird. Dabei erzielt die Firma einen Verkaufserlös V (in Euro) von $V(w) = 2\,000 \cdot w$.

Geben Sie die Herstellungskosten und den Verkaufserlös der Firma bei 1 500 produzierten und verkauften Schüsseln an.
Ermitteln Sie, in welchem Intervall die produzierte und verkaufte Warenmenge liegen muss, damit die Firma mit Gewinn arbeitet.
Geben Sie an, für welche produzierte und verkaufte Warenmenge der Betrieb den höchsten Gewinn erzielt.

Erreichbare BE-Anzahl: 5

Tipps und Hinweise

Teilaufgabe 2.1

- Zum Nachweis der Gültigkeit der Gleichung der Funktion g zeigen Sie, dass $g(0)=0$ und $g(-7)=g(7)=4$ gilt, oder erstellen Sie die Funktionsgleichung aus diesen bekannten Bedingungen.
- Gehen Sie zum Erstellen der Gleichung der Funktion f von der allgemeinen Form der achsensymmetrischen quadratischen Funktion $f(x)=ax^2+c$ aus.
- Nutzen Sie die y-Koordinate des Scheitelpunktes zur Angabe von c.
- Bestimmen Sie den Parameter a z. B. durch Nutzung der Beziehung $f(-6,5)=f(6,5)=4$.
- Für die Flächenberechnung können Sie folgenden Ansatz nutzen:
$$A = \int_{-7}^{7} (4-g(x))\,dx - \int_{-6,5}^{6,5} (4-f(x))\,dx$$
- Berechnen Sie den Flächeninhalt mit einem geeigneten GTR-Programm.

Teilaufgabe 2.2

- Bestimmen Sie die Berührungsstellen x_B unter Nutzung der Beziehung $g(x_B)=2$.
- Bestimmen Sie den Anstiegswinkel β der Tangente im Punkt B_2.
- Für den gesuchten Winkel α gilt: $\alpha = 180° - 2\beta$

Teilaufgabe 2.3

- Wählen Sie für die Wahrscheinlichkeit eine geeignete Zufallsgröße X, z. B. „Anzahl der Schüsseln mit Mängeln". Diese Zufallsgröße X ist binomialverteilt mit den Parametern $n=8$ und $p=0,1$.
- Berechnen Sie die Wahrscheinlichkeit für $X \leq 1$.
- Diese Wahrscheinlichkeit müssen Sie noch von 1 subtrahieren, da die Wahrscheinlichkeit für die Ablehnung der Lieferung gesucht ist (oder Sie bestimmen sofort die Wahrscheinlichkeit für $X \geq 2$).

Teilaufgabe 2.4

- Erstellen Sie eine Gleichung der Ebene E_{ABC} und zeigen Sie, dass auch der Punkt D in dieser Ebene liegt.
- Bestimmen Sie für die Länge des mittleren Abschnittes den Betrag des Vektors $\overrightarrow{BC}$.
- Die Größe des Winkels β lässt sich als Größe des Winkels zwischen den Vektoren $\overrightarrow{BC}$ und $\overrightarrow{AB}$ berechnen.

Teilaufgabe 2.5

- Die Herstellungskosten und der Verkaufserlös bei 1 500 Schüsseln sind die Funktionswerte K(1,5) und V(1,5).
- Erstellen Sie die Gewinnfunktion G(w) = V(w) − K(w) und ermitteln Sie mittels GTR den Bereich, in dem die Werte dieser Funktion positiv sind.
- Die Warenmenge mit dem höchsten Gewinn entspricht der Extremstelle der Gewinnfunktion.

Lösungen

2.1 $g(x) = \dfrac{4}{49} \cdot x^2$

$g(0) = 0 \qquad \Rightarrow \quad S_y(0;\, 0)$

$g(-7,0) = g(7,0) = 4 \;\;\triangleq\;\; h = 4{,}0 \text{ cm}$ für $d = 14$ cm

Damit ist gezeigt, dass die Funktion g durch die gegebene Gleichung beschrieben wird.

Gleichung der Funktion f:
$f(x) = ax^2 + c$

mit $S_y(0;\, 1)$ folgt $c = 1$

und $f(6,5) = 4 = a \cdot 6{,}5^2 + 1$

$$a = \dfrac{12}{169}$$

$\Rightarrow \quad \underline{\underline{f(x) = \dfrac{12}{169} x^2 + 1}}$

Flächeninhalt der Querschnittsfläche:

$$A = \int_{-7}^{7} (4 - g(x))\, dx \;-\; \int_{-6,5}^{6,5} (4 - f(x))\, dx$$

$A = 37\dfrac{1}{3} - 26 = \underline{\underline{11\dfrac{1}{3}}}$

Der Inhalt der Querschnittsfläche beträgt $\underline{\underline{11\dfrac{1}{3} \text{ cm}^2}}$.

- Die Lösung bestimmt man mit einem geeigneten GTR-Programm.

2.2 $B_1(x_1; g(x_1)=2)$ und $B_2(x_2; g(x_2)=2)$

Man lässt z. B. den Graphen der Funktion g im GRAPH-Menü zeichnen und liest die Stellen x ab, an denen $g(x)=2$ ist:

$\Rightarrow$ $B_1(-4,9; 2)$ und $B_2(4,9; 2)$
$\Rightarrow$ $x_1 = -4,9$ und $x_2 = 4,9$

Man kann diese Stellen x auch berechnen:

$g(x) = \dfrac{4}{49} x^2 = 2$

$x_{1,2} = \pm \sqrt{\dfrac{49}{2}} = \pm \dfrac{7}{2}\sqrt{2}$

Größe des Öffnungswinkels α:
Skizze:

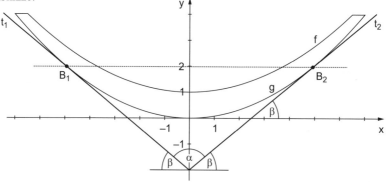

$\tan\beta = m_{t_2} = g'\left(\dfrac{7}{2}\sqrt{2}\right)$ mit $g'(x) = \dfrac{8}{49}x$

folgt: $\tan\beta = \dfrac{8}{49} \cdot \dfrac{7}{2}\sqrt{2}$

$\beta \approx 39°$

$\Rightarrow$ $\alpha = 180° - 2\beta$
$\underline{\alpha \approx 102°}$

Der Öffnungswinkel zwischen den Brettern des Regals beträgt ca. $\underline{\underline{102°}}$.

2.3 X ... Anzahl der Schüsseln mit Mängeln
(X ist binomialverteilt mit $n=8$, $p=0,1$)

$P(X \leq 1) \approx 0,8131$

Die Lieferung wird mit einer Wahrscheinlichkeit von $1 - P(X \leq 1) \approx \underline{\underline{0,1869}}$ abgelehnt.

2.4 E_{ABC}: $\vec{x} = \begin{pmatrix} 3,0 \\ 2,0 \\ -1,0 \end{pmatrix} + r \begin{pmatrix} -4,0 \\ 3,0 \\ 0,0 \end{pmatrix} + s \begin{pmatrix} -10,0 \\ 7,0 \\ 1,5 \end{pmatrix}$ (r, s $\in \mathbb{R}$)

E_{ABC}: $9x + 12y + 4z = 47$

Einsetzen des Punktes D in die Gleichung der Ebene E_{ABC}:
$9 \cdot (-11,0) + 12 \cdot 12,0 + 4 \cdot 0,5 = 47$
$47 = 47$ w. A.

Damit ist gezeigt, dass die Punkte A, B, C und D in einer Ebene liegen.

$|\vec{BC}| = \left| \begin{pmatrix} -6,0 \\ 4,0 \\ 1,5 \end{pmatrix} \right| = \sqrt{(-6,0)^2 + 4,0^2 + 1,5^2} = \sqrt{54,25} \approx \underline{\underline{7,4}}$

Der mittlere Abschnitt ist ca. $\underline{\underline{7{,}4 \text{ m}}}$ lang.

$\cos\beta = \dfrac{\vec{AB} \circ \vec{BC}}{|\vec{AB}| \cdot |\vec{BC}|}$ mit $\vec{AB} = \begin{pmatrix} -4,0 \\ 3,0 \\ 0,0 \end{pmatrix}$ und $|\vec{AB}| = 5$

$\cos\beta = \dfrac{24,0 + 12,0}{5 \cdot \sqrt{54,25}}$

$\underline{\underline{\beta \approx 12{,}2°}}$

Der Winkel β hat eine Größe von ca. $\underline{\underline{12{,}2°}}$.

/ Den Winkel β kann man auch mit einem geeigneten GTR-Programm bestimmen.

2.5 Herstellungskosten bei 1 500 produzierten Schüsseln: $K(1,5) \approx \underline{\underline{4\,403\,€}}$

Verkaufserlös bei 1 500 verkauften Schüsseln: $V(1,5) = \underline{\underline{3\,000\,€}}$

Gewinnfunktion: $G(w) = V(w) - K(w)$

/ Durch Darstellung der Gewinnfunktion G(w) im GRAPH-Menü des GTR kann
/ man die folgenden Aufgabenstellungen lösen.

Nullstellen der Funktion G(w):
$w_{N_1} \approx -0{,}653$ $w_{N_2} \approx 2{,}631$ $w_{N_3} \approx 11{,}161$

Da im Intervall $\underline{\underline{2{,}631 \leq w \leq 11{,}161}}$ die Funktionswerte der Gewinnfunktion ≥ 0 sind, arbeitet die Firma in diesem Bereich (also für 2 631 bis 11 161 produzierte und verkaufte Schüsseln) mit Gewinn.

/ Beachten Sie: produzierte Warenmenge w in 1 000 Schüsseln

Maximumpunkt: $E_{Max}(7{,}490;\ 5\,764{,}26)$

Der höchste Gewinn ist bei $\underline{\underline{7{,}490}}$ (in 1 000 Schüsseln), also 7 490 Schüsseln.

Grundkurs Mathematik (Sachsen): Abiturprüfung 2011
Teil A (ohne Rechenhilfsmittel)

1   In den Aufgaben 1.1 bis 1.5 ist von den jeweils fünf Auswahlmöglichkeiten genau eine Antwort richtig. Kreuzen Sie das jeweilige Feld an.

1.1 Welchen Anstieg besitzt der Graph der Funktion f mit $f(x) = x^2 + e^x$ ($x \in \mathbb{R}$) an der Stelle $x = 1$?

☐	☐	☐	☐	☐
0	$1+e$	$2+e$	$2+2 \cdot e$	$2+e^2$

1.2 Wie viele Lösungen besitzt die Gleichung $x \cdot (2 \cdot x^2 + 1) = 0$ im Bereich der reellen Zahlen?

☐	☐	☐	☐	☐
0	1	2	3	4

1.3 Gegeben sind der Vektor $\vec{AB} = \begin{pmatrix} -2 \\ -4 \\ 1 \end{pmatrix}$ und der Punkt $B(-4|1|1)$.

Der Punkt A besitzt dementsprechend die Koordinaten:

☐	☐	☐	☐	☐
$A(-6|-3|2)$	$A(-6|5|-2)$	$A(-2|-4|2)$	$A(-2|5|0)$	$A(2|-5|0)$

1.4 Gegeben ist die Gerade g durch $g: \vec{x} = \begin{pmatrix} 1 \\ -2 \\ 3 \end{pmatrix} + t \cdot \begin{pmatrix} 1 \\ -1 \\ 2 \end{pmatrix}$ ($t \in \mathbb{R}$).

Die Gerade h schneidet die Gerade g senkrecht.
Welcher der angegebenen Vektoren ist ein Richtungsvektor der Geraden h?

☐	☐	☐	☐	☐
$\begin{pmatrix} -1 \\ 1 \\ -2 \end{pmatrix}$	$\begin{pmatrix} 1 \\ -1 \\ 2 \end{pmatrix}$	$\begin{pmatrix} -1 \\ 2 \\ -3 \end{pmatrix}$	$\begin{pmatrix} 3 \\ 0 \\ -1 \end{pmatrix}$	$\begin{pmatrix} 0 \\ 2 \\ 1 \end{pmatrix}$

1.5 Beim einmaligen Werfen einer Münze fällt „Wappen" mit der Wahrscheinlichkeit $\frac{3}{5}$ und „Zahl" mit der Wahrscheinlichkeit $\frac{2}{5}$. Die Münze wird genau zweimal geworfen.
Wie groß ist die Wahrscheinlichkeit dafür, dass dabei genau einmal „Wappen" fällt?

☐	☐	☐	☐	☐
$\frac{6}{25}$	$\frac{12}{25}$	$\frac{3}{5}$	$\frac{18}{25}$	1

Erreichbare BE-Anzahl: 5

2   Die nebenstehende Abbildung zeigt den Graphen der ersten Ableitungsfunktion f' einer Funktion f. Die Eigenschaften der Funktion f im Intervall −2 ≤ x ≤ 4 (x ∈ ℝ) können aus dieser Abbildung ermittelt werden.

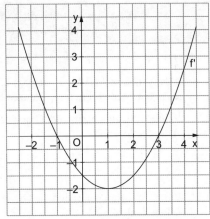

Geben Sie eine lokale Extremstelle der Funktion f im Intervall −2 ≤ x ≤ 4 (x ∈ ℝ) an.

Begründen Sie die Art des zugehörigen lokalen Extremums.

Erreichbare BE-Anzahl: 2

3   Gegeben ist die Funktion f durch f(x) = x · (1 − x) (x ∈ ℝ).
Der Graph der Funktion f und die x-Achse begrenzen eine Fläche vollständig.
Berechnen Sie den Inhalt dieser Fläche.

Erreichbare BE-Anzahl: 3

4   Die Geraden g und h mit g: $\vec{x} = \begin{pmatrix} 1 \\ -1 \\ 4 \end{pmatrix} + t \cdot \begin{pmatrix} 1 \\ 3 \\ -2 \end{pmatrix}$ (t ∈ ℝ) und h: $\vec{x} = \begin{pmatrix} 1 \\ 5 \\ 4 \end{pmatrix} + r \cdot \begin{pmatrix} -1 \\ 3 \\ 2 \end{pmatrix}$

(r ∈ ℝ) schneiden sich im Punkt S.
Berechnen Sie die Koordinaten des Punktes S.

Erreichbare BE-Anzahl: 3

5   In einer Urne befinden sich ausschließlich rote und blaue Kugeln. Es wird genau zweimal eine Kugel mit Zurücklegen aus dieser Urne gezogen. Dabei beträgt die Wahrscheinlichkeit für das Ziehen mindestens einer blauen Kugel $\frac{95}{144}$.

Ermitteln Sie die Wahrscheinlichkeit dafür, dass beim einmaligen Ziehen aus dieser Urne eine rote Kugel gezogen wird.

Erreichbare BE-Anzahl: 2

Tipps und Hinweise

Teilaufgabe 1.1
- Berechnen Sie die 1. Ableitung der Funktion f an der Stelle $x = 1$.

Teilaufgabe 1.2
- Setzen Sie die einzelnen Faktoren des Produkts gleich null.
- Beachten Sie, dass die Gleichung $x^2 = -\frac{1}{2}$ keine reelle Lösung besitzt.

Teilaufgabe 1.3
- Für die Koordinaten des Vektors $\overrightarrow{AB}$ gilt: $\overrightarrow{AB} = \begin{pmatrix} x_B - x_A \\ y_B - y_A \\ z_B - z_A \end{pmatrix}$.
- Setzen Sie die Koordinaten des Vektors $\overrightarrow{AB}$ und die Punktkoordinaten des Punktes B ein und berechnen Sie zeilenweise die Koordinaten des Punktes A.

Teilaufgabe 1.4
- Beachten Sie, dass zwei Geraden senkrecht zueinander verlaufen, wenn das Skalarprodukt ihrer Richtungsvektoren null ergibt.
- Berechnen Sie jeweils das Skalarprodukt aus dem Richtungsvektor der Geraden g und den möglichen Richtungsvektoren der Geraden h.

Teilaufgabe 1.5
- Stellen Sie den Sachverhalt in einem Baumdiagramm dar.
- Wählen Sie die Pfade aus, die für den Versuchsausgang günstig sind, und wenden Sie die Pfadregeln für mehrstufige Zufallsversuche an.

Teilaufgabe 2
- Nutzen Sie für die Angabe der Extremstelle den Zusammenhang zwischen Nullstelle der Ableitungsfunktion f' und Extremstelle der Funktion f.
- Begründen Sie die Art des zugehörigen lokalen Extremums entweder
  (1) mithilfe des Vorzeichenwechsels der Funktionswerte der Ableitungsfunktion f' an der Nullstelle und damit dem Monotoniewechsel der Funktion f an der Extremstelle oder
  (2) mit dem Anstieg der Ableitungsfunktion f' in der Umgebung der Nullstelle und damit dem Vorzeichen der 2. Ableitung als Anstieg der 1. Ableitungsfunktion an der Nullstelle.

Teilaufgabe 3
- Berechnen Sie die Nullstellen der Funktion f.
- Berechnen Sie den Flächeninhalt der gesuchten Fläche mit dem Hauptsatz der Differenzial- und Integralrechnung: $A = \int_a^b f(x)\,dx = \left[F(x)\right]_a^b$

- Setzen Sie für a und b die Nullstellen der Funktion f ein.
- Wenn Sie das Integral in Betragsstriche setzen, ersparen Sie sich die Untersuchung der Lage des Flächenstücks.

Teilaufgabe 4
- Setzen Sie die beiden Geradengleichungen gleich.
- Berechnen Sie den Wert eines Parameters mit einem geeigneten Lösungsverfahren.
- Setzen Sie den berechneten Parameterwert in die entsprechende Geradengleichung ein und ermitteln Sie die Koordinaten des Punktes S.

Teilaufgabe 5
- Stellen Sie den Sachverhalt in einem Baumdiagramm dar. Wählen Sie für die Wahrscheinlichkeit des Ziehens einer roten Kugel p.
- Wählen Sie die Pfade aus, die zur gegebenen Wahrscheinlichkeit gehören.
- Zum Berechnen der Wahrscheinlichkeit p ist es sinnvoll, das Gegenereignis zu wählen.
- Lösen Sie die Gleichung $P(rr) = 1 - \frac{95}{144} = p^2$.

Lösungen

1   *Vorbemerkung:* Als Lösung ist nur das Kreuz im jeweils richtigen Feld verlangt; im Folgenden sind zusätzlich Rechnungen und Begründungen für die richtige Antwort angegeben.

1.1   Richtige Antwort: Kreuz in <u>Feld 3</u>

$f'(x) = 2x + e^x$
$f'(1) = 2 + e$

1.2   Richtige Antwort: Kreuz in <u>Feld 2</u>

$x \cdot (2 \cdot x^2 + 1) = 0$
$x_1 = 0$ oder $2 \cdot x^2 + 1 = 0$

$$x^2 = -\frac{1}{2} \Rightarrow \text{keine Lösung für } x \in \mathbb{R}$$

Somit hat die Gleichung nur eine Lösung.

1.3 Richtige Antwort: Kreuz in Feld 4

$$\vec{AB} = \begin{pmatrix} -2 \\ -4 \\ 1 \end{pmatrix} = \begin{pmatrix} x_B - x_A \\ y_B - y_A \\ z_B - z_A \end{pmatrix} = \begin{pmatrix} -4 - x_A \\ 1 - y_A \\ 1 - z_A \end{pmatrix} \Rightarrow A(-2|5|0)$$

1.4 Richtige Antwort: Kreuz in Feld 5

$g \perp h$ gdw. $\vec{a}_g \circ \vec{a}_h = 0$

$$\begin{pmatrix} 1 \\ -1 \\ 2 \end{pmatrix} \circ \begin{pmatrix} a_x \\ a_y \\ a_z \end{pmatrix} = a_x - a_y + 2a_z = 0$$

Diese Aussage ist für $\vec{a}_h = \begin{pmatrix} 0 \\ 2 \\ 1 \end{pmatrix}$ wahr.

1.5 Richtige Antwort: Kreuz in Feld 2

$P(WZ; ZW) = \dfrac{3}{5} \cdot \dfrac{2}{5} + \dfrac{2}{5} \cdot \dfrac{3}{5}$

$= \dfrac{12}{25}$

Baumdiagramm:

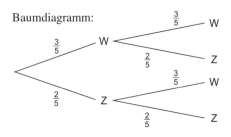

2 Die Funktion f hat im Intervall $-2 \leq x \leq 4$ zwei lokale Extremstellen, da die Ableitungsfunktion f' zwei Nullstellen besitzt: $x_{E_1} = -1$ und $x_{E_2} = 3$

An der Stelle $x_{E_1} = -1$ hat die Funktion f ein lokales Maximum, da die Funktionswerte der Ableitungsfunktion f' an dieser Stelle von positiven zu negativen Werten wechseln, der Monotoniewechsel der Funktion f an der Stelle $x_{E_1} = -1$ somit von wachsend zu fallend erfolgt.

Da die Ableitungsfunktion in der Umgebung der Stelle $x_{E_1} = -1$ monoton fallend ist, ist die 2. Ableitung als Maß der Steigung der Funktion f' an dieser Stelle negativ. Dieses Kriterium bestätigt ebenfalls das lokale Maximum.

An der Stelle $x_{E_2} = 3$ besitzt die Funktion f ein lokales Minimum. Die Funktionswerte der Ableitungsfunktion f' wechseln an dieser Stelle von negativ zu positiv, damit wechselt die Monotonie der Funktion f von fallend zu steigend.

Außerdem ist die Ableitungsfunktion in der Umgebung der Stelle $x_{E_2} = 3$ monoton wachsend und somit die 2. Ableitung an dieser Stelle positiv.

Laut Aufgabenstellung ist nur eine Extremstelle gesucht.

3   Nullstellen: $f(x_N) = 0 = x_N \cdot (1 - x_N)$ Skizze:
$$x_{N_1} = 0$$
$$x_{N_2} = 1$$

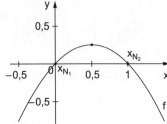

Flächeninhalt: $A = \int_0^1 f(x)\,dx$

$$A = \int_0^1 (x - x^2)\,dx$$

$$A = \left[\frac{x^2}{2} - \frac{x^3}{3}\right]_0^1 = \left(\frac{1}{2} - \frac{1}{3}\right) - 0$$

$$A = \underline{\underline{\frac{1}{6}}}$$

Der Inhalt der Fläche beträgt $\underline{\underline{\frac{1}{6}}}$ FE.

4   Schnittpunkt S: $g = h$

I $\quad 1 + t = 1 - r \quad |\cdot 3$
II $\quad -1 + 3t = 5 + 3r$
III $\quad 4 - 2t = 4 + 2r$

$\quad 2 + 6t = 8$
$\quad t = 1$

$t = 1$ in die Gleichung der Geraden g einsetzen:

$$\begin{pmatrix} 1 \\ -1 \\ 4 \end{pmatrix} + 1 \cdot \begin{pmatrix} 1 \\ 3 \\ -2 \end{pmatrix} = \begin{pmatrix} 2 \\ 2 \\ 2 \end{pmatrix} \quad \Rightarrow \quad \underline{\underline{S(2\,|\,2\,|\,2)}}$$

5   r ... rote Kugel   Baumdiagramm:
    b ... blaue Kugel

$P(r) = p$

$P(rb;\ br;\ bb) = \dfrac{95}{144}$

$P(rr) = 1 - \dfrac{95}{144} = \dfrac{49}{144} = p^2$

$$p = \underline{\underline{\dfrac{7}{12}}}$$

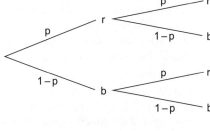

Mit einer Wahrscheinlichkeit von $\underline{\underline{\dfrac{7}{12}}}$ wird beim einmaligen Ziehen eine rote Kugel aus der Urne gezogen.

Grundkurs Mathematik (Sachsen): Abiturprüfung 2011
Teil B – Aufgabe 1

Eine Firma fertigt Gewächshäuser der Marken „Gärtnerglück 1" und „Gärtnerglück 2". Die Frontfläche jedes Gewächshauses wird in einem kartesischen Koordinatensystem (1 Längeneinheit entspricht 1 Meter) durch die x-Achse und den Graphen einer quadratischen Funktion begrenzt.
Für das Gewächshaus der Marke „Gärtnerglück 1" wird diese quadratische Funktion näherungsweise durch die Funktion f mit $y = f(x) = -\frac{4}{3} \cdot x^2 + 3{,}0$ ($x \in D_f$) beschrieben.

1.1 Geben Sie die Höhe und die Breite der Frontfläche des Gewächshauses der Marke „Gärtnerglück 1" an.

Erreichbare BE-Anzahl: 2

1.2 Bestimmen Sie den Inhalt der Frontfläche des Gewächshauses der Marke „Gärtnerglück 1".

Erreichbare BE-Anzahl: 2

1.3 In einer Höhe von 2,5 m über dem ebenen Boden werden tangential an die Begrenzungslinie der Frontfläche Seile bis zum Boden gespannt (siehe Abbildung).
Ermitteln Sie eine Gleichung einer der Geraden, welche die Seilverläufe beschreiben.
Bestimmen Sie die Länge eines solchen Seiles.
Ermitteln Sie, unter welchem Winkel zum Boden ein solches Seil gespannt ist.

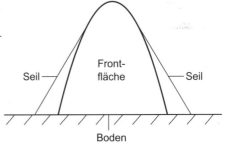

Abbildung (nicht maßstäblich)

Erreichbare BE-Anzahl: 7

1.4 Wegen der notwendigen Belüftung soll ein rechteckiges Tor mit maximalem Flächeninhalt in die Frontfläche des Gewächshauses „Gärtnerglück 1" eingesetzt werden.
Ermitteln Sie diesen maximalen Flächeninhalt.

Erreichbare BE-Anzahl: 3

1.5 Die Frontfläche eines Gewächshauses der Marke „Gärtnerglück 2" hat die Breite 4,0 m und ist um 10 % höher als die Frontfläche von „Gärtnerglück 1".
Ermitteln Sie eine Gleichung einer quadratischen Funktion g, deren Graph die Begrenzungslinie der Frontfläche des Gewächshauses „Gärtnerglück 2" beschreibt.

Erreichbare BE-Anzahl: 3

Bei der Herstellerfirma treten erfahrungsgemäß bei 8 % aller Gewächshäuser Mängel auf.

1.6 Ein Baumarkt bestellt 100 Gewächshäuser bei dieser Firma.
Geben Sie an, wie viele Gewächshäuser ohne Mängel unter den bestellten Gewächshäusern zu erwarten sind.
Berechnen Sie die Wahrscheinlichkeit dafür, dass von den bestellten Gewächshäusern mindestens 85 keine Mängel aufweisen.

Erreichbare BE-Anzahl: 3

1.7 Berechnen Sie die Mindestanzahl von zu kontrollierenden Gewächshäusern dieser Herstellerfirma, unter denen sich mit einer Wahrscheinlichkeit von mindestens 93 % mindestens ein Gewächshaus mit Mängeln befindet.

Erreichbare BE-Anzahl: 2

Tipps und Hinweise

Teilaufgabe 1.1

✐ Bestimmen Sie die Koordinaten des lokalen Maximumpunktes der Funktion f. Der Funktionswert dieses Punktes in Meter stellt die gesuchte Höhe dar.

✐ Bestimmen Sie die Nullstellen der Funktion. Der Abstand zwischen diesen in Meter gibt die gesuchte Breite an.

Teilaufgabe 1.2

✐ Bestimmen Sie den Inhalt der Frontfläche mithilfe des bestimmten Integrals:
$$A = \int_a^b f(x)\,dx$$

✐ Setzen Sie die Nullstellen der Funktion für die Grenzen a und b ein.

✐ Geben Sie den Inhalt der Fläche in m^2 an.

Teilaufgabe 1.3

✐ Bestimmen Sie die Berührungsstelle x_B eines Seils, indem Sie die Gleichung $f(x_B) = 2{,}5$ lösen.

✐ Bestimmen Sie die Steigung m der Tangente im Berührungspunkt mittels GTR oder durch Berechnung von $f'(x_B) = m$.

✐ Setzen Sie die Koordinaten des Berührungspunktes und den Geradenanstieg in die allgemeine Geradengleichung $y = mx + n$ ein.

✐ Die Seillänge bestimmen Sie, indem Sie den Abstand des Berührungspunktes zum Schnittpunkt der Geraden mit der x-Achse berechnen.

✐ Der Winkel α zwischen Boden und Seil ist entweder der Anstiegswinkel der Geraden – dabei gilt $m = \tan\alpha$ – oder der Nebenwinkel dieses Winkels.

Teilaufgabe 1.4

- Veranschaulichen Sie sich den Sachverhalt in einer Skizze.
- Wählen Sie als Hauptbedingung die Flächeninhaltsformel des Rechtecks.
- Entwickeln Sie die Zielfunktion, indem Sie die Seitenlängen des Rechtecks durch die Koordinaten eines Punktes P(x | f(x)) ersetzen.
- Bestimmen Sie die Koordinaten des lokalen Maximumpunktes der Zielfunktion. Der Funktionswert dieses Punktes ist der gesuchte maximale Flächeninhalt.

Teilaufgabe 1.5

- Legen Sie die Parabel so in das Koordinatensystem, dass ihr Scheitelpunkt auf der y-Achse liegt. Dann können Sie die allgemeine Form der quadratischen Funktion $g(x) = ax^2 + b$ nutzen.
- Für den Parameter b gilt: $b = 1,1 \cdot 3,0$
- Den Parameter a bestimmen Sie über $x_N = \pm 2$, da die Breite 4,0 m beträgt.

Teilaufgabe 1.6

- Wählen Sie für die Wahrscheinlichkeit eine geeignete Zufallsgröße X, z. B. „Anzahl der Gewächshäuser ohne Mängel". Diese Zufallsgröße X ist binomialverteilt mit den Parametern $n = 100$ und $p = 0,92$.
- Bestimmen Sie den Erwartungswert dieser Zufallsgröße mit $E(X) = n \cdot p$.
- Berechnen Sie die Wahrscheinlichkeit für $X \geq 85$.

Teilaufgabe 1.7

- Wählen Sie für die Wahrscheinlichkeit eine geeignete Zufallsgröße Y, z. B. „Anzahl der Gewächshäuser mit Mängeln". Diese Zufallsgröße Y ist binomialverteilt mit $p = 0,08$.
- Nutzen Sie zur Berechnung der Mindestzahl der zu kontrollierenden Gewächshäuser die Beziehung: P(mindestens ein Erfolg) = 1 − P(kein Erfolg) $\geq 0,93$.

Lösungen

1.1 $f(x) = -\dfrac{4}{3} \cdot x^2 + 3{,}0$ Skizze:

$E_{Max}(0|3{,}0)$

$y_{max} = 3{,}0 \Rightarrow \underline{\underline{h = 3{,}0 \text{ m}}}$

$f(x_N) = 0 = -\dfrac{4}{3} x_N^2 + 3{,}0$

$x_{N_{1;2}} = \pm 1{,}5 \Rightarrow b = 2 \cdot |x_N| = \underline{\underline{3{,}0 \text{ m}}}$

Das Gewächshaus hat die Höhe $\underline{\underline{h = 3{,}0 \text{ m}}}$ und die Breite $\underline{\underline{b = 3{,}0 \text{ m}}}$.

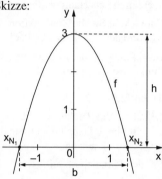

* Die Koordinaten des Extrempunktes und die Nullstellen bestimmt man mit dem GTR.

1.2 $A = \displaystyle\int_{-1{,}5}^{1{,}5} f(x)\,dx = 2 \cdot \int_0^{1{,}5} f(x)\,dx$

$A = 2 \cdot \displaystyle\int_0^{1{,}5} \left(-\dfrac{4}{3}x^2 + 3{,}0\right) dx$

$A = 2 \cdot \left[-\dfrac{4}{9}x^3 + 3{,}0x\right]_0^{1{,}5} = 2 \cdot (-1{,}5 + 4{,}5) = 2 \cdot 3$

$\underline{\underline{A = 6}}$

Der Inhalt der Frontfläche beträgt $\underline{\underline{6{,}0 \text{ m}^2}}$.

* Der ausführliche Lösungsweg ist nicht verlangt. Die Lösung kann mittels GTR bestimmt werden.

1.3 Berührungsstellen x_B der Seile:

$f(x_B) = -\dfrac{4}{3} x_B^2 + 3{,}0 = 2{,}5$

$\qquad\qquad x_B^2 = 0{,}375$

$\qquad\qquad x_{B_{1;2}} \approx \pm 0{,}61$

exakte Lösung: $x_B^2 = \dfrac{3}{8}$

$\qquad\qquad x_{B_{1;2}} = \pm\sqrt{\dfrac{3}{8}} = \pm\sqrt{\dfrac{6}{16}} = \pm\dfrac{1}{4}\sqrt{6}$

Gleichung der Geraden im Punkt

(1) $B_1\left(-\frac{1}{4}\sqrt{6} \mid 2,5\right)$ mit $f'(x) = -\frac{8}{3}x$

folgt $f'\left(-\frac{1}{4}\sqrt{6}\right) = -\frac{8}{3} \cdot \left(-\frac{1}{4}\sqrt{6}\right) = \frac{2}{3}\sqrt{6} = m_1$

$\Rightarrow \quad y = m_1 \cdot x + n_1$

$\quad 2,5 = \frac{2}{3}\sqrt{6} \cdot \left(-\frac{1}{4}\sqrt{6}\right) + n_1$

$\quad 2,5 = -1 + n_1$

$\quad n_1 = 3,5$

$\Rightarrow \quad \underline{\underline{g_1: y = \frac{2}{3}\sqrt{6} \cdot x + 3,5}}$

(2) $B_2\left(\frac{1}{4}\sqrt{6} \mid 2,5\right)$

$f'\left(\frac{1}{4}\sqrt{6}\right) = -\frac{8}{3} \cdot \frac{1}{4}\sqrt{6} = -\frac{2}{3}\sqrt{6} = m_2$

$\Rightarrow \quad y = m_2 \cdot x + n_2$

$\quad 2,5 = -\frac{2}{3}\sqrt{6} \cdot \frac{1}{4}\sqrt{6} + n_2$

$\quad 2,5 = -1 + n_2$

$\quad n_2 = 3,5$

$\Rightarrow \quad \underline{\underline{g_2: y = -\frac{2}{3}\sqrt{6} \cdot x + 3,5}}$

Es ist nur die Gleichung einer der beiden Geraden verlangt. Außerdem kann man den Anstieg der Geraden auch näherungsweise mit dem GTR bestimmen. Eine Näherungslösung ist laut Aufgabenstellung nicht ausgeschlossen.

Seillänge ℓ für $g_1: y = \frac{2}{3}\sqrt{6} \cdot x + 3,5$

Nullstelle x_N: $0 = \frac{2}{3}\sqrt{6} \cdot x_N + 3,5$

$\quad x_N \approx -2,14$

$\ell = \sqrt{(x_{B_1} - x_N)^2 + (y_{B_1} - 0)^2}$

$\ell = \sqrt{\left(-\frac{1}{4}\sqrt{6} + 2,14\right)^2 + (2,5 - 0)^2}$

$\ell \approx 2,9$

Ein Seil ist ca. 2,9 m lang.

Die Berechnung der Länge des anderen Seils erfolgt analog.

Winkel α zwischen Boden und Seil:

$\tan\alpha = m_1 = \dfrac{2}{3}\sqrt{6}$

$\underline{\underline{\alpha \approx 58{,}5°}}$

bzw. $180° - \alpha \approx \underline{\underline{121{,}5°}}$

Der Winkel zwischen Boden und Seil beträgt $\underline{\underline{58{,}5°}}$ bzw. $\underline{\underline{121{,}5°}}$.

1.4 Skizze:

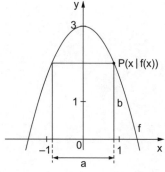

Hauptbedingung: $A(a;b) = a \cdot b$

Nebenbedingungen: $a = 2x$

$\qquad\qquad\qquad\quad b = f(x) = -\dfrac{4}{3}x^2 + 3{,}0$

Zielfunktion: $A(x) = 2 \cdot x \cdot \left(-\dfrac{4}{3}x^2 + 3{,}0\right)$

$\qquad\qquad\quad A(x) = -\dfrac{8}{3}x^3 + 6{,}0x$

Zur Bestimmung des maximalen Flächeninhaltes lässt man den Graphen der Funktion A im GRAPH-Menü zeichnen und liest die Koordinaten des Maximumpunktes ab. Der Funktionswert dieses Punktes ist der gesuchte Flächeninhalt.

$E_{Max}(0{,}87\,|\,3{,}5)$.

Der maximale Flächeninhalt des Tors beträgt $\underline{\underline{3{,}5 \text{ m}^2}}$.

1.5 Frontfläche des Gewächshauses „Gärtnerglück 2":
allgemeine Form der quadratischen Gleichung
$g(x) = ax^2 + b$ (Scheitelpunkt liegt auf der y-Achse)
mit Breite 4 m folgt $x_N = \pm 2$: $g(2) = 4a + b = 0$ (I)
und $h = 1{,}1 \cdot 3$ m $= 3{,}3$ m folgt: $g(0) = b = 3{,}3$ (II)

(II) in (I): $4a + 3{,}3 = 0$
$a = -0{,}825$

$\Rightarrow$ $\underline{\underline{g(x) = -0{,}825x^2 + 3{,}3}}$ $(x \in D_g)$

1.6 X … Anzahl der Gewächshäuser ohne Mängel
(X ist binomialverteilt mit $n = 100$, $p = 0{,}92$)
$E(X) = n \cdot p$
$E(X) = 100 \cdot 0{,}92$
$\underline{\underline{E(X) = 92}}$

Unter den bestellten Gewächshäusern sind $\underline{\underline{92}}$ ohne Mängel zu erwarten.

$P(X \geq 85) = \underline{\underline{0{,}9942}}$

Die Lösung wird mit einem geeigneten GTR-Programm bestimmt.

1.7 Y … Anzahl der Gewächshäuser mit Mängeln
(Y ist binomialverteilt mit $p = 0{,}08$)
$P(Y \geq 1) = 1 - P(Y = 0) \geq 0{,}93$
$P(Y = 0) \leq 0{,}07$
$\binom{n}{0} \cdot 0{,}08^0 \cdot 0{,}92^n \leq 0{,}07$
$n \geq \dfrac{\ln 0{,}07}{\ln 0{,}92}$
$n \geq 31{,}9$

$\Rightarrow$ $\underline{\underline{\text{Mindestens 32 Gewächshäuser}}}$ sind zu kontrollieren.

Grundkurs Mathematik (Sachsen): Abiturprüfung 2011
Teil B – Aufgabe 2

In einer Wohnanlage soll die Fassade eines Wohngebäudes mit einem neuen Farbanstrich versehen werden. Die Verteilung der Farbflächen I, II und III auf der Fassade ist in der Abbildung 1 dargestellt.

Bei der Darstellung der Fassade in einem zweidimensionalen kartesischen Koordinatensystem (1 Längeneinheit entspricht 1 Meter) begrenzen die Koordinatenachsen und die Geraden g, h sowie i die Fassade. Die Gleichungen der Geraden lauten:

g: $x = 10,0$
h: $y = 0,6 \cdot x + 12,0$
i: $y = -0,6 \cdot x + 18,0$

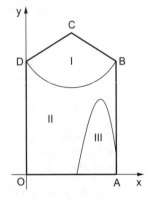

Abbildung 1 (nicht maßstäblich)

2.1 Geben Sie die Koordinaten der Punkte B, C und D an.
Begründen Sie, dass das Dreieck DBC gleichschenklig und stumpfwinklig ist.

Erreichbare BE-Anzahl: 5

2.2 Die Trennlinie zwischen den Farbflächen I und II ist ein Kreisbogen. Der Mittelpunkt des zugehörigen Kreises ist C.
Weisen Sie nach, dass der Flächeninhalt der Farbfläche I rund 35,0 m² beträgt.

Die Trennlinie zwischen den Farbflächen II und III kann durch einen Teil des Graphen der Funktion f mit $y = f(x) = -0,18 \cdot x^3 + 2,84 \cdot x^2 - 10,22 \cdot x$ ($x \in \mathbb{R}$) beschrieben werden.
Bestimmen Sie den Inhalt der Farbfläche II.

Erreichbare BE-Anzahl: 6

2.3 Für die Gestaltung der Fassade stehen 5 verschiedene Farben zur Verfügung. Jede der drei Farbflächen I, II und III wird mit genau einer Farbe gestrichen. Für den Anstrich der Fassade werden genau 3 verschiedene Farben verwendet.

Geben Sie an, wie viele unterschiedliche Farbgestaltungen der Fassade damit möglich sind.

Erreichbare BE-Anzahl: 1

2.4 Auf dem Wohngebäude sollen Module aus Solarzellen angebracht werden. Jede Solarzelle wird in zwei Arbeitsgängen produziert. Im ersten Arbeitsgang treten Produktionsfehler mit einer Wahrscheinlichkeit von 4,0 % und im zweiten Arbeitsgang mit einer Wahrscheinlichkeit von 5,0 % jeweils unabhängig voneinander auf.
Geben Sie die Wahrscheinlichkeit an, mit der eine Solarzelle fehlerfrei produziert wird.
Ermitteln Sie, wie viele Produktionsfehler bei einer Solarzelle zu erwarten sind.
Jedes Modul besteht aus genau 8 Solarzellen.
Ermitteln Sie die Wahrscheinlichkeit dafür, dass in einem Modul höchstens eine dieser Solarzellen nicht fehlerfrei produziert wurde.

Erreichbare BE-Anzahl: 6

Das Wohngebäude kann in einem dreidimensionalen kartesischen Koordinatensystem (1 Längeneinheit entspricht 1 Meter) dargestellt werden.

Die Grundfläche OAHI des Wohngebäudes befindet sich in der x-z-Koordinatenebene (siehe Abbildung 2). Über die gesamte Breite des Wohngebäudes wird ein ebenes rechteckiges Terrassendach GFJK montiert und durch Metallbügel gestützt. Die Punkte E, F und G sind Eckpunkte eines solchen Metallbügels.
Es gilt: $\overline{EF} = 2{,}4$ m, $\overline{EG} = 1{,}0$ m, $F(12{,}4 | 2{,}5 | 0{,}0)$ und $\sphericalangle FEG = 90°$.
Die Materialstärken werden vernachlässigt.

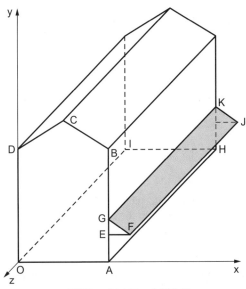

Abbildung 2 (nicht maßstäblich)

2.5 Ermitteln Sie eine Gleichung der Ebene, in der das Terrassendach GFJK liegt.

Erreichbare BE-Anzahl: 2

2.6 Zu einem bestimmten Zeitpunkt verlaufen die Sonnenstrahlen in Richtung des Vektors $\vec{u} = \begin{pmatrix} -1{,}0 \\ -4{,}0 \\ 2{,}0 \end{pmatrix}$.

Zeigen Sie, dass das Terrassendach zu diesem Zeitpunkt einen Schatten auf die x-z-Koordinatenebene außerhalb der Grundfläche OAHI des Wohngebäudes wirft.

Erreichbare BE-Anzahl: 3

Tipps und Hinweise

Teilaufgabe 2.1

- Die Koordinaten des Punktes B bestimmen Sie z. B. als Schnittpunkt der Geraden g und i, die Koordinaten des Punktes D als Schnittpunkt der Geraden h mit der y-Achse und die Koordinaten des Punktes C als Schnittpunkt der Geraden h und i.
- Zum Nachweis der Gleichschenkligkeit des Dreiecks DBC vergleichen Sie die Längen der Vektoren $\vec{CD}$ und $\vec{CB}$.
- Zum Nachweis der Stumpfwinkligkeit des Dreiecks DBC berechnen Sie den Winkel zwischen den Vektoren $\vec{CD}$ und $\vec{CB}$.

Teilaufgabe 2.2

- Zur Berechnung des Flächenstücks I nutzen Sie die Flächeninhaltsformel für einen Kreisausschnitt.
- Um den Inhalt des Flächenstücks II zu berechnen, bestimmen Sie in einem ersten Schritt den gesamten Inhalt der Fassadenfläche.
- Von diesem Flächeninhalt subtrahieren Sie die Inhalte der Flächenstücke I und III.
- Den Inhalt des Flächenstücks III bestimmen Sie über das bestimmte Integral

$$A = \int_a^b f(x)\,dx,$$

wobei für die Integrationsgrenzen gilt: $a = x_N$ mit $0 < x_N < 10$ und $b = 10$.

Teilaufgabe 2.3

- Die Anzahl der unterschiedlichen Farbgestaltungsmöglichkeiten ist das Produkt der Farbmöglichkeiten für die einzelnen Flächen, wobei zu beachten ist, dass keine Farbe mehrfach auftreten darf.

Teilaufgabe 2.4

- Stellen Sie den Sachverhalt in einem Baumdiagramm dar.
- Wählen Sie für eine fehlerfreie Solarzelle den Pfad aus, der keinen der beiden Fehler aufweist, und multiplizieren Sie zur Berechnung der gesuchten Wahrscheinlichkeit die beiden Wahrscheinlichkeiten dieses Pfades.
- Erstellen Sie die Verteilungstabelle für die Zufallsgröße X ... Anzahl der Produktionsfehler bei einer Solarzelle.
- Berechnen Sie den Erwartungswert, indem Sie jeweils den Wert der Zufallsgröße mit der zugehörigen Wahrscheinlichkeit multiplizieren und diese Werte addieren.
- Wählen Sie für die Wahrscheinlichkeit eine geeignete Zufallsgröße Y, z. B. „Anzahl der nicht fehlerfreien Solarzellen in einem Modul". Diese Zufallsgröße Y ist binomialverteilt mit $n = 8$ und $p = 0{,}088$.
- Berechnen Sie die Wahrscheinlichkeit für $Y \leq 1$.

Teilaufgabe 2.5

✓ Erstellen Sie die Ebenengleichung unter Nutzung des Punktes F. Verwenden Sie als Spannvektoren z. B. den Vektor $\overrightarrow{FG}$ und den Richtungsvektor der z-Achse.

Teilaufgabe 2.6

✓ Erstellen Sie die Geradengleichung eines Sonnenstrahls durch den Punkt F mit dem gegebenen Richtungsvektor.

✓ Ermitteln Sie die Koordinaten des Schattenpunktes in der x-z-Ebene.

✓ Prüfen Sie die Lage dieses Punktes bezüglich der Grundfläche OAHI. Beachten Sie dabei, dass für alle Punkte dieser Rechteckfläche gilt: x, y, z ∈ ℝ mit $0 \leq x \leq 10$, $y = 0$ und $z \leq 0$.

Lösungen

2.1 Angabe der Punktkoordinaten:
B(10,0 | 12,0)   C(5,0 | 15,0)   D(0,0 | 12,0)

Dreieck DBC:

$\overrightarrow{CD} = \begin{pmatrix} -5,0 \\ -3,0 \end{pmatrix}$ $|\overrightarrow{CD}| = \sqrt{(-5,0)^2 + (-3,0)^2} = \sqrt{34,0}$

$\overrightarrow{CB} = \begin{pmatrix} 5,0 \\ -3,0 \end{pmatrix}$ $|\overrightarrow{CB}| = \sqrt{(5,0)^2 + (-3,0)^2} = \sqrt{34,0}$

$\Rightarrow |\overrightarrow{CD}| = |\overrightarrow{CB}|$

$\Rightarrow$ Das Dreieck DBC ist gleichschenklig.

$\cos \sphericalangle(\overrightarrow{CD}; \overrightarrow{CB}) = \dfrac{\overrightarrow{CD} \circ \overrightarrow{CB}}{|\overrightarrow{CD}| \cdot |\overrightarrow{CB}|}$

$\cos \sphericalangle(\overrightarrow{CD}; \overrightarrow{CB}) = \dfrac{-25+9}{\sqrt{34,0} \cdot \sqrt{34,0}}$

$\cos \sphericalangle(\overrightarrow{CD}; \overrightarrow{CB}) = -0,4706$

$\sphericalangle(\overrightarrow{CD}; \overrightarrow{CB}) \approx 118°$

$\Rightarrow$ Das Dreieck DBC ist stumpfwinklig.

✓
✓ Der Winkel ist nicht zu berechnen. Es ist ausreichend, zu zeigen, dass das Skalarprodukt der Vektoren $\overrightarrow{CD}$ und $\overrightarrow{CB}$ negativ ist.

2.2 Flächeninhalt A_I der Farbfläche I:

$$A_I = \pi \cdot r^2 \cdot \frac{\alpha}{360°} \quad \text{mit} \quad r = |\vec{CD}| = \sqrt{34{,}0} \text{ m}$$
$$\text{und} \quad \alpha = \sphericalangle(\vec{CD}; \vec{CB}) = 118°$$

$$A_I = \pi \cdot 34 \text{ m}^2 \cdot \frac{118°}{360°}$$

$\underline{\underline{A_I \approx 35{,}0 \text{ m}^2}} \quad \Rightarrow \quad \text{Aussage bestätigt}$

Flächeninhalt A_{II} der Farbfläche II:
A ... Flächeninhalt der gesamten Fassade
$A = A_R + A_D \quad \text{mit} \quad A_R$ ... Flächeninhalt des Rechtecks OABD
$\quad\quad\quad\quad\quad\quad\quad\quad$ und $\quad A_D$ ... Flächeninhalt des Dreiecks DBC

$$A = 10 \text{ m} \cdot 12 \text{ m} + \frac{1}{2} \cdot 10 \text{ m} \cdot 3 \text{ m}$$
$\underline{A = 135 \text{ m}^2}$

$$A_{III} = \int_{x_N}^{10} f(x)\, dx \quad \text{mit} \quad x_N = 5{,}6$$

$\underline{A_{III} \approx 23{,}9 \text{ m}^2}$

Die zu nutzende Nullstelle und das Integral berechnet man mit dem GTR.

$A_{II} = A - A_I - A_{III}$
$A_{II} = 135 \text{ m}^2 - 35 \text{ m}^2 - 23{,}9 \text{ m}^2$
$\underline{\underline{A_{II} = 76{,}1 \text{ m}^2}}$

Der Inhalt der Farbfläche II beträgt $\underline{\text{ca. 76 m}^2}$.

2.3 Anzahl der Farbgestaltungen: $5 \cdot 4 \cdot 3 = 60$
$\underline{\underline{60}}$ verschiedene Farbgestaltungen der Fassade sind möglich.

2.4 F1 ... Fehler in Arbeitsgang 1
F2 ... Fehler in Arbeitsgang 2
Baumdiagramm:

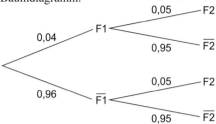

fehlerfreie Solarzelle: $P(\overline{F1} \cap \overline{F2}) = 0{,}96 \cdot 0{,}95 = \underline{\underline{0{,}9120}}$

X ... Anzahl der Produktionsfehler bei einer Solarzelle

x_i	0	1	2
$P(X=x_i)$	$0{,}96 \cdot 0{,}95 = 0{,}912$	$0{,}04 \cdot 0{,}95 + 0{,}96 \cdot 0{,}05 = 0{,}086$	$0{,}04 \cdot 0{,}05 = 0{,}002$

$E(X) = 0 \cdot 0{,}912 + 1 \cdot 0{,}086 + 2 \cdot 0{,}002$
$\underline{\underline{E(X) = 0{,}09}}$

Bei einer Solarzelle sind $\underline{\underline{0{,}09}}$ Produktionsfehler zu erwarten.

Y ... Anzahl der nicht fehlerfreien Solarzellen in einem Modul
(Y ist binomialverteilt mit n = 8, p = 1 − 0,912 = 0,088)

$\underline{\underline{P(Y \leq 1) = 0{,}8480}}$

Die Lösung bestimmt man mit einem geeigneten GTR-Programm.

2.5 E ... Ebene des Terrassendachs GFJK
mit F(12,4 | 2,5 | 0,0)
    G(10,0 | 3,5 | 0,0)

E: $\vec{x} = \begin{pmatrix} 12{,}4 \\ 2{,}5 \\ 0{,}0 \end{pmatrix} + r \begin{pmatrix} -2{,}4 \\ 1{,}0 \\ 0{,}0 \end{pmatrix} + s \begin{pmatrix} 0{,}0 \\ 0{,}0 \\ -1{,}0 \end{pmatrix}$ (r, s ∈ ℝ)

oder E: $5 \cdot x + 12 \cdot y = 92$

2.6 Sonnenstrahl durch F:

$$g: \vec{x} = \begin{pmatrix} 12,4 \\ 2,5 \\ 0,0 \end{pmatrix} + t \begin{pmatrix} -1,0 \\ -4,0 \\ 2,0 \end{pmatrix} \quad (t \in \mathbb{R})$$

Schnitt mit x-z-Ebene, d. h.
$y = 2,5 - 4,0t = 0$
$\qquad t = 0,625$

t in g: $S(11,775 \mid 0 \mid 1,25)$

Folgerung:
Für die Punkte der Grundfläche OAHI gilt:
(1) $0 \leq x \leq 10$
(2) $y = 0$
(3) $z \leq 0$

Da die Kante $\overline{FJ}$ parallel zur z-Achse verläuft, gilt für alle Schattenpunkte S der Kante $\overline{FJ}$:
$x_S = 11,775 > 10$

Somit liegt die äußere Begrenzung des Schattens außerhalb der Grundfläche OAHI, da alle Schattenpunkte der Kante $\overline{FJ}$ außerhalb der Grundfläche OAHI liegen.

Grundkurs Mathematik (Sachsen): Abiturprüfung 2011 (Nachtermin)
Teil A (ohne Rechenhilfsmittel)

1 In den Aufgaben 1.1 bis 1.5 ist von den jeweils fünf Auswahlmöglichkeiten genau eine Antwort richtig. Kreuzen Sie das jeweilige Feld an.

1.1 Gegeben ist die Funktion f durch $f(x) = \frac{3 \cdot x}{4 + 2 \cdot x}$ ($x \in D_f$).
Die Funktion f besitzt eine Polstelle bei:

☐ $x = 2$ ☐ $x = 0$ ☐ $x = -\frac{1}{4}$ ☐ $x = -2$ ☐ $x = -4$

1.2 Gegeben ist die Funktion f durch $f(x) = 2 \cdot \sin x$ ($x \in \mathbb{R}$).
Welchen Anstieg m hat der Graph der Funktion f an der Stelle $x = 0$?

☐ $m = 2$ ☐ $m = 1$ ☐ $m = 0$ ☐ $m = -1$ ☐ $m = -2$

1.3 Gegeben ist die Gerade g durch g: $\vec{x} = \begin{pmatrix} 1 \\ 0 \\ -1 \end{pmatrix} + r \cdot \begin{pmatrix} 1 \\ 3 \\ -2 \end{pmatrix}$ ($r \in \mathbb{R}$).

Senkrecht zu dieser Geraden g verläuft die Gerade h mit:

☐ h: $\vec{x} = \begin{pmatrix} 6 \\ 1 \\ 0 \end{pmatrix} + s \cdot \begin{pmatrix} 0 \\ 1 \\ 2 \end{pmatrix}$ ($s \in \mathbb{R}$)

☐ h: $\vec{x} = \begin{pmatrix} 1 \\ 0 \\ -1 \end{pmatrix} + s \cdot \begin{pmatrix} 3 \\ -1 \\ 0 \end{pmatrix}$ ($s \in \mathbb{R}$)

☐ h: $\vec{x} = s \cdot \begin{pmatrix} -3 \\ -1 \\ 0 \end{pmatrix}$ ($s \in \mathbb{R}$)

☐ h: $\vec{x} = \begin{pmatrix} -2 \\ 0 \\ 0 \end{pmatrix} + s \cdot \begin{pmatrix} 1 \\ 1 \\ 1 \end{pmatrix}$ ($s \in \mathbb{R}$)

☐ h: $\vec{x} = \begin{pmatrix} 3 \\ -1 \\ 0 \end{pmatrix} + s \cdot \begin{pmatrix} 1 \\ 0 \\ -1 \end{pmatrix}$ ($s \in \mathbb{R}$)

1.4 In welchem Punkt P durchstößt die Gerade g mit g: $\vec{x} = \begin{pmatrix} 4 \\ 4 \\ -1 \end{pmatrix} + t \cdot \begin{pmatrix} -2 \\ -2 \\ 1 \end{pmatrix}$ ($t \in \mathbb{R}$) die x-y-Koordinatenebene?

☐ P(0|0|1) ☐ P(0|0|−1) ☐ P(2|2|0) ☐ P(−2|−2|0) ☐ P(4|4|−1)

1.5 In der ersten Reihe in der Aula sind noch genau 5 Stühle frei. Fünf Schüler wollen sich auf diese fünf Stühle setzen, wobei jeder Schüler auf genau einem Stuhl sitzen soll.
Wie viele Möglichkeiten der Sitzverteilung gibt es?

☐ 1   ☐ 5   ☐ 25   ☐ 120   ☐ 5^5

Erreichbare BE-Anzahl: 5

2 In der Abbildung ist der Graph der ersten Ableitungsfunktion f' einer Funktion f im Intervall $-1{,}5 \leq x \leq 3{,}5$ ($x \in \mathbb{R}$) dargestellt.

Begründen Sie mithilfe des Graphen der ersten Ableitungsfunktion f' folgende wahre Aussagen.

(1) Die Tangente an den Graphen der Funktion f hat an der Stelle $x = 2$ einen positiven Anstieg.

(2) Der Graph der Funktion f hat im betrachteten Intervall einen lokalen Minimumpunkt.

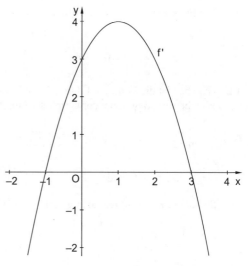

Erreichbare BE-Anzahl: 3

3 Gegeben sind die Punkte A(−4 | 3 | −1), C(1 | −1 | −6) und D(6 | 2 | 0).

Ermitteln Sie die Koordinaten des Punktes B so, dass das Viereck ABCD ein Parallelogramm ist.

Bestimmen Sie die Koordinaten des Diagonalenschnittpunktes des Parallelogramms ABCD.

Erreichbare BE-Anzahl: 4

4 In einer Urne befinden sich genau fünf Kugeln, drei goldfarbene und zwei silberfarbene. Der Urne wird solange ohne Zurücklegen zufällig eine Kugel entnommen, bis zum ersten Mal eine goldfarbene gezogen wird.

Ermitteln Sie, wie viele Ziehungen durchschnittlich zu erwarten sind.

Erreichbare BE-Anzahl: 3

Tipps und Hinweise

Teilaufgabe 1.1
- Beachten Sie, dass x_P Polstelle einer Funktion $f(x) = \frac{u(x)}{v(x)}$ ist, wenn $v(x_P) = 0$ und $u(x_P) \neq 0$ gilt.

Teilaufgabe 1.2
- Bestimmen Sie die erste Ableitung der Funktion f an der Stelle 0.

Teilaufgabe 1.3
- Beachten Sie, dass zwei Geraden senkrecht zueinander verlaufen, wenn das Skalarprodukt ihrer Richtungsvektoren null ist. Prüfen Sie schrittweise, welches Geradenpaar diese Bedingung erfüllt.

Teilaufgabe 1.4
- Für den Durchstoßpunkt P der Geraden g durch die x-y-Ebene gilt: $z = 0$
- Bestimmen Sie für diese Bedingung den Wert des Parameters t und mit diesem die fehlenden Koordinaten des Punktes P.

Teilaufgabe 1.5
- Berechnen Sie n! für $n = 5$ (Anordnung von n verschiedenen Elementen, d. h. Permutation ohne Wiederholung).

Teilaufgabe 2
- Nutzen Sie für (1) den Zusammenhang zwischen dem Vorzeichen des Funktionswertes der Ableitungsfunktion und dem Anstieg der Funktion.
- Nutzen Sie für (2) folgende Zusammenhänge:
  - zwischen Nullstelle der Ableitungsfunktion f' und Extremstelle der Funktion f,
  - zwischen dem Vorzeichenwechsel der Funktionswerte der Ableitungsfunktion f' an deren Nullstelle und der Art des Extremums der Funktion f.

Teilaufgabe 3
- Stellen Sie den Sachverhalt in einer Skizze dar.
- Nutzen Sie zur Bestimmung der Koordinaten des Punktes B z. B. die Gleichheit der Vektoren $\vec{AB}$ und $\vec{DC}$.
- Berechnen Sie zeilenweise die fehlenden Koordinaten.
- Berechnen Sie die Koordinaten des Diagonalenschnittpunktes M z. B. als Mittelpunkt der Strecke $\overline{AC}$. Dabei gilt: $M\left(\frac{x_A + x_C}{2} \mid \frac{y_A + y_C}{2} \mid \frac{z_A + z_C}{2}\right)$

Teilaufgabe 4

- Stellen Sie den Sachverhalt in einem Baumdiagramm dar.
- Wählen Sie eine geeignete Zufallsgröße X, z. B. „Anzahl der Ziehungen". Erstellen Sie für diesen Zufallsversuch eine Verteilungstabelle.
- Berechnen Sie den Erwartungswert dieser Zufallsgröße.
- Interpretieren Sie das Ergebnis.

Lösungen

1 *Vorbemerkung:* Als Lösung ist nur das Kreuz im jeweils richtigen Feld verlangt; im Folgenden sind zusätzlich Rechnungen und Begründungen für die richtige Antwort angegeben.

1.1 Richtige Antwort: Kreuz in <u>Feld 4</u>

$$f(x) = \frac{u(x)}{v(x)} = \frac{3 \cdot x}{4 + 2 \cdot x}$$

x_P ist Polstelle, wenn $v(x_P) = 0$ und $u(x_P) \neq 0$ ist:
$v(x_P) = 4 + 2 \cdot x_P = 0$
$\qquad x_P = -2$
$u(-2) = -6 \neq 0$

1.2 Richtige Antwort: Kreuz in <u>Feld 1</u>

$f'(x) = 2 \cdot \cos x$
$f'(0) = 2 \cdot \cos 0 = 2 \cdot 1 = 2 = m$

1.3 Richtige Antwort: Kreuz in <u>Feld 2</u>

$g \perp h$ gdw. $\vec{a}_g \circ \vec{a}_h = 0$

also $\begin{pmatrix} 1 \\ 3 \\ -2 \end{pmatrix} \circ \begin{pmatrix} a_x \\ a_y \\ a_z \end{pmatrix} = a_x + 3a_y - 2a_z = 0$

Von den Richtungsvektoren der angegebenen Geraden h ist dies nur wahr für

$\vec{a}_h = \begin{pmatrix} 3 \\ -1 \\ 0 \end{pmatrix} \Rightarrow$ h: $\vec{x} = \begin{pmatrix} 1 \\ 0 \\ -1 \end{pmatrix} + s \cdot \begin{pmatrix} 3 \\ -1 \\ 0 \end{pmatrix}$

1.4 Richtige Antwort: Kreuz in Feld 3

$z = 0 = -1 + t$
$t = 1$ in g $\Rightarrow$ P(2|2|0)

1.5 Richtige Antwort: Kreuz in Feld 4

$5! = 120$

2 (1) Die Tangente an den Graphen der Funktion f hat an der Stelle $x = 2$ einen positiven Anstieg, da der Funktionswert der Ableitungsfunktion f' an der Stelle $x = 2$ positiv ist. Die Ableitungsfunktion f' charakterisiert die Steigung der Funktion f, also ist die Funktion f in dem Intervall monoton steigend, in dem die Funktionswerte der Ableitungsfunktion f' positiv sind.

(2) Die Funktion f hat an den Stellen $x = -1$ und $x = 3$ Extremstellen, denn an diesen Stellen hat die Funktion f' Nullstellen mit Vorzeichenwechsel. Das lokale Minimum existiert an der Stelle $x = -1$. Hier wechseln die Funktionswerte der Ableitungsfunktion f' von negativen zu positiven Werten, die Ableitungsfunktion ist an dieser Stelle monoton steigend. Somit tritt bei der Funktion f an dieser Stelle ein Monotoniewechsel von monoton fallend zu monoton steigend auf. Die Funktion hat einen lokalen Minimumpunkt.

3 Das Viereck ABCD ist ein Parallelogramm, wenn $\overrightarrow{AB} = \overrightarrow{DC}$ und $\overrightarrow{AD} = \overrightarrow{BC}$.

Skizze:

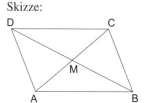

$\overrightarrow{AB} = \overrightarrow{DC}$

$\begin{pmatrix} x_B + 4 \\ y_B - 3 \\ z_B + 1 \end{pmatrix} = \begin{pmatrix} -5 \\ -3 \\ -6 \end{pmatrix} \Rightarrow \underline{\underline{B(-9 \mid 0 \mid -7)}}$

Der Schnittpunkt der Diagonalen entspricht im Parallelogramm ABCD dem Mittelpunkt der Strecke $\overline{AC}$ (bzw. $\overline{BD}$).

Koordinaten des Diagonalenschnittpunktes M:

$M \left(\dfrac{x_A + x_C}{2} \mid \dfrac{y_A + y_C}{2} \mid \dfrac{z_A + z_C}{2} \right)$

$\underline{\underline{M(-1{,}5 \mid 1 \mid -3{,}5)}}$

4 g ... goldfarbene Kugel
   s ... silberfarbene Kugel

Baumdiagramm:

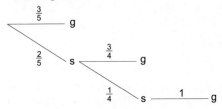

X ... Anzahl der Ziehungen

x_i	1	2	3
$P(X=x_i)$	$\frac{3}{5}$	$\frac{2}{5} \cdot \frac{3}{4} = \frac{3}{10}$	$\frac{2}{5} \cdot \frac{1}{4} \cdot 1 = \frac{1}{10}$

$$E(X) = 1 \cdot \frac{3}{5} + 2 \cdot \frac{3}{10} + 3 \cdot \frac{1}{10}$$

$$\underline{\underline{E(X) = 1{,}5}}$$

Durchschnittlich sind <u>1,5 Ziehungen</u> zu erwarten.

Grundkurs Mathematik (Sachsen): Abiturprüfung 2011 (Nachtermin)
Teil B – Aufgabe 1

Auf einem Kinderspielplatz wird ein Kletterturm gebaut. Er soll aus dem quaderförmigen Gebäudekörper OABCDEFG, dem 1,00 m hohen Quadergerüst DEFGHIJK und der geraden Pyramide HIJKL als Überdachung bestehen.

Die Gesamthöhe des Kletterturms beträgt 3,00 m.

In den Planungsunterlagen ist der Kletterturm in einem kartesischen Koordinatensystem (1 Längeneinheit entspricht 1 Meter) mit dem Koordinatenursprung O dargestellt (siehe Abbildung).

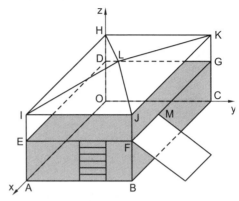

Abbildung (nicht maßstäblich)

Jeder der Eckpunkte A, C und D befindet sich auf dem positiven Teil der zugehörigen Koordinatenachse. Die Längen der Seitenkanten des quaderförmigen Gebäudekörpers sind mit $\overline{OA} = 4{,}00$ m, $\overline{AB} = 3{,}50$ m und $\overline{AE} = 1{,}50$ m festgelegt. Das Gelände des Spielplatzes liegt in der x-y-Koordinatenebene.

1.1 Geben Sie die Koordinaten der Eckpunkte D und J an.

Erreichbare BE-Anzahl: 2

1.2 Begründen Sie, dass der Punkt L die Koordinaten L(2,00 | 1,75 | 3,00) besitzt.

Erreichbare BE-Anzahl: 2

1.3 Die gesamte Dachfläche soll gedeckt werden. Die beauftragte Firma rechnet mit Kosten in Höhe von 30 € pro Quadratmeter.
Berechnen Sie die Kosten für die Deckung der gesamten Dachfläche.

Erreichbare BE-Anzahl: 3

1.4 Vom Punkt G aus soll eine Stange in Richtung $\vec{v} = \begin{pmatrix} -4{,}00 \\ 3{,}00 \\ 0{,}00 \end{pmatrix}$ angebracht werden.

Weisen Sie nach, dass der Punkt R mit den Koordinaten R(−2,00 | 5,00 | 1,50) ein möglicher Endpunkt dieser Stange sein kann.

Erreichbare BE-Anzahl: 2

1.5 Von der Deckfläche des Gebäudekörpers führt eine Rutsche zum Spielplatzgelände. Die obere Kante der Rutsche ist durch die Strecke $\overline{FM}$ festgelegt. Die Ebene, in der die Rutschfläche liegt, ist gegenüber dem Gelände des Spielplatzes um 41,0° geneigt.
Berechnen Sie die Länge der Rutsche.
Bestimmen Sie eine Gleichung der Ebene, in der die Rutsche liegt.

Erreichbare BE-Anzahl: 4

1.6 Auf dem Spielplatzgelände soll ein neuer Sandkasten angelegt werden. Der Sandkasten wird näherungsweise durch die Graphen der Funktionen f mit $y = f(x) = 0,2 \cdot x^3 + 1,6 \cdot x^2 + 2,9 \cdot x + 2,0$ ($x \in D_f$) und g mit $g(x) = -f(x)$ sowie durch die Gerade $x = 0$ vollständig begrenzt.
Ermitteln Sie den Inhalt der für den Sandkasten zur Verfügung stehenden Fläche.

Erreichbare BE-Anzahl: 3

Tim und Florian treffen sich auf dem Spielplatz, um Basketball zu spielen. Bei Basketballfreiwürfen trifft Tim bei jedem Versuch mit einer Wahrscheinlichkeit von 35 %.

1.7 Tim führt 15 Basketballfreiwürfe durch.
Ermitteln Sie jeweils die Wahrscheinlichkeit folgender Ereignisse:

Ereignis A: Tim trifft höchstens dreimal.
Ereignis B: Der erste Treffer von Tim ist im fünften Versuch.

Erreichbare BE-Anzahl: 4

1.8 Berechnen Sie, wie viele Versuche Tim mindestens benötigt, um mit einer Wahrscheinlichkeit von mehr als 99 % mindestens einen Treffer zu haben.

Erreichbare BE-Anzahl: 2

Tipps und Hinweise

Teilaufgabe 1.1

- Beachten Sie, dass der Punkt D auf der z-Achse und in der gleichen Höhe wie der Punkt E liegt.
- Beachten Sie, dass der Punkt J senkrecht über dem Punkt B liegt und gleichzeitig eine obere Gerüstecke bildet.

Teilaufgabe 1.2

- Nutzen Sie für die Begründung der x- und y-Koordinaten des Punktes L, dass L die Spitze der geraden Pyramide ist und damit dieser Punkt senkrecht über dem Diagonalenschnittpunkt der Grundfläche liegt.
- Die z-Koordinate des Punktes L ergibt sich aus der Gesamthöhe des Kletterturms, da L dessen höchster Punkt ist.

Teilaufgabe 1.3

- Berechnen Sie die Flächeninhalte der beiden unterschiedlichen Pyramidenseitenflächen des Dachs.
- Bestimmen Sie daraus den Gesamtinhalt der Dachfläche in Quadratmeter.
- Multiplizieren Sie den Gesamtflächeninhalt mit dem Quadratmeterpreis der Dacheindeckung.

Teilaufgabe 1.4

- Erstellen Sie die Gleichung einer Geraden g durch den Punkt G mit dem gegebenen Richtungsvektor $\vec{v}$.
- Führen Sie die Punktprobe durch und zeigen Sie, dass der Punkt R auf dieser Geraden g liegt.

Teilaufgabe 1.5

- Stellen Sie den Sachverhalt in einer Skizze dar.
- Nutzen Sie zur Berechnung der Länge der Rutsche die Definition des Sinus eines Winkels im rechtwinkligen Dreieck.
- Zum Aufstellen der Ebenengleichung benötigen Sie z. B. die Koordinaten eines Punktes, in dem die Rutsche das Spielplatzgelände trifft.
- Die y-Koordinate dieses Punktes können Sie ermitteln, indem Sie zuvor den Abstand der unteren Kante der Rutsche zum Gebäudekörper berechnen.

Teilaufgabe 1.6

- Veranschaulichen Sie sich den Sachverhalt in einer Skizze.
- Berechnen Sie die Nullstelle x_N der Funktion f.
- Berechnen Sie den Inhalt der gesuchten Fläche z. B. mittels $A = 2 \cdot \int_{x_N}^{0} f(x)\,dx$. Geben Sie das Ergebnis in Quadratmeter an.

Teilaufgabe 1.7

- Wählen Sie für die Wahrscheinlichkeit des Ereignisses A eine geeignete Zufallsgröße X, z. B. „Trefferzahl von Tim". Diese Zufallsgröße X ist binomialverteilt mit den Parametern $n = 15$ und $p = 0{,}35$.
- Berechnen Sie die Wahrscheinlichkeit für $X \leq 3$.
- Beachten Sie beim Ereignis B, dass die ersten vier Versuche keine Treffer sind und erst der 5. Versuch ein Treffer ist.
- Multiplizieren Sie die entsprechenden Wahrscheinlichkeiten miteinander.

Teilaufgabe 1.8

- Nutzen Sie zur Berechnung der Mindestzahl der Versuche folgenden Zusammenhang:
P(mindestens ein Erfolg) = $1 - $ P(kein Erfolg) $> 0{,}99$

Lösungen

1.1 D(0,00 | 0,00 | 1,50)
J(4,00 | 3,50 | 2,50)

1.2 Der Punkt L als Spitze der geraden Pyramide HIJKL liegt senkrecht über dem Diagonalenschnittpunkt der rechteckigen Grundfläche ABCO des Kletterturms. Somit gilt für die
- x-Koordinate des Punktes L:
$$x_L = \frac{x_O + x_B}{2} = \frac{0,00 + 4,00}{2} = 2,00$$
- y-Koordinate des Punktes L:
$$y_L = \frac{y_O + y_B}{2} = \frac{0,00 + 3,50}{2} = 1,75$$

Außerdem beträgt die Gesamthöhe des Kletterturms 3,00 m. Somit gilt für die z-Koordinate des Punktes L:
$z_L = 3,00$

1.3 Skizze: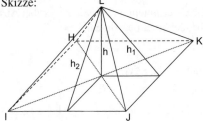

A ... Flächeninhalt der gesamten Dachfläche
A_1 ... Flächeninhalt des Dreiecks JKL
A_2 ... Flächeninhalt des Dreiecks IJL

$$A_1 = \frac{1}{2} \cdot \overline{JK} \cdot h_1 \quad \text{mit} \quad h_1 = \sqrt{h^2 + \left(\frac{1}{2} \cdot \overline{IJ}\right)^2}$$

$$h_1 = \sqrt{(0,50 \text{ m})^2 + (1,75 \text{ m})^2}$$

$$h_1 \approx 1,82 \text{ m}$$

$A_1 \approx \frac{1}{2} \cdot 4,00 \text{ m} \cdot 1,82 \text{ m}$

$\underline{A_1 \approx 3,64 \text{ m}^2}$

$A_2 = \frac{1}{2} \cdot \overline{IJ} \cdot h_2$ mit $h_2 = \sqrt{h^2 + \left(\frac{1}{2} \cdot \overline{JK}\right)^2}$

$$h_2 = \sqrt{(0{,}50\text{ m})^2 + (2{,}00\text{ m})^2}$$

$$h_2 \approx 2{,}06\text{ m}$$

$A_2 \approx \frac{1}{2} \cdot 3{,}50\text{ m} \cdot 2{,}06\text{ m}$

$\underline{\underline{A_2 \approx 3{,}61\text{ m}^2}}$

$A = 2 \cdot A_1 + 2 \cdot A_2$

$\underline{\underline{A \approx 14{,}50\text{ m}^2}}$

Der Flächeninhalt der Dachfläche kann auch mit einem geeigneten GTR-Programm bestimmt werden. Der ausführliche Lösungsweg ist nicht erforderlich.

Kosten K: $K = A \cdot 30\,\dfrac{€}{\text{m}^2}$

$$K = 14{,}50\text{ m}^2 \cdot 30\,\dfrac{€}{\text{m}^2}$$

$\underline{\underline{K = 435\ €}}$

Die Kosten für die Deckung der gesamten Dachfläche betragen $\underline{435\ €}$.

1.4 g ... Gerade durch den Punkt G mit der vorgegebenen Richtung

$$g:\ \vec{x} = \begin{pmatrix} 0{,}00 \\ 3{,}50 \\ 1{,}50 \end{pmatrix} + r \begin{pmatrix} -4{,}00 \\ 3{,}00 \\ 0{,}00 \end{pmatrix} \quad (r \in \mathbb{R})$$

Einsetzen der Koordinaten des Punktes R in die Geradengleichung:

$-2{,}00 = 0{,}00 - 4{,}00r \ \Rightarrow\ r_1 = 0{,}5$
$5{,}00 = 3{,}50 + 3{,}00r \ \Rightarrow\ r_2 = 0{,}5 \ \Big\} \ r_1 = r_2$
$1{,}50 = 1{,}50 + 0{,}00r \ \Rightarrow\ $ w. A.

⇒ Die Koordinaten von R erfüllen die Geradengleichung. Somit liegt der Punkt R auf der Geraden g, er ist also ein möglicher Endpunkt der Stange.

1.5 Skizze:

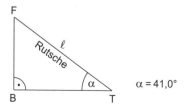

$\alpha = 41{,}0°$

ℓ ... Länge der Rutsche

$\sin\alpha = \dfrac{\overline{FB}}{\ell}$

$\ell = \dfrac{\overline{FB}}{\sin\alpha}$

$\ell = \dfrac{1{,}50 \text{ m}}{\sin 41{,}0°}$

$\underline{\underline{\ell \approx 2{,}29 \text{ m}}}$

Die Rutsche ist ca. $\underline{\underline{2{,}29 \text{ m}}}$ lang.

Erstellen der Ebenengleichung:

$\tan\alpha = \dfrac{\overline{FB}}{\overline{BT}}$

$\overline{BT} = \dfrac{\overline{FB}}{\tan\alpha}$

$\overline{BT} = \dfrac{1{,}50 \text{ m}}{\tan 41°}$

$\overline{BT} \approx 1{,}73 \text{ m} \quad \Rightarrow \quad T(4{,}00 \mid 5{,}23 \mid 0{,}00)$

$E_{FTM}: \vec{x} = \begin{pmatrix} 4{,}00 \\ 3{,}50 \\ 1{,}50 \end{pmatrix} + s\begin{pmatrix} 1{,}00 \\ 0{,}00 \\ 0{,}00 \end{pmatrix} + t\begin{pmatrix} 0{,}00 \\ 1{,}73 \\ -1{,}50 \end{pmatrix} \quad (s, t \in \mathbb{R})$

oder $\quad 300y + 346z = 1\,569$

bzw. $\quad 1{,}50y + 1{,}73z = 7{,}845$

1.6 Skizze:

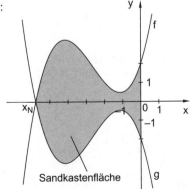

Sandkastenfläche

Nullstelle: $f(x_N) = 0$

$$x_N \approx -5{,}80$$

Die Nullstelle bestimmt man mittels GTR.

Flächeninhalt des Sandkastens:

$$A = \int_{-5,80}^{0} [f(x) - g(x)]\,dx \quad \text{mit} \quad g(x) = -f(x)$$

$$A = 2 \cdot \int_{-5,80}^{0} f(x)\,dx$$

$$A = 2 \cdot \int_{-5,80}^{0} [0{,}2x^3 + 1{,}6x^2 + 2{,}9x + 2{,}0]\,dx$$

$$A \approx 20{,}60$$

Der Flächeninhalt des Sandkastens beträgt ca. $20{,}60\ m^2$.

Der Flächeninhalt wird mittels GTR bestimmt. Ein ausführlicher Lösungsweg ist nicht erforderlich.

1.7 X ... Trefferzahl von Tim
(X ist binomialverteilt mit $n = 15$, $p = 0{,}35$)

$P(A) = P(X \leq 3) = 0{,}1727$

Die Lösung wird mit einem geeigneten GTR-Programm bestimmt.

$P(B) = 0{,}65^4 \cdot 0{,}35 = 0{,}0625$

1.8 $P(X \geq 1) = 1 - P(X = 0) > 0{,}99$

$$P(X = 0) < 0{,}01$$

$$\binom{n}{0} \cdot 0{,}35^0 \cdot 0{,}65^n < 0{,}01$$

$$n > \frac{\ln 0{,}01}{\ln 0{,}65}$$

$$n > 10{,}69$$

$\Rightarrow$ Tim benötigt mindestens 11 Versuche.

Grundkurs Mathematik (Sachsen): Abiturprüfung 2011 (Nachtermin)
Teil B – Aufgabe 2

Durch das Hochwasser vom August 2002 sind in Sachsen hohe Schäden entstanden. Viele Einrichtungen des Hochwasserschutzes waren und sind für Hochwasser ausgelegt, wie sie statistisch gesehen nur in einem von 30 Jahren auftreten (Fachbezeichnung HQ 30).

Als angemessen gilt heute ein Schutz gegen Hochwasser, wie sie durchschnittlich in einem von 100 Jahren auftreten (Fachbezeichnung HQ 100).

Dementsprechend betragen die Wahrscheinlichkeiten, mit der ein Hochwasser des Typs HQ 30 bzw. des Typs HQ 100 in einem beliebigen Jahr auftritt, $p_{30} = \frac{1}{30}$ bzw. $p_{100} = \frac{1}{100}$.

2.1 Bestimmen Sie die Wahrscheinlichkeit, mit der an einem Flussabschnitt innerhalb von 100 Jahren kein Hochwasser vom Typ HQ 100 eintritt.

Erreichbare BE-Anzahl: 2

2.2 In einem Zeitraum von 15 Jahren soll der Hochwasserschutz an einem Flussabschnitt deutlich verbessert werden.

Ermitteln Sie die Wahrscheinlichkeit dafür, dass in diesem Zeitraum mindestens ein Hochwasser vom Typ HQ 30 eintritt.

Erreichbare BE-Anzahl: 2

Die Abbildung 1 zeigt den Querschnitt durch ein Flussbett und dessen ebene Umgebung, auf den sich die Aufgabenteile 2.3 bis 2.6 beziehen.

In einem kartesischen Koordinatensystem (1 Längeneinheit entspricht 1 Meter) beschreibt die x-Achse die Profillinie der Uferzone in der Umgebung des Flussbetts.

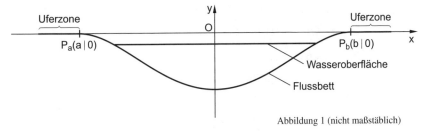

Abbildung 1 (nicht maßstäblich)

Die Profillinie des Flussbetts wird im Intervall $a \leq x \leq b$ näherungsweise durch den Graphen der Funktion f mit $f(x) = -0{,}0002 \cdot x^4 + 0{,}04 \cdot x^2 - 2{,}0$ ($x \in D_f$) beschrieben und geht in den Punkten P_a und P_b in die Uferzone über.

2.3 Begründen Sie, dass die maximale Tiefe des Flussbetts gegenüber der Uferzone 2,0 m beträgt.
Weisen Sie nach, dass die Profillinie des Flussbetts symmetrisch ist.
Zeigen Sie, dass das Flussbett 20,0 m breit ist.

Erreichbare BE-Anzahl: 5

2.4 Ermitteln Sie, in welcher Tiefe des Flussbetts gegenüber der Uferzone der Anstieg der Profillinie des Flussbetts am größten ist.

Erreichbare BE-Anzahl: 3

Als Durchfluss Q (in $\frac{m^3}{s}$) eines Fließgewässers wird das Wasservolumen bezeichnet, das in einer Sekunde die Querschnittsfläche des Gewässers passiert. Es gilt: $Q = v_m \cdot A$ mit

v_m: mittlere Fließgeschwindigkeit in $\frac{m}{s}$,

A: Inhalt der Querschnittsfläche (Fläche, die von der Wasseroberfläche und der Profillinie des Flussbetts begrenzt wird) in m^2

2.5 Die Wasseroberfläche befindet sich 1,8 m über dem tiefsten Punkt des Flussbetts. Bestimmen Sie den Durchfluss bei einer mittleren Fließgeschwindigkeit von $3,2 \frac{m}{s}$.

Erreichbare BE-Anzahl: 4

2.6 Zeigen Sie, dass ein Durchfluss von $100,0 \frac{m^3}{s}$ bei einer mittleren Fließgeschwindigkeit von $4,0 \frac{m}{s}$ zur Überschwemmung der Uferzone führt.

Erreichbare BE-Anzahl: 3

Zum Hochwasserschutz wurde ein Deich außerhalb der Uferzone errichtet. Ein Teil des Deiches kann in einem dreidimensionalen kartesischen Koordinatensystem (1 Längeneinheit entspricht 1 Meter) näherungsweise als gerades Prisma beschrieben werden. Die Grundfläche OABC des Prismas liegt dabei in der y-z-Koordinatenebene (siehe Abbildung 2).

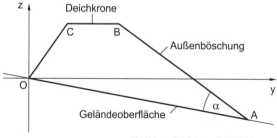

Abbildung 2 (nicht maßstäblich)

Die Ebene, in der die Deichkrone liegt, verläuft parallel zur x-y-Koordinatenebene.
Die Ebene E_1, in der die Außenböschung liegt, ist durch die Gleichung
$E_1: y + 2 \cdot z = 12{,}0$ beschrieben.
Die Geländeoberfläche liegt in einer Ebene E_2, die durch die Gleichung

$$E_2: \vec{x} = \begin{pmatrix} 4{,}0 \\ 7{,}0 \\ -1{,}0 \end{pmatrix} + r \cdot \begin{pmatrix} 1{,}0 \\ 7{,}0 \\ -1{,}0 \end{pmatrix} + s \cdot \begin{pmatrix} 2{,}0 \\ -7{,}0 \\ 1{,}0 \end{pmatrix} \quad (r, s \in \mathbb{R}) \text{ beschrieben ist.}$$

2.7 Bei modernen Deichen muss der Neigungswinkel α der Außenböschung gegen die Geländeoberfläche kleiner als 20° sein.
Zeigen Sie, dass diese Forderung bei diesem Deich erfüllt ist.

Erreichbare BE-Anzahl: 2

2.8 Der Punkt C hat die Koordinaten $C(0{,}0 | 4{,}0 | 2{,}0)$. Die Länge der Strecke $\overline{CB}$ gibt die Breite der Deichkrone an.
Bestimmen Sie die Breite der Deichkrone.

Erreichbare BE-Anzahl: 2

Tipps und Hinweise

Teilaufgabe 2.1

/ Die gesuchte Wahrscheinlichkeit berechnet sich mittels $(1 - p_{100})^{100}$.

Teilaufgabe 2.2

/ Wählen Sie für die Wahrscheinlichkeit des Ereignisses eine geeignete Zufallsgröße X, z. B. „Anzahl der Hochwasser vom Typ HQ 30". Diese Zufallsgröße X ist binomialverteilt mit den Parametern $n = 15$ und $p = \frac{1}{30}$.

/ Berechnen Sie die Wahrscheinlichkeit für $X \geq 1$.

Teilaufgabe 2.3

/ Bestimmen Sie für die Tiefe des Flussbetts den y-Wert des lokalen Minimumpunktes der Funktion f. Dessen Betrag in Meter entspricht dem zu begründenden Wert.

/ Untersuchen Sie die Funktion auf Achsensymmetrie. Zeigen Sie dazu die Gültigkeit der Gleichung $f(-x) = f(x)$.

/ Für die Breite des Flussbetts bestimmen Sie die Nullstellen der Funktion f. Der Abstand der Nullstellen in Meter ist die gesuchte Breite.

Teilaufgabe 2.4

✏ Bestimmen Sie die Stelle, an der die Funktion f ihren maximalen Anstieg besitzt. Ermitteln Sie dazu die Stelle, an der die Ableitungsfunktion der Funktion f ihr lokales Maximum besitzt.

✏ Der Betrag des Funktionswertes dieses Punktes in Meter ist die gesuchte Tiefe.

Teilaufgabe 2.5

✏ Berechnen Sie den Inhalt der Querschnittsfläche des Flusses. Nutzen Sie aufgrund der Achsensymmetrie dazu folgenden Ansatz:

$$A = 2 \cdot \left| \int_0^{x_S} (-0,2 - f(x))\, dx \right|,$$

wobei x_S eine Schnittstelle zwischen den beiden Funktionsgraphen ist.

✏ Geben Sie den Flächeninhalt in Quadratmeter an und multiplizieren Sie diesen mit der mittleren Fließgeschwindigkeit v_m.

Teilaufgabe 2.6

✏ Berechnen Sie die erforderliche Querschnittsfläche A' und die verfügbare Querschnittsfläche A und vergleichen Sie diese miteinander.

✏ Für A' gilt: $A' = \dfrac{Q}{v_m}$

✏ Für A gilt: $A = \left| \displaystyle\int_{x_{N_1}}^{x_{N_2}} f(x)\, dx \right| = 2 \cdot \left| \displaystyle\int_0^{x_{N_2}} f(x)\, dx \right|$

Teilaufgabe 2.7

✏ Berechnen Sie den Schnittwinkel zwischen den Ebenen E_1 und E_2 und vergleichen Sie diesen mit dem vorgegebenen Wert.

Teilaufgabe 2.8

✏ Geben Sie die schon bekannten Koordinaten des Punktes B an.

✏ Ermitteln Sie die fehlende y-Koordinate, indem Sie die Koordinaten des Punktes B in die Gleichung der Ebene E_1 einsetzen.

✏ Die Breite der Deichkrone ist der Abstand der y-Koordinaten der Punkte C und B in Meter.

Lösungen

2.1 $p = (1-p_{100})^{100} = \left(\dfrac{99}{100}\right)^{100} = \underline{\underline{0{,}3660}}$

2.2 X ... Anzahl der Hochwasser vom Typ HQ 30
(X ist binomialverteilt mit $n = 15$, $p = \dfrac{1}{30}$)

$P(X \geq 1) = 1 - P(X = 0) = 1 - \left(\dfrac{29}{30}\right)^{15} = \underline{\underline{0{,}3986}}$

/ Die Lösung kann auch mit einem geeigneten GTR-Programm bestimmt werden.

2.3 Der lokale Minimumpunkt der Funktion f hat die Koordinaten $E_{Min}(0{,}0\,|\,{-}2{,}0)$. Der Betrag der y-Koordinate dieses Punktes in Meter gibt die maximale Tiefe des Flussbetts gegenüber der Uferzone mit 2,0 m an.

Nachweis der Achsensymmetrie des Funktionsgraphen:
Zu zeigen ist:
$$f(-x) = f(x)$$
$$-0{,}0002 \cdot (-x)^4 + 0{,}04 \cdot (-x)^2 - 2{,}0 = -0{,}0002 \cdot x^4 + 0{,}04 \cdot x^2 - 2{,}0$$
$$\underline{\underline{-0{,}0002 \cdot x^4 + 0{,}04 \cdot x^2 - 2{,}0 = -0{,}0002 \cdot x^4 + 0{,}04 \cdot x^2 - 2{,}0}} \quad \text{w. A}$$

Damit ist die Symmetrie der Profillinie des Flussbetts nachgewiesen.

b ... Breite des Flussbetts
$b = 2 \cdot |x_N|$ mit $x_{N_{1;2}} = \pm 10{,}0$
$\underline{\underline{b = 20{,}0}}$
Das Flussbett ist $\underline{\underline{20{,}0 \text{ m}}}$ breit.

/ Die Nullstellen x_N bestimmt man mittels GTR.

2.4 $f'(x) = -0{,}0008 \cdot x^3 + 0{,}08 \cdot x$

/ Man stellt den Graphen der Ableitungsfunktion im GRAPH-Menü des GTR dar
/ und liest die Extremstelle x_E des Maximumpunktes ab.

$\underline{\underline{x_E = 5{,}77}} \quad \Rightarrow \quad \underline{\underline{f(x_E) \approx -0{,}9}}$

In einer Tiefe von 0,9 m gegenüber der Uferzone ist der Anstieg der Profillinie des Flussbetts am größten.

/ *Alternative:* Man kann die Lösung auch direkt im GRAPH-Menü mittels TRACE
/ bestimmen. Der Betrag der y-Koordinate des Punktes mit der größten Steigung
/ ist die gesuchte Lösung in Meter.

2.5 Skizze:

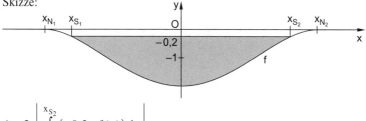

$$A = 2 \cdot \left| \int_0^{x_{S_2}} (-0,2 - f(x)) \, dx \right|$$

mit x_S ... Schnittstelle zwischen Wasseroberfläche und Profillinie

$x_{S_{1;2}} \approx \pm 8,3$

folgt $\underline{A \approx 17,8 \text{ m}^2}$

Durchfluss: $Q = v_m \cdot A$

$$Q \approx 3,2 \, \frac{m}{s} \cdot 17,8 \, m^2$$

$$\underline{\underline{Q \approx 57 \, \frac{m^3}{s}}}$$

Der Durchfluss beträgt ca. $\underline{\underline{57 \, \frac{m^3}{s}}}$.

2.6 A' ... erforderliche Querschnittsfläche
A ... verfügbare Querschnittsfläche

$Q = v_m \cdot A'$

$A' = \dfrac{Q}{v_m}$

$A' = \dfrac{100,0 \, \frac{m^3}{s}}{4,0 \, \frac{m}{s}}$

$\underline{A' = 25,0 \, m^2}$

$$A = 2 \cdot \left| \int_0^{10,0} f(x) \, dx \right|$$

$\underline{A \approx 21,3 \, m^2}$

$\Rightarrow \; A < A'$

Da der Inhalt der verfügbaren Querschnittsfläche kleiner ist als der Inhalt der erforderlichen Querschnittsfläche, wird die Uferzone überschwemmt.

2.7 E_1: $y + 2 \cdot z = 12,0$

E_2: $\vec{x} = \begin{pmatrix} 4,0 \\ 7,0 \\ -1,0 \end{pmatrix} + r \begin{pmatrix} 1,0 \\ 7,0 \\ -1,0 \end{pmatrix} + s \begin{pmatrix} 2,0 \\ -7,0 \\ 1,0 \end{pmatrix}$ (r, s $\in \mathbb{R}$)

oder $-y - 7 \cdot z = 0$

α ... Schnittwinkel beider Ebenen

$\cos \alpha = \left| \dfrac{\vec{n}_1 \circ \vec{n}_2}{|\vec{n}_1| \cdot |\vec{n}_2|} \right|$ mit $\vec{n}_1 = \begin{pmatrix} 0,0 \\ 1,0 \\ 2,0 \end{pmatrix}$; $|\vec{n}_1| = \sqrt{5,0}$

und $\vec{n}_2 = \begin{pmatrix} 0,0 \\ -1,0 \\ -7,0 \end{pmatrix}$; $|\vec{n}_2| = \sqrt{50,0}$

$\cos \alpha = \dfrac{|-15|}{\sqrt{5,0} \cdot \sqrt{50,0}}$

$\alpha \approx 18,4° < 20°$

Damit ist gezeigt, dass die Forderung erfüllt ist.

Der Schnittwinkel beider Ebenen kann ohne ausführliche Lösung mit einem geeigneten GTR-Programm bestimmt werden.

2.8 $C(0,0 | 4,0 | 2,0)$

$B(0,0 | y_B | 2,0)$ in E_1: $y_B + 2 \cdot 2,0 = 12,0$

$y_B = 8,0$

b ... Breite der Deichkrone

$b = y_B - y_C$

$b = 8,0 - 4,0$

$\underline{b = 4,0}$

Die Deichkrone ist 4,0 m breit.

Grundkurs Mathematik (Sachsen): Abiturprüfung 2012
Teil A (ohne Rechenhilfsmittel)

1 In den Aufgaben 1.1 bis 1.5 ist von den jeweils fünf Auswahlmöglichkeiten genau eine Antwort richtig. Kreuzen Sie das jeweilige Feld an.

1.1 Die erste Ableitungsfunktion f' der Funktion f mit $f(x) = -\frac{6}{x^3}$ ($x \in D_f$) kann beschrieben werden durch

☐ $f'(x) = -\frac{2}{x^2}$ ($x \in D_{f'}$)

☐ $f'(x) = \frac{3}{x^2}$ ($x \in D_{f'}$)

☐ $f'(x) = \frac{18}{x^2}$ ($x \in D_{f'}$)

☐ $f'(x) = -\frac{2}{x^4}$ ($x \in D_{f'}$)

☐ $f'(x) = \frac{18}{x^4}$ ($x \in D_{f'}$)

1.2 Welchen Anstieg besitzt der Graph der Funktion f mit $f(x) = -2 \cdot e^{2 \cdot x + 3}$ ($x \in \mathbb{R}$) an der Stelle $x = -2$?

☐ $-4 \cdot e^2$ ☐ $-2 \cdot e^2$ ☐ $-4 \cdot e^{-1}$ ☐ $-2 \cdot e^{-1}$ ☐ $-e^{-1}$

1.3 Welches bestimmte Integral hat den Wert 0?

☐ $\int_{-2}^{2} (x^2 + 2)\, dx$ ☐ $\int_{-2}^{2} e^x\, dx$ ☐ $\int_{-2}^{2} \sin x\, dx$ ☐ $\int_{-2}^{2} x^4\, dx$ ☐ $\int_{-2}^{2} (x+1)\, dx$

1.4 Die Gerade g mit $g: \vec{x} = \begin{pmatrix} 0 \\ 4 \\ -3 \end{pmatrix} + t \cdot \begin{pmatrix} -2 \\ 0 \\ 5 \end{pmatrix}$ ($t \in \mathbb{R}$) verläuft

☐ parallel zur y-Achse
☐ parallel zur x-z-Koordinatenebene
☐ senkrecht zur x-Achse
☐ senkrecht zur x-y-Koordinatenebene
☐ durch den Koordinatenursprung

1.5 Der Betrag des Vektorproduktes aus den beiden Vektoren $\begin{pmatrix} 1 \\ -2 \\ 3 \end{pmatrix}$ und $\begin{pmatrix} 4 \\ 2 \\ 0 \end{pmatrix}$ ergibt

- [ ] null
- [ ] den Flächeninhalt des von den beiden Vektoren aufgespannten Parallelogramms
- [ ] den Flächeninhalt des von den beiden Vektoren aufgespannten Dreiecks
- [ ] einen Vektor, der zu jedem der beiden Vektoren senkrecht verläuft
- [ ] einen Vektor, der in einer Ebene mit den beiden Vektoren liegt

Erreichbare BE-Anzahl: 5

2 In einem kartesischen Koordinatensystem bilden die Punkte A(–1 | 1 | 2), B(3 | –2 | 4) und C(4 | –3 | 5) ein Dreieck ABC.
Ermitteln Sie die Koordinaten des Punktes D so, dass das Viereck ABCD ein Trapez ist und für die Vektoren $\overrightarrow{DC}$ und $\overrightarrow{AB}$ gilt: $\overrightarrow{DC} = 2 \cdot \overrightarrow{AB}$

Erreichbare BE-Anzahl: 2

3 Eine verbeulte Münze wird genau dreimal nacheinander geworfen und es wird jedes Mal festgestellt, ob entweder Wappen oder Zahl gefallen ist.
Die Wahrscheinlichkeit für das Fallen von Zahl beträgt $\frac{3}{5}$.
Die Zufallsgröße X beschreibt die Anzahl der Würfe, bei denen Zahl fällt.
Ermitteln Sie die Wahrscheinlichkeit $P(X = 2)$.

Erreichbare BE-Anzahl: 2

4 Gegeben ist die Funktion f mit $y = f(x) = x^2 + 2 \cdot x - 3$ ($x \in \mathbb{R}$).

4.1 Die Gerade g verläuft durch die Punkte P(0 | f(0)) und Q(2 | f(2)).
Ermitteln Sie die Stelle x, an der die Tangente an den Graphen von f parallel zur Geraden g verläuft.

Erreichbare BE-Anzahl: 3

4.2 Der Graph der Funktion f und die x-Achse begrenzen eine Fläche vollständig.
Berechnen Sie den Inhalt dieser Fläche.

Erreichbare BE-Anzahl: 3

Tipps und Hinweise

Teilaufgabe 1.1
✓ Wandeln Sie die Funktion in ein Produkt um und wenden Sie die Faktorregel zum Differenzieren an oder nutzen Sie die Quotientenregel.

Teilaufgabe 1.2
✓ Bestimmen Sie die erste Ableitung der Funktion f an der Stelle $x = -2$.

Teilaufgabe 1.3
✓ Der Wert eines der bestimmten Integrale ist null, wenn die Größen der Flächenstücke, die die Funktion mit der x-Achse unterhalb und oberhalb der x-Achse einschließt, identisch sind. Da die Integrationsgrenzen symmetrisch zur y-Achse liegen, müssen Sie nur die Funktion auswählen, welche punktsymmetrisch zum Koordinatenursprung ist.

✓ Alternativ wäre auch eine Berechnung der Integrale möglich, aber wesentlich zeitaufwendiger.

Teilaufgabe 1.4
✓ Untersuchen Sie die Gerade z. B. auf Durchstoßpunkte durch die Koordinatenebenen. Leiten Sie aus diesem Ergebnis die richtige Folgerung ab.

Teilaufgabe 1.5
✓ Beachten Sie die Eigenschaften des Vektorproduktes.

Teilaufgabe 2
✓ Stellen Sie den Sachverhalt in einer Skizze dar.

✓ Berechnen Sie das Doppelte des Vektors $\overrightarrow{AB}$, also $2 \cdot \overrightarrow{AB}$.

✓ Für die Koordinaten des Vektors $\overrightarrow{DC}$ gilt: $\overrightarrow{DC} = \begin{pmatrix} x_C - x_D \\ y_C - y_D \\ z_C - z_D \end{pmatrix} = 2 \cdot \overrightarrow{AB}$

✓ Setzen Sie die Punktkoordinaten des Punktes C ein und berechnen Sie zeilenweise die Koordinaten des Punktes D.

Teilaufgabe 3
✓ Stellen Sie den Sachverhalt in einem Baumdiagramm dar.

✓ Wählen Sie die Pfade aus, bei denen zweimal Zahl fällt.

✓ Berechnen Sie die gesuchte Wahrscheinlichkeit unter Nutzung der Pfadregeln für mehrstufige Zufallsversuche.

Teilaufgabe 4.1

- Die Tangente verläuft parallel zur Geraden g, wenn die Anstiege beider Geraden übereinstimmen.
- Ermitteln Sie den Anstieg der Geraden g mit dem Differenzenquotienten $m_g = \frac{\Delta y}{\Delta x} = \frac{y_P - y_Q}{x_P - x_Q}$, wobei $y_P = f(0)$ und $y_Q = f(2)$ gilt.
- Berechnen Sie die 1. Ableitung der Funktion f.
- Wählen Sie den Ansatz $m_t = f'(x) = m_g$. Berechnen Sie die Stelle x, welche diese Gleichung erfüllt.

Teilaufgabe 4.2

- Für die Flächenberechnung können Sie folgenden Ansatz nutzen:

$$A = \left| \int_{x_{N_1}}^{x_{N_2}} f(x)\, dx \right|$$

- Berechnen Sie die Nullstellen x_N der Funktion f z. B. mit der Lösungsformel für quadratische Gleichungen.
- Wenden Sie zur Berechnung des Integrals den Hauptsatz der Differenzial- und Integralrechnung an.

Lösungen

1 *Vorbemerkung:* Als Lösung ist nur das Kreuz im jeweils richtigen Feld verlangt; im Folgenden sind zusätzlich Rechnungen und Begründungen für die richtige Antwort angegeben.

1.1 Richtige Antwort: Kreuz in Feld 5

$$f(x) = -\frac{6}{x^3} = -6x^{-3}$$

$$f'(x) = -6 \cdot (-3) \cdot x^{-4} = \frac{18}{x^4}$$

1.2 Richtige Antwort: Kreuz in Feld 3

$$f'(x) = -2 \cdot 2 \cdot e^{2x+3} = -4 \cdot e^{2x+3}$$

$$f'(-2) = -4 \cdot e^{2 \cdot (-2)+3} = -4 \cdot e^{-1}$$

1.3 Richtige Antwort: Kreuz in Feld 3

Die Funktion $f(x) = \sin x$ ist punktsymmetrisch zum Koordinatenursprung und da die Integrationsgrenzen symmetrisch zur y-Achse liegen, sind die betrachteten Flächenstücke von gleicher Größe, liegen aber unterhalb bzw. oberhalb der x-Achse. Somit ist der Wert des bestimmten Integrals 0.

1.4 Richtige Antwort: Kreuz in Feld 2

Die Gerade g verläuft parallel zur x-z-Koordinatenebene, da kein Durchstoßpunkt mit dieser Ebene existiert. Für diesen müsste gelten: $y = 4 + 0 \cdot t = 0$
Diese Gleichung ist für kein $t \in \mathbb{R}$ erfüllt.

1.5 Richtige Antwort: Kreuz in Feld 2

Der Flächeninhalt des von zwei Vektoren $\vec{a}$ und $\vec{b}$ im Raum aufgespannten Parallelogramms berechnet sich mit $A = |\vec{a} \times \vec{b}|$.

2 Es gilt:
$$2 \cdot \overrightarrow{AB} = \overrightarrow{DC}$$
$$2 \cdot \begin{pmatrix} 4 \\ -3 \\ 2 \end{pmatrix} = \begin{pmatrix} 8 \\ -6 \\ 4 \end{pmatrix} = \begin{pmatrix} 4 - x_D \\ -3 - y_D \\ 5 - z_D \end{pmatrix} \Rightarrow \underline{\underline{D(-4|3|1)}}$$

Skizze:

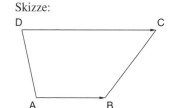

3. X ... Anzahl der Würfe, bei denen Zahl fällt.

$P(X=2) = P(ZZW) + P(ZWZ) + P(WZZ)$

$P(X=2) = 3 \cdot \dfrac{3}{5} \cdot \dfrac{3}{5} \cdot \dfrac{2}{5}$

$\underline{\underline{P(X=2) = \dfrac{54}{125}}}$

Baumdiagramm:

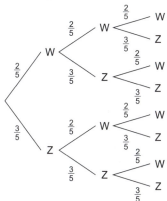

4.1 m_g ... Anstieg der Geraden g
m_t ... Anstieg der Tangente t

$$m_g = \frac{\Delta y}{\Delta x} = \frac{y_P - y_Q}{x_P - x_Q}$$

Mit $y_P = f(0) = -3$ und $y_Q = f(2) = 5$ folgt:

$$m_g = \frac{-3-5}{0-2} = 4$$

Die Tangente t verläuft parallel zur Geraden g, wenn gilt: $m_t = m_g$
$m_t = f'(x) = 2x + 2 = 4 = m_g$

$$\underline{\underline{x = 1}}$$

An der Stelle $\underline{\underline{x = 1}}$ verläuft die Tangente an den Graphen von f parallel zur Geraden g.

4.2 $f(x) = x^2 + 2x - 3 = (x+1)^2 - 4$ Skizze:

Nullstellen:

$f(x_N) = 0 = x_N^2 + 2x_N - 3$

$x_{N_{1;2}} = -1 \pm \sqrt{1+3}$

$x_{N_{1;2}} = -1 \pm 2$

$x_{N_1} = -1 - 2 = -3$

$x_{N_2} = -1 + 2 = 1$

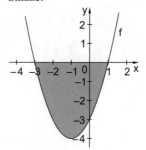

A ... Flächeninhalt

$$A = \left| \int_{x_{N_1}}^{x_{N_2}} f(x)\, dx \right|$$

$$A = \left| \int_{-3}^{1} (x^2 + 2x - 3)\, dx \right| = \left| \left[\frac{x^3}{3} + x^2 - 3x \right]_{-3}^{1} \right|$$

$$A = \left| \left(\frac{1}{3} + 1 - 3 \right) - \left(-\frac{27}{3} + 9 + 9 \right) \right| = \left| -\frac{5}{3} - \frac{27}{3} \right|$$

$$\underline{\underline{A = \frac{32}{3}}}$$

Der Inhalt der Fläche beträgt $\underline{\underline{\frac{32}{3}}}$ FE.

Grundkurs Mathematik (Sachsen): Abiturprüfung 2012
Teil B – Aufgabe 1

Bei der Auswertung eines Hochwassers über einen Zeitraum von einer Woche (168 Stunden) stellte man fest, dass sich der Pegelstand y (in Meter) eines Flusses in Abhängigkeit von der Zeit t (in Stunden) für einen bestimmten Ort näherungsweise durch den Graphen der Funktion f mit der Gleichung
$y = f(t) = -0{,}000003438 \cdot t^3 + 0{,}0006286 \cdot t^2 - 0{,}011 \cdot t + 7{,}661$ ($t \in \mathbb{R}$, $0 \leq t \leq 168$)
beschreiben lässt (siehe Abbildung 1).

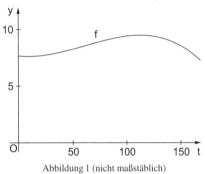

Abbildung 1 (nicht maßstäblich)

1.1 Der normale Pegelstand dieses Flusses beträgt 2,50 m.
Zeigen Sie, dass entsprechend dieser Auswertung der höchste Pegelstand vom normalen Pegelstand um 6,98 m abwich.
Erreichbare BE-Anzahl: 2

1.2 Ab einem Pegelstand von 9,00 m darf der ufernahe Parkplatz nicht genutzt werden.
Ermitteln Sie, für wie viele Stunden dieser Parkplatz aus diesem Grund nicht genutzt werden durfte.
Erreichbare BE-Anzahl: 3

1.3 Bestimmen Sie, wann der Pegelstand im vorgegebenen Zeitraum am stärksten stieg.
Erreichbare BE-Anzahl: 2

1.4 Aus späteren Berechnungen ergab sich für die Darstellung der Abhängigkeit des Pegelstandes y (in Meter) von der Zeit t (in Stunden) die Funktion g mit der Gleichung $y = g(t) = 0{,}9 \cdot \cos(0{,}032 \cdot t - 3{,}2) + 8{,}5$ ($t \in \mathbb{R}, 0 \leq t \leq 168$).
Ermitteln Sie die Zeit, zu der die von den Funktionen f und g beschriebenen Pegelstände im Intervall $0 \leq t \leq 168$ am meisten voneinander abwichen.
Geben Sie die größte Abweichung an.
Erreichbare BE-Anzahl: 3

1.5 Auf einem nahezu geradlinig verlaufenden Abschnitt soll das Flussbett verbreitert und vertieft werden.

Die Profillinie des ursprünglichen Flussbettes kann im gesamten Abschnitt in einem kartesischen Koordinatensystem (1 Längeneinheit entspricht 1 Meter) näherungsweise durch den Graphen der Funktion h mit $y = h(x) = \frac{1}{90} \cdot x^2 - \frac{5}{2}$ ($x \in \mathbb{R}$, $-15 \leq x \leq 15$) beschrieben werden.

Durch Abbaggern soll das Flussbett die maximale Tiefe von 3 m und eine Breite von 35 m besitzen.

Die Profillinie des neuen Flussbettes kann ebenfalls näherungsweise im gesamten Abschnitt durch einen zur y-Achse symmetrischen Graphen einer ganzrationalen Funktion zweiten Grades beschrieben werden (siehe Abbildung 2).

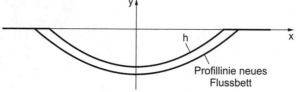

Abbildung 2 (nicht maßstäblich)

Ermitteln Sie eine Gleichung der Funktion, deren Graph die Profillinie des neuen Flussbettes beschreibt.

Bestimmen Sie, wie viele Kubikmeter Erdreich in einem 100 m langen Abschnitt des Flussbettes abgetragen werden müssen.

Erreichbare BE-Anzahl: 5

1.6 Von den auf dem ufernahen Parkplatz parkenden Fahrzeugen sind erfahrungsgemäß 70 % Pkw, 20 % Reisebusse und 10 % Lkw.

Ermitteln Sie die Wahrscheinlichkeit dafür, dass sich unter 80 parkenden Fahrzeugen höchstens ein Lkw befindet.

Berechnen Sie die Wahrscheinlichkeit dafür, dass sich unter 80 parkenden Fahrzeugen mehr Pkw befinden, als man erwarten kann.

Erreichbare BE-Anzahl: 4

1.7 Die zu einem Zeitpunkt auf dem Parkplatz abgestellten Fahrzeuge besitzen zu 70 % ein sächsisches Kennzeichen.
60 % der zu diesem Zeitpunkt auf dem Parkplatz abgestellten Fahrzeuge mit sächsischem Kennzeichen besitzen eine aufgeklebte grüne Umweltplakette,
80 % der abgestellten Fahrzeuge ohne sächsisches Kennzeichen haben ebenfalls eine aufgeklebte grüne Umweltplakette.

Ermitteln Sie den prozentualen Anteil der auf dem Parkplatz zu diesem Zeitpunkt abgestellten Fahrzeuge, die keine aufgeklebte grüne Umweltplakette besitzen.

Erreichbare BE-Anzahl: 2

Tipps und Hinweise

Teilaufgabe 1.1
- Bestimmen Sie den maximalen Funktionswert im vorgegebenen Intervall.
- Zum Nachweis der Abweichung subtrahieren Sie von diesem Wert den normalen Pegelstand von 2,50 m.

Teilaufgabe 1.2
- Bestimmen Sie die Zeiten, für welche $f(t) = 9{,}00$ gilt.
- Ermitteln Sie die Differenz beider Zeiten und beachten Sie, dass Sie das Ergebnis in Stunden angeben müssen.

Teilaufgabe 1.3
- Bestimmen Sie die Stelle, an der die Funktion f ihren maximalen Anstieg besitzt. Ermitteln Sie dazu die Stelle, an der die Ableitungsfunktion der Funktion f ihr lokales Maximum besitzt.
- Dieser t-Wert in Stunden ist die gesuchte Zeit.

Teilaufgabe 1.4
- Erstellen Sie die Gleichung einer Funktion, welche die Abweichung der Pegelstände beschreibt, z. B. $d(t) = |f(t) - g(t)|$.
- Bestimmen Sie die Koordinaten der Maximumpunkte und die Koordinaten der Randpunkte dieser Funktion im vorgegebenen Intervall.
- Wählen Sie den Punkt mit dem größten Funktionswert aus.
- Das Argument dieses Punktes ist die gesuchte Zeit in Stunden und der Funktionswert dieses Punktes ist die größte Abweichung in Meter.

Teilaufgabe 1.5
- Die Gleichung der gesuchten ganzrationalen Funktion zweiten Grades hat die Form $y = p(x) = ax^2 + c$, da der Graph der Funktion symmetrisch zur y-Achse ist.
- Ersetzen Sie c durch den Funktionswert des tiefsten Punktes und berechnen Sie a, indem Sie die Hälfte der Breite des Flussbettes als Nullstelle in die Gleichung einsetzen.
- Für das Volumen können Sie folgenden Ansatz nutzen:
$$V = \left| 2 \cdot \left[\int_0^{\frac{35}{2}} p(x)\,dx - \int_0^{15} h(x)\,dx \right] \right| \cdot 100$$
- Der berechnete Wert in m^3 entspricht dem abgetragenen Erdreich.

Teilaufgabe 1.6

- Wählen Sie für die erste Wahrscheinlichkeit eine geeignete Zufallsgröße X, z. B. „Anzahl der parkenden Lkw". Diese Zufallsgröße X ist binomialverteilt mit den Parametern $n=80$ und $p=0,1$.
- Berechnen Sie die Wahrscheinlichkeit für $X \leq 1$.
- Wählen Sie für die zweite Wahrscheinlichkeit eine geeignete Zufallsgröße Y, z. B. „Anzahl der parkenden Pkw". Diese Zufallsgröße Y ist binomialverteilt mit den Parametern $n=80$ und $p=0,7$.
- Berechnen Sie den Erwartungswert E mit $E(Y) = n \cdot p$.
- Berechnen Sie die Wahrscheinlichkeit für $Y > E$ bzw. $Y \geq E+1$.

Teilaufgabe 1.7

- Stellen Sie den Sachverhalt in einem Baumdiagramm dar.
- Wählen Sie die Pfade mit den Fahrzeugen, die keine aufgeklebte grüne Umweltplakette besitzen.
- Berechnen Sie die gesuchte Wahrscheinlichkeit unter Nutzung der Pfadregeln.

Lösungen

1.1 $y = f(t) = -0,000003438 \cdot t^3 + 0,0006286 \cdot t^2 - 0,011 \cdot t + 7,661$ ($t \in \mathbb{R}, 0 \leq t \leq 168$)

Der lokale und damit im betrachteten Intervall globale Maximumpunkt (vgl. Skizze) hat die Koordinaten $E_{Max}(112,40 \mid 9,48)$. Die y-Koordinate dieses Punktes beschreibt den höchsten Pegelstand im beobachteten Zeitraum.

Somit gilt: $9,48 \text{ m} - 2,50 \text{ m} = 6,98 \text{ m}$

Der höchste Pegelstand wich also um 6,98 m vom normalen Pegelstand ab.

- Die Koordinaten des Extrempunktes bestimmt man mit dem GTR.

1.2 $f(t) = 9,00$

- Man stellt den Graphen der Funktion f im GRAPH-Menü dar und liest die Argumente zum vorgegebenen Funktionswert ab.

$t_1 \approx 78,17$ und $t_2 \approx 140,21$

$t_2 - t_1 = 62,04 \approx 62$

Für ca. 62 Stunden konnte der Parkplatz nicht genutzt werden.

1.3 $f'(x) = -0{,}000010314 \cdot t^2 + 0{,}0012572 \cdot t - 0{,}011$

Man stellt den Graphen der Ableitungsfunktion f' im GRAPH-Menü dar und liest die Extremstelle des Maximumpunktes ab.

$x_E \approx 61$

Nach ca. 61 Stunden stieg der Pegelstand im gegebenen Zeitraum am stärksten.

Alternative: Man kann die Lösung auch direkt im GRAPH-Menü mittels TRACE bestimmen. Das Argument des Punktes mit der größten Steigung ist die gesuchte Lösung in Stunden.

1.4 $y = g(t) = 0{,}9 \cdot \cos(0{,}032 \cdot t - 3{,}2) + 8{,}5$ ($t \in \mathbb{R}, 0 \le t \le 168$)

d(t) ... Abweichung der Funktionswerte

$d(t) = |f(t) - g(t)|$ ($t \in \mathbb{R}, 0 \le t \le 168$)

$d(t) = |\ -0{,}000003438 \cdot t^3 + 0{,}0006286 \cdot t^2 - 0{,}011 \cdot t + 7{,}661$
$\quad - [0{,}9 \cdot \cos(0{,}032 \cdot t - 3{,}2) + 8{,}5]\ |$

Man stellt den Graphen der Funktion d im GRAPH-Menü dar und liest die Koordinaten der Maximumpunkte ab.

$E_{Max_1}(61{,}00\,|\,0{,}24)$ und $E_{Max_2}(131{,}84\,|\,0{,}29)$

Zudem lässt man sich die Koordinaten der Randpunkte des Intervalls anzeigen:

$P_1(0\,|\,0{,}06)$ und $P_2(168\,|\,0{,}74)$

Der Punkt P_2 besitzt den größten Funktionswert.
Die größte Abweichung trat somit nach 168 h auf und betrug ca. 0,74 m.

1.5 p(x) ... Funktion der Profillinie des neuen Flussbettes

$p(x) = ax^2 + bx + c$

Mit b = 0, da der Graph der Funktion symmetrisch zur y-Achse ist, und c = −3, da die maximale Tiefe 3 m beträgt,
folgt $p(x) = ax^2 - 3$.

$p\left(\dfrac{35}{2}\right) = a \cdot \left(\dfrac{35}{2}\right)^2 - 3 = 0$ (Da bei einer Breite von 35 m die Nullstellen $x_{N_{1;2}} = \pm\dfrac{35}{2}$ sind.)

$a = \dfrac{12}{1\,225}$

$\Rightarrow\ p(x) = \dfrac{12}{1\,225} x^2 - 3$

V ... Volumen des abzutragenden Erdreiches

$$V = \left[2 \cdot \left[\int_0^{\frac{35}{2}} p(x)\,dx - \int_0^{15} h(x)\,dx \right] \right] \cdot 100\,m$$

A ... Flächeninhalt der Querschnittsfläche in m²

$V = 20\,m^2 \cdot 100\,m$

$\underline{\underline{V = 2\,000\,m^3}}$

Es müssen $\underline{2\,000\,m^3}$ Erdreich abgetragen werden.

1.6
X ... Anzahl der parkenden Lkw
(X ist binomialverteilt mit n = 80, p = 0,1)

$P(X \leq 1) = \underline{\underline{0{,}0022}}$

Y ... Anzahl der parkenden Pkw
(Y ist binomialverteilt mit n = 80, p = 0,7)

$E(Y) = n \cdot p$
$E(Y) = 80 \cdot 0{,}7$
$\underline{E(Y) = 56}$

$P(Y > 56) = P(Y \geq 57) = \underline{\underline{0{,}4579}}$

Die Lösungen bestimmt man jeweils mit einem geeigneten GTR-Programm.

1.7
sK ... sächsisches Kennzeichen
gU ... aufgeklebte grüne Umweltplakette

$P(\overline{gU}) = 0{,}7 \cdot 0{,}4 + 0{,}3 \cdot 0{,}2$

$\underline{P(\overline{gU}) = 0{,}34}$

34 % der zu diesem Zeitpunkt auf dem Parkplatz abgestellten Fahrzeuge besitzen keine aufgeklebte grüne Umweltplakette.

Baumdiagramm:

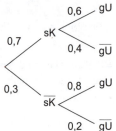

Grundkurs Mathematik (Sachsen): Abiturprüfung 2012
Teil B – Aufgabe 2

Die im Jahr 1904 errichtete und unter Denkmalschutz stehende Personenaufzugsanlage in Bad Schandau in der Sächsischen Schweiz gehört zu den wichtigsten touristischen Attraktionen der Stadt. Sie verbindet das Elbtal mit der Ostrauer Scheibe.

Der aus Stahlpfeilern erbaute symmetrische Turm für den Aufzug besteht aus einem Teil einer quadratischen geraden Pyramide mit aufgesetztem Dach. Die Grundfläche ABCD des Turmes hat eine Breite von 5,20 m und befindet sich im ebenen Gelände. In einer Höhe von 47,80 m über dem ebenen Gelände hat der Turm eine Breite von 2,50 m. In dieser Höhe befindet sich eine Aussichtsplattform, die durch einen 1,25 m breiten Weg rings um den Turm gebildet wird.

Von der äußeren Begrenzung der Aussichtsplattform führt eine zum ebenen Gelände parallel verlaufende Zugangsbrücke zum Felsplateau. Die Zugangsbrücke wird durch zwei Streben in den Punkten G und H am Felshang abgestützt. Die Streben sind am Rand der Zugangsbrücke in den Punkten L und M befestigt (siehe Abbildung).

Die Konstruktion kann in einem räumlichen kartesischen Koordinatensystem (1 Längeneinheit entspricht 1 Meter) dargestellt werden.

Der Koordinatenursprung O liegt im Mittelpunkt der Grundfläche ABCD des Turmes. Diese Fläche liegt in der x-y-Koordinatenebene. Der Punkt A hat die Koordinaten $A(2{,}60 \mid -2{,}60 \mid 0{,}00)$.

Der an einer inneren Ecke der Aussichtsplattform liegende Punkt E besitzt die Koordinaten $E(1{,}25 \mid -1{,}25 \mid 47{,}80)$.

Auf der Mittellinie der Zugangsbrücke mit einer Gesamtlänge von 35,00 m und einer Breite von 3,00 m liegt der Punkt F. Im Punkt F geht die Zugangsbrücke in das Felsplateau über.

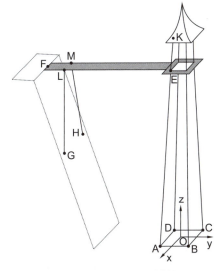

Abbildung (nicht maßstäblich)

2.1 Geben Sie die Koordinaten des Punktes D an.

Geben Sie eine Gleichung der Ebene an, in welcher die Grundfläche ABCD des Turmes liegt.

Geben Sie eine Gleichung der Geraden an, welche die Punkte A und E enthält.

Geben Sie die Länge des Teilstücks $\overline{AE}$ des Pfeilers an.

Im Punkt K liegt das Dach auf dem Pfeiler, der die Punkte A und E enthält, auf. Der Punkt K hat vom Punkt E einen Abstand von 2,50 m.

Ermitteln Sie die Koordinaten des Punktes K.

Erreichbare BE-Anzahl: 6

2.2 Begründen Sie, dass der Punkt F die Koordinaten F(0,00 | –37,50 | 47,80) besitzt.

Der Felshang, in dem die Punkte F, G(7,00 | –20,00 | 23,00) und H(–7,00 | –20,00 | 23,00) liegen, kann durch eine Ebene beschrieben werden. Geben Sie eine Gleichung dieser Ebene an. ✓

Ermitteln Sie den Neigungswinkel dieser Ebene gegenüber dem ebenen Gelände. ✓

Die Strebe $\overline{GL}$ verläuft parallel zur x-z-Koordinatenebene.

Bestimmen Sie die Länge der Strebe $\overline{GL}$. ✓

Erreichbare BE-Anzahl: 7

2.3 Im Jahr 1997 umhüllten die Bad Schandauer den unteren Teil des Turmes bis zur Unterkante der Plattform vollständig mit rotem Stoff. So ging der Turm als „Größte Kerze Deutschlands" ins Guinness-Buch der Rekorde ein.

Berechnen Sie, wie viel Quadratmeter Stoff insgesamt erforderlich waren, wenn man zum Befestigen 10 % Stoff zusätzlich benötigte.

Erreichbare BE-Anzahl: 4

2.4 Erfahrungsgemäß besitzen 40 % der Personen, die den Aufzug benutzen, eine Kurkarte.

Wie viele Personen mit Kurkarte kann man unter 200 Benutzern des Aufzuges erwarten?

Im Aufzug befinden sich genau 7 Personen.
Ermitteln Sie die Wahrscheinlichkeiten folgender Ereignisse:
Ereignis A: Genau 3 dieser Personen besitzen eine Kurkarte.
Ereignis B: Mindestens 4 dieser Personen besitzen eine Kurkarte.

Ermitteln Sie, wie viele Benutzer des Aufzuges man mindestens befragen muss, um mit einer Sicherheit von mindestens 95 % wenigstens eine Person mit Kurkarte anzutreffen.

Erreichbare BE-Anzahl: 7

Tipps und Hinweise

Teilaufgabe 2.1

- Beachten Sie, dass der Punkt D durch Spiegelung des Punktes A an der y-z-Ebene entsteht, sich somit nur das Vorzeichen der x-Koordinate des Punktes A ändert.
- Die Grundfläche ABCD befindet sich in ebenem Gelände. Alle Punkte dieser Ebene haben die z-Koordinate 0.
- Berechnen Sie die Länge der Strecke $\overline{AE}$ als Abstand zweier Punkte mit dem Lehrsatz des Pythagoras.
- Der Punkt K liegt auf der Geraden g_{AE}: $\vec{x} = \vec{OA} + r \cdot \vec{AE}$ ($r \in \mathbb{R}$) durch die Punkte A und E.
- Der zum Punkt K gehörende Parameterwert r_K in der Geradengleichung g_{AE} berechnet sich als Quotient $r_K = \dfrac{|\vec{AK}|}{|\vec{AE}|} = \dfrac{|\vec{AE}| + 2{,}50}{|\vec{AE}|} = \dfrac{\overline{AE} + 2{,}50}{\overline{AE}}$.

Teilaufgabe 2.2

- Nutzen Sie zur Begründung der Koordinaten des Punktes F folgende Aussagen:
  (1) Der Punkt F liegt auf der Mittellinie der Zugangsbrücke.
  (2) Die Zugangsbrücke ist 35,00 m lang und beginnt an der äußeren Begrenzung der Aussichtsplattform.
  (3) Die Zugangsbrücke verläuft in einer Höhe von 47,80 m parallel zum ebenen Gelände.
- Erstellen Sie die Gleichung der Ebene E_{FGH}.
- Bestimmen Sie den Schnittwinkel zwischen der Ebene E_{FGH} und der Ebene E_{ABCD}.
- Bestimmen Sie die Koordinaten des Punktes L. Beachten Sie dabei:
  (1) Der Punkt L hat den gleichen Abstand zur x-z-Ebene wie der Punkt G.
  (2) L liegt auf dem Rand der 47,80 m hohen und 3,00 m breiten Zugangsbrücke.
- Berechnen Sie die Länge der Strecke $\overline{GL}$ als Abstand zweier Punkte mit dem Lehrsatz des Pythagoras.

Teilaufgabe 2.3

- Beachten Sie, dass sich die Mantelfläche des Turmes bis zur Plattformunterkante aus 4 kongruenten Trapezflächen zusammensetzt.
- Berechnen Sie den Flächeninhalt einer Trapezfläche unter Nutzung der Turmbreiten am Boden und in Höhe der Aussichtsplattform und der Höhe h_S einer Seitenfläche.
- Berechnen Sie die Höhe h_S einer Seitenfläche mithilfe eines rechtwinkligen Stützdreiecks. Dessen Katheten sind die Höhe des Turmes bis zur Aussichtsplattform und die Differenz zwischen halber Turmbreite am Boden und halber Turmbreite in Höhe der Aussichtsplattform.
- Vergessen Sie die 10 % mehr Stoff für die Befestigung nicht. Multiplizieren Sie die berechnete Mantelfläche dazu mit dem Faktor 1,1.

Teilaufgabe 2.4

- Wählen Sie für die erste Wahrscheinlichkeit eine geeignete Zufallsgröße X, z. B. „Anzahl der Personen mit Kurkarte, die den Aufzug benutzen" Diese Zufallsgröße X ist binomialverteilt mit den Parametern n = 200 und p = 0,4.
- Berechnen Sie den Erwartungswert E mit $E(X) = n \cdot p$.
- Wählen Sie für die Wahrscheinlichkeiten der Ereignisse A und B eine geeignete Zufallsgröße Y, z. B. „Anzahl der Personen mit Kurkarte im Aufzug". Diese Zufallsgröße Y ist binomialverteilt mit den Parametern n = 7 und p = 0,4.
- Berechnen Sie die Wahrscheinlichkeit für Y = 3.
- Berechnen Sie die Wahrscheinlichkeit für Y ≥ 4.
- Nutzen Sie zur Berechnung der Mindestzahl der zu befragenden Benutzer des Aufzuges die Beziehung: P(mindestens ein Erfolg) = 1 − P(kein Erfolg) ≥ 0,95

Lösungen

2.1 Koordinaten des Punktes D:
$\underline{\underline{D(-2,60 \mid -2,60 \mid 0,00)}}$

Eine Gleichung der Grundflächenebene E_{ABCD}:
$\underline{\underline{E_{ABCD}: z = 0}}$

Eine Gleichung der Geraden g_{AE}:

$g_{AE}: \vec{x} = \overrightarrow{OA} + r \cdot \overrightarrow{AE}$

$\underline{\underline{g_{AE}: \vec{x} = \begin{pmatrix} 2,60 \\ -2,60 \\ 0,00 \end{pmatrix} + r \begin{pmatrix} -1,35 \\ 1,35 \\ 47,80 \end{pmatrix} \quad (r \in \mathbb{R})}}$

Länge der Strecke $\overline{AE}$:

$|\overrightarrow{AE}| = \left| \begin{pmatrix} -1,35 \\ 1,35 \\ 47,80 \end{pmatrix} \right| = \sqrt{(-1,35)^2 + 1,35^2 + 47,80^2} \approx \underline{\underline{47,84}}$

Die Länge des Teilstücks $\overline{AE}$ des Pfeilers beträgt ca. 47,84 m.

Koordinaten des Punktes K:

Aus g_{AE} mit $r_K = \dfrac{\overline{AK}}{\overline{AE}} = \dfrac{47,84 + 2,50}{47,84} \approx 1,05$

folgt $\overrightarrow{OK} = \overrightarrow{OA} + r_K \cdot \overrightarrow{AE}$.

$\Rightarrow \underline{\underline{K(1,18 \mid -1,18 \mid 50,19)}}$

Skizze:

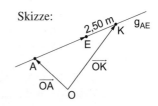

2.2 Der Mittelpunkt N der Aussichtsplattform hat die Koordinaten
N(0,00 | 0,00 | 47,80).
Die x-Koordinaten der Punkte N und F stimmen überein, da F auf der Mittellinie der Zugangsbrücke liegt. Außerdem liegt der Punkt F in der y-z-Ebene.
Die y-Koordinate des Punktes F hat den Wert $y_F = -37,50$, da die Zugangsbrücke 35,00 m lang ist und der Abstand zwischen dem Punkt N und der äußeren Begrenzung der Aussichtsplattform 2,50 m (1,25 m halbe Turmbreite + 1,25 m Wegbreite) beträgt. Außerdem befindet sich der Punkt in negativer y-Richtung.
Die z-Koordinate des Punktes F ergibt sich aus der Höhe der Aussichtsplattform von 47,80 m und der Lage der Zugangsbrücke parallel zum ebenen Gelände.

Eine Gleichung der Ebene E_{FGH}:

$$E_{FGH}: \vec{x} = \begin{pmatrix} 0,00 \\ -37,50 \\ 47,80 \end{pmatrix} + s \begin{pmatrix} 7,00 \\ 17,50 \\ -24,80 \end{pmatrix} + t \begin{pmatrix} -7,00 \\ 17,50 \\ -24,80 \end{pmatrix} \quad (s, t \in \mathbb{R})$$

oder $E_{FGH}: -248y - 175z = 935$

α ... Neigungswinkel der Ebene E_{FGH} gegenüber dem ebenen Gelände E_{ABCD}

$$\cos\alpha = \frac{|\vec{n}_1 \circ \vec{n}_2|}{|\vec{n}_1| \cdot |\vec{n}_2|} \quad \text{mit} \quad \vec{n}_1 = \vec{n}_{E_{FGH}} = \begin{pmatrix} 0 \\ -248 \\ -175 \end{pmatrix}, \quad |\vec{n}_1| = \sqrt{92\,129}$$

$$\text{und} \quad \vec{n}_2 = \vec{n}_{E_{ABCD}} = \begin{pmatrix} 0 \\ 0 \\ 1 \end{pmatrix}, \quad |\vec{n}_2| = 1$$

$$\cos\alpha = \frac{175}{1 \cdot \sqrt{92\,129}}$$

$\alpha \approx 54,8°$

Die Ebene E_{FGH} ist gegenüber dem Gelände um ca. 54,8° geneigt.

Der Neigungswinkel kann auch ohne ausführliche Rechnung mit einem geeigneten GTR-Programm bestimmt werden.

Länge der Strebe $\overline{GL}$:

$\overline{GL} \parallel$ x-z-Ebene $\Rightarrow y_L = y_G = -20,00$

L ist Randpunkt der 3,00 m breiten und 47,80 m hohen Zugangsbrücke:

$\Rightarrow x_L = x_F + 1,50 = 1,50$

$z_L = z_F = 47,80$

$\Rightarrow$ L(1,50 | -20,00 | 47,80)

$$\overline{GL} = |\overrightarrow{GL}| = \left| \begin{pmatrix} -5,50 \\ 0,00 \\ 24,80 \end{pmatrix} \right| = \sqrt{(-5,50)^2 + 24,80^2} \approx 25,40$$

Die Strebe $\overline{GL}$ hat eine Länge von ca. 25,40 m.

2.3 A_M ... Mantelfläche des Turmes bis zur Plattformunterkante
A_S ... Seitenfläche des Turmes bis zur Plattformunterkante

Skizze:

$A_S = \dfrac{1}{2}(5{,}20 + 2{,}50) \cdot h_S$

mit $h_S = \sqrt{(2{,}60 - 1{,}25)^2 + 47{,}80^2}$

$h_S \approx 47{,}82$

$A_S \approx \dfrac{1}{2} \cdot (5{,}20 + 2{,}50) \cdot 47{,}82$

$\underline{\underline{A_S \approx 184{,}11}}$

$A_M = 4 \cdot A_S$

$\underline{\underline{A_M \approx 736{,}44}}$

$A_{Stoff} = 1{,}1 \cdot A_M$

$\underline{\underline{A_{Stoff} \approx 810}}$

Es waren insgesamt ca. $\underline{\underline{810 \text{ m}^2}}$ Stoff erforderlich.

2.4 X ... Anzahl der Personen mit Kurkarte, die den Aufzug benutzen
(X ist binomialverteilt mit n = 200, p = 0,4)

$E(X) = n \cdot p$

$E(X) = 200 \cdot 0{,}4$

$\underline{\underline{E(X) = 80}}$

Unter 200 Benutzern des Aufzuges kann man $\underline{\underline{80 \text{ Personen}}}$ mit Kurkarte erwarten.

Y ... Anzahl der Personen mit Kurkarte im Aufzug
(Y ist binomialverteilt mit n = 7, p = 0,4)

$P(A) = P(Y = 3) = \underline{\underline{0{,}2903}}$

$P(B) = P(Y \geq 4) = \underline{\underline{0{,}2898}}$

Die Lösungen bestimmt man mit einem geeigneten GTR-Programm.

$P(X \geq 1) = 1 - P(X = 0) \geq 0{,}95$

$\qquad\qquad\qquad P(X = 0) \leq 0{,}05$

$\qquad\qquad \binom{n}{0} \cdot 0{,}4^0 \cdot 0{,}6^n \leq 0{,}05$

$\qquad\qquad\qquad\qquad n \geq \dfrac{\ln 0{,}05}{\ln 0{,}6}$

$\qquad\qquad\qquad\qquad \underline{n \geq 5{,}86}$

$\Rightarrow$ Man muss $\underline{\underline{\text{mindestens 6 Benutzer}}}$ des Aufzuges befragen.

Grundkurs Mathematik (Sachsen): Abiturprüfung 2013
Teil A (ohne Rechenhilfsmittel)

1   In den Aufgaben 1.1 bis 1.5 ist von den jeweils fünf Auswahlmöglichkeiten genau eine Antwort richtig. Kreuzen Sie das jeweilige Feld an.

1.1 Der größtmögliche Definitionsbereich D_f der Funktion f mit $f(x) = \sqrt{4 \cdot x - 4}$ ist

☐ $D_f = \{x \mid x \in \mathbb{R}, x < 1\}$

☐ $D_f = \{x \mid x \in \mathbb{R}, x \leq 1\}$

☐ $D_f = \{x \mid x \in \mathbb{R}, x \neq 1\}$

☒ $D_f = \{x \mid x \in \mathbb{R}, x \geq 1\}$

☐ $D_f = \{x \mid x \in \mathbb{R}, x > 1\}$

1.2 Die Tangente an den Graphen der Funktion f mit $f(x) = \ln x$ ($x \in D_f$) hat an der Stelle $x = 1$ den Anstieg

☐ -1 ☐ 0 ☐ $\dfrac{1}{e}$ ☒ 1 ☐ e

1.3 Eine Stammfunktion F der Funktion f mit $f(x) = 1 - x^3$ ($x \in \mathbb{R}$) kann beschrieben werden durch

☐ $F(x) = 1 - 3 \cdot x^2$ ($x \in \mathbb{R}$)

☒ $F(x) = x - \dfrac{1}{4} \cdot x^4$ ($x \in \mathbb{R}$)

☐ $F(x) = x - 4 \cdot x^4$ ($x \in \mathbb{R}$)

☐ $F(x) = -x + \dfrac{1}{4} \cdot x^4$ ($x \in \mathbb{R}$)

☐ $F(x) = -3 \cdot x^2$ ($x \in \mathbb{R}$)

1.4 Die Ebenen E_1 und E_2 mit E_1: $x - 2 \cdot y - z = 2$ und E_2: $x + y - z = 2$

☐ sind parallel, aber nicht identisch

☐ sind identisch

☐ schneiden sich unter einem spitzen Winkel

☒ schneiden sich orthogonal

☐ schneiden sich unter einem stumpfen Winkel

1.5 In einer Urne befinden sich genau 10 Kugeln (7 blaue und 3 rote). Es wird genau zweimal je eine Kugel mit Zurücklegen aus dieser Urne zufällig gezogen.

Betrachtet wird das Ereignis A: Mindestens eine rote Kugel wird gezogen.

Die Wahrscheinlichkeit für das Ereignis A beträgt

☐ $\frac{7}{100}$ ☐ $\frac{9}{100}$ ☐ $\frac{21}{100}$ ☐ $\frac{49}{100}$ ☒ $\frac{51}{100}$

Erreichbare BE-Anzahl: 5

2   Gegeben ist die Funktion f mit $f(x) = x^2 + x - 2$ ($x \in \mathbb{R}$).

Es werden die Tangenten in den beiden Schnittpunkten des Graphen der Funktion f mit der x-Achse betrachtet.

Untersuchen Sie, ob sich diese Tangenten orthogonal schneiden.

Erreichbare BE-Anzahl: 4

3   In einem kartesischen Koordinatensystem sind die Punkte A(1|2|5), B(2|7|8) und C(–3|2|4) gegeben.

3.1 Weisen Sie nach, dass die Punkte A, B und C Eckpunkte eines Dreiecks sind.

Erreichbare BE-Anzahl: 2

3.2 Für jeden Wert für a ($a \in \mathbb{R}$) besitzt der Punkt D_a die Koordinaten $D_a(a|2|3)$.

Bestimmen Sie den Wert für a, für welchen die Strecke $\overline{AD_a}$ die Länge 2 hat.

Erreichbare BE-Anzahl: 2

4   Zwei Würfel sollen jeweils genau einmal geworfen werden.

Beim ersten Würfel beträgt die Wahrscheinlichkeit für das Werfen einer „6" ein Sechstel.

Betrachtet wird das Ereignis B: Mit beiden Würfeln wird je eine „6" geworfen.

Untersuchen Sie, ob durch Manipulation des zweiten Würfels erreicht werden kann, dass die Wahrscheinlichkeit für das Ereignis B mindestens 20 % beträgt.

Erreichbare BE-Anzahl: 2

Tipps und Hinweise

Teilaufgabe 1.1
- Beachten Sie den Definitionsbereich einer Wurzelfunktion, hier $4 \cdot x - 4 \geq 0$.

Teilaufgabe 1.2
- Bestimmen Sie die erste Ableitung der Funktion f an der Stelle $x = 1$.

Teilaufgabe 1.3
- Wenden Sie die Potenz- und Differenzregel beim Integrieren an.

Teilaufgabe 1.4
- Untersuchen Sie die Lagebeziehung der Normalvektoren der Ebenen E_1 und E_2.
- Schlussfolgern Sie daraus auf die Lage der beiden Ebenen zueinander.

Teilaufgabe 1.5
- Stellen Sie den Sachverhalt in einem Baumdiagramm dar.
- Wählen Sie die Pfade aus, die für den Versuchsausgang günstig sind, und wenden Sie die Pfadregeln für mehrstufige Zufallsversuche an.

Teilaufgabe 2
- Berechnen Sie die Schnittstellen der Funktion f mit der x-Achse.
- Berechnen Sie jeweils die 1. Ableitung der Funktion f an diesen Stellen. Diese Werte entsprechen den jeweiligen Tangentenanstiegen.
- Untersuchen Sie den Zusammenhang zwischen den Tangentenanstiegen. Dabei gilt für die Anstiege zueinander senkrechter Tangenten t_1 und t_2:
$m_{t_1} \cdot m_{t_2} = -1$ bzw. $m_{t_1} = -\dfrac{1}{m_{t_2}}$

Teilaufgabe 3.1
- Weisen Sie nach, dass die drei Punkte A, B und C nicht auf einer Geraden liegen.

Teilaufgabe 3.2
- Nutzen Sie die Formel $|\overrightarrow{AD_a}| = \sqrt{(x_{D_a} - x_A)^2 + (y_{D_a} - y_A)^2 + (z_{D_a} - z_A)^2} = 2$ für die Bestimmung des Wertes a.

Teilaufgabe 4
- Für die Wahrscheinlichkeit des Ereignisses B müsste gelten: $P(B) = \dfrac{1}{6} \cdot x \geq \dfrac{1}{5}$
- Berechnen Sie x und interpretieren Sie das Ergebnis. Treffen Sie eine Entscheidung.

Lösungen

1 *Vorbemerkung:* Als Lösung ist nur das Kreuz im jeweils richtigen Feld verlangt; im Folgenden sind zusätzlich Rechnungen und Begründungen für die richtige Antwort angegeben.

1.1 Richtige Antwort: Kreuz in <u>Feld 4</u>

$4 \cdot x - 4 \geq 0$
$x \geq 1$

1.2 Richtige Antwort: Kreuz in <u>Feld 4</u>

Anstieg der Tangente $m_t = f'(1)$ mit $f'(x) = \dfrac{1}{x}$

folgt $m_t = \dfrac{1}{1} = 1$

1.3 Richtige Antwort: Kreuz in <u>Feld 2</u>

$f(x) = 1 - x^3 = 1 \cdot x^0 - x^3$

$F(x) = 1 \cdot \dfrac{x^1}{1} - \dfrac{x^4}{4} = x - \dfrac{1}{4} x^4$

1.4 Richtige Antwort: Kreuz in <u>Feld 4</u>

$\vec{n}_{E_1} = \begin{pmatrix} 1 \\ -2 \\ -1 \end{pmatrix}$ $\vec{n}_{E_2} = \begin{pmatrix} 1 \\ 1 \\ -1 \end{pmatrix}$

$\vec{n}_{E_1} \circ \vec{n}_{E_2} = \begin{pmatrix} 1 \\ -2 \\ -1 \end{pmatrix} \circ \begin{pmatrix} 1 \\ 1 \\ -1 \end{pmatrix} = 1 - 2 + 1 = 0 \;\Rightarrow\; \vec{n}_{E_1} \perp \vec{n}_{E_2}$
$\Rightarrow\; E_1 \perp E_2$

1.5 Richtige Antwort: Kreuz in <u>Feld 5</u>

r ... rote Kugel
b ... blaue Kugel

$P(A) = P(br) + P(rb) + P(rr) = 1 - P(bb)$

$P(A) = \dfrac{7}{10} \cdot \dfrac{3}{10} + \dfrac{3}{10} \cdot \dfrac{7}{10} + \dfrac{3}{10} \cdot \dfrac{3}{10} = 1 - \dfrac{7}{10} \cdot \dfrac{7}{10}$

$P(A) = \dfrac{51}{100}$

Baumdiagramm:

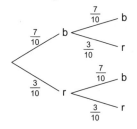

2 Die beiden Tangenten schneiden sich orthogonal, wenn für ihre Anstiege m_t gilt:

$$m_{t_1} = -\frac{1}{m_{t_2}} \text{ mit } m_{t_1} = f'(x_{N_1}) \text{ und } m_{t_2} = f'(x_{N_2})$$

$$f(x_N) = 0 = x_N^2 + x_N - 2$$

$$x_{N_{1;2}} = -\frac{1}{2} \pm \sqrt{\frac{1}{4} + \frac{8}{4}}$$

$$x_{N_{1;2}} = -\frac{1}{2} \pm \frac{3}{2}$$

$$x_{N_1} = -\frac{1}{2} + \frac{3}{2} = 1$$

$$x_{N_2} = -\frac{1}{2} - \frac{3}{2} = -2$$

$$f'(x) = 2x + 1$$

$$\left. \begin{array}{l} f'(x_{N_1}) = f'(1) = 2 \cdot 1 + 1 = 3 \\ f'(x_{N_2}) = f'(-2) = 2 \cdot (-2) + 1 = -3 \end{array} \right\} \Rightarrow m_{t_1} \neq -\frac{1}{m_{t_2}}$$

$$\text{denn } 3 \neq -\frac{1}{-3} = \frac{1}{3}$$

Damit ist gezeigt, dass sich die Tangenten an den Graphen der Funktion f in den beiden Schnittpunkten des Graphen mit der x-Achse nicht orthogonal schneiden.

3.1 Die Punkte A, B und C sind Eckpunkte eines Dreiecks, wenn sie nicht auf einer Geraden liegen.

$$g_{AB}: \vec{x} = \begin{pmatrix} 1 \\ 2 \\ 5 \end{pmatrix} + r \begin{pmatrix} 1 \\ 5 \\ 3 \end{pmatrix} \quad (r \in \mathbb{R})$$

Punktprobe: C in g_{AB}

$$\left. \begin{array}{l} -3 = 1 + r \quad \Rightarrow \quad r_1 = -4 \\ 2 = 2 + 5r \quad \Rightarrow \quad r_2 = 0 \\ 4 = 5 + 3r \end{array} \right\} \begin{array}{l} r_1 \neq r_2 \\ \\ \Rightarrow C \notin g_{AB} \end{array}$$

Damit ist gezeigt, dass die drei Punkte Eckpunkte eines Dreiecks sind.

3.2 $|\overrightarrow{AD_a}| = \sqrt{(x_{D_a} - x_A)^2 + (y_{D_a} - y_A)^2 + (z_{D_a} - z_A)^2}$

$\quad 2 = \sqrt{(a-1)^2 + (2-2)^2 + (3-5)^2}$

$\quad 2 = \sqrt{(a-1)^2 + 4} \qquad |^2$

$\quad 4 = (a-1)^2 + 4 \qquad |-4$

$\quad 0 = (a-1)^2$

$\quad 0 = a - 1$

$\quad \underline{\underline{a = 1}}$

Für $a = 1$ hat die Strecke $\overline{AD_a}$ die Länge 2.

4 $\quad P(B) = \dfrac{1}{6} \cdot x \geq \dfrac{1}{5}$

$\quad\quad\quad x \geq \dfrac{6}{5} > 1$

Der zweite Würfel <u>kann nicht so manipuliert werden</u>, dass die Wahrscheinlichkeit für das Ereignis B mindestens 20 % beträgt, da die Wahrscheinlichkeit für eine „6" mehr als 100 % betragen müsste, was unmöglich ist.

Grundkurs Mathematik (Sachsen): Abiturprüfung 2013
Teil B – Aufgabe 1

Für den Neubau einer Straße soll eine Brücke über ein Tal, das von einem Bach durchflossen wird, errichtet werden.
Die Profillinie des Tals unterhalb der geplanten Brücke kann in einem kartesischen Koordinatensystem (1 Längeneinheit entspricht 1 Meter) annähernd durch den Graphen der Funktion f mit der Gleichung

$$y = f(x) = \frac{1}{10\,000\,000} \cdot x^4 + \frac{7}{200\,000} \cdot x^3 + \frac{1}{400} \cdot x^2 + 20 \quad (x \in \mathbb{R};\ -300{,}0 \leq x \leq 100{,}0)$$

beschrieben werden (siehe Abbildung). Die x-Achse verläuft entlang der Horizontalen. Die Profillinie der Fahrbahn der Brücke soll die Punkte A(−300,0 | f(−300,0)) und B(100,0 | f(100,0)) geradlinig verbinden.

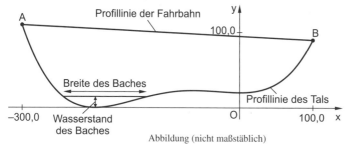

Abbildung (nicht maßstäblich)

1.1 Geben Sie die Koordinaten des tiefsten Punktes der Profillinie des Tals an.
Im Punkt P(0,0 | f(0,0)) befindet sich eine Vermessungsmarke.
Geben Sie an, um wie viele Meter die Vermessungsmarke über dem tiefsten Punkt der Profillinie des Tals liegt.
Erreichbare BE-Anzahl: 2

1.2 Ermitteln Sie die Länge der Profillinie der Fahrbahn der Brücke.
Erreichbare BE-Anzahl: 2

1.3 Für die Projektierung der Brücke muss bekannt sein, wie steil die Hänge im Bereich der Brücke verlaufen.
Bestimmen Sie den Neigungswinkel des Hanges zur Horizontalen im Punkt B.
Erreichbare BE-Anzahl: 2

1.4 Die Profillinie der Fahrbahn liegt auf der Geraden g.
Ermitteln Sie eine Gleichung der Geraden g.
Bestimmen Sie die Koordinaten des Punktes Q auf der Geraden g, der die größte Höhe über der Profillinie des Tals besitzt.
Geben Sie diese größte Höhe an.
Erreichbare BE-Anzahl: 5

1.5 Für die Projektierung sind sowohl die Breite des Baches als auch der Inhalt der vom Wasser durchflossenen Querschnittsfläche des Baches zu berücksichtigen.

Nach langjährigen Beobachtungen kann der Wasserstand des Baches (gemessen von der tiefsten Stelle des Baches) bei Schneeschmelze 2,0 m erreichen.

Ermitteln Sie für diesen Fall die Breite des Baches.

Berechnen Sie für diesen Fall den Inhalt der vom Wasser durchflossenen Querschnittsfläche des Baches.

Erreichbare BE-Anzahl: 4

1.6 Für Inspektion und Wartung soll im Tal ein Asphaltweg konstanter Breite angelegt werden. Die Länge des Asphaltweges verläuft entlang der Profillinie des Tals von der Stelle $x_1 = -120,0$ bis zur Stelle $x_2 = 50,0$.

Es stehen finanzielle Mittel für 1 000 m² Asphaltfläche zur Verfügung.

Bestimmen Sie die größtmögliche Breite des Asphaltweges.

Hinweis: Für die Länge s des Graphen einer Funktion f über dem Intervall $a \leq x \leq b$ gilt:

$$s = \int_a^b \sqrt{1 + (f'(x))^2} \, dx$$

Erreichbare BE-Anzahl: 3

1.7 Die Planer der Brücke vertreten die Auffassung, dass 2,5 % der im Umfeld der geplanten Brücke lebenden Tiere geschützt sind.

Tierschützer vermuten hingegen, dass dieser Anteil bei 10,0 % liegt.

Diese Auffassungen sollen getestet werden.

Dazu soll von genau 80 in der Umgebung der geplanten Brücke gesichteten Tieren die Anzahl der geschützten Tiere ermittelt werden.

Die Annahme der Planer der Brücke wird als Nullhypothese und die Annahme der Tierschützer als Alternativhypothese betrachtet.

Zunächst wird von einem Ablehnungsbereich $\overline{A}$ der Nullhypothese von $\overline{A} = \{4; \ldots; 80\}$ ausgegangen.

Zeigen Sie, dass für diesen Ablehnungsbereich die Wahrscheinlichkeit für den Fehler 1. Art mehr als 5 % beträgt.

Ermitteln Sie für diesen Ablehnungsbereich die Wahrscheinlichkeit für den Fehler 2. Art.

Geben Sie den Ablehnungsbereich der Nullhypothese für den Fall an, dass die Wahrscheinlichkeit für den Fehler 1. Art höchstens 1 % beträgt.

Erreichbare BE-Anzahl: 5

Tipps und Hinweise

Teilaufgabe 1.1
- Bestimmen Sie mit dem GTR die Koordinaten des Minimumpunktes der Funktion f.
- Der Funktionswert des Punktes P gibt die Höhe der Vermessungsmarke über dem tiefsten Punkt in Meter an.

Teilaufgabe 1.2
- Nutzen Sie die Formel $|\overrightarrow{AB}| = \sqrt{(x_B - x_A)^2 + (y_B - y_A)^2}$ mit $y_B = f(100,0)$ und $y_A = f(-300,0)$ für die Bestimmung der Länge der Profillinie der Fahrbahn. Geben Sie die Länge in Meter an.

Teilaufgabe 1.3
- Nutzen Sie zur Bestimmung des gesuchten Neigungswinkels α den Zusammenhang $\tan\alpha = f'(x_B)$, wobei x_B die x-Koordinate des Punktes B ist.
- Leiten Sie zuvor z. B. die Funktion f mittels Potenz-, Faktor- und Summenregel ab.

Teilaufgabe 1.4
- Ermitteln Sie den Anstieg der Geraden g mit dem Differenzenquotienten $m = \frac{\Delta y}{\Delta x} = \frac{y_B - y_A}{x_B - x_A}$, wobei $y_B = f(100,0)$ und $y_A = f(-300,0)$ gilt.
- Setzen Sie den Anstieg und die Koordinaten z. B. des Punktes A in die allgemeine Geradengleichung $y = m \cdot x + n$ ein und bestimmen Sie das Absolutglied n.
- Geben Sie die Gleichung der Geraden g an.
- Erstellen Sie die Gleichung einer Funktion, welche den Abstand der beiden Profillinien beschreibt, z. B. $d(x) = |g(x) - f(x)|$.
- Bestimmen Sie die Koordinaten des Maximumpunktes der Funktion d.
- Der Funktionswert dieses Maximumpunktes ist die gesuchte maximale Höhe in Meter.
- Das Argument des Maximumpunktes entspricht der x-Koordinate des Punktes Q. Die zugehörige y-Koordinate bestimmen Sie, indem Sie diesen x-Wert in die Gleichung der Geraden g einsetzen.

Teilaufgabe 1.5
- Für die Breite des Baches bestimmen Sie den Abstand zwischen den Punkten des Graphen der Funktion f, die den Funktionswert 2 haben. Geben Sie den Abstand in Meter an.
- Für den Inhalt der Querschnittsfläche können Sie folgenden Ansatz nutzen:
$$A = \int_{x_{S_1}}^{x_{S_2}} (2 - f(x))\, dx \quad \text{mit } f(x_S) = 2$$
- Der berechnete Wert in m² entspricht dem Inhalt der vom Wasser durchflossenen Querschnittsfläche.

Teilaufgabe 1.6

- Berechnen Sie die Länge des Asphaltweges mit der vorgegebenen Formel für die Bogenlänge.
- Die maximale Wegbreite erhalten Sie, wenn Sie die vorgegebene Asphaltfläche durch die Weglänge dividieren.
- Geben Sie das Ergebnis in Meter an.

Teilaufgabe 1.7

- Legen Sie die Prüfgröße X fest, z. B. „Anzahl der geschützten Tiere unter 80 gesichteten Tieren".
- Notieren Sie die Hypothesen.
- Beachten Sie die Festlegung für den Fehler 1. Art: „Die Nullhypothese wird verworfen, obwohl sie tatsächlich wahr ist".
- Berechnen Sie die Wahrscheinlichkeit für den Fehler 1. Art mittels Binomialverteilung und dem vorgegebenen Ablehnungsbereich:
  P(Fehler 1. Art) = $P(X \geq 4)$ mit n = 80, p = 0,025
- Vergleichen Sie Ihr Ergebnis mit dem vorgegebenen Wert.
- Beachten Sie die Festlegung für den Fehler 2. Art: „Die Nullhypothese wird angenommen, obwohl sie tatsächlich falsch ist".
- Berechnen Sie die Wahrscheinlichkeit für den Fehler 2. Art mittels Binomialverteilung und dem vorgegebenen Ablehnungsbereich:
  P(Fehler 2. Art) = $P(X \leq 3)$ mit n = 80, p = 0,1
- Wählen Sie für die Bestimmung des Ablehnungsbereiches der Nullhypothese den Ansatz $P(X \geq k) \leq 0,01$ mit n = 80 und p = 0,025.
- Bestimmen Sie k z. B. durch systematisches Probieren mit einem geeigneten GTR-Programm.

Lösungen

1.1 $y = f(x) = \dfrac{1}{10\,000\,000} \cdot x^4 + \dfrac{7}{200\,000} \cdot x^3 + \dfrac{1}{400} \cdot x^2 + 20; \quad -300{,}0 \le x \le 100{,}0$

Man stellt den Graphen der Funktion f im GRAPH-Menü dar und lässt sich die Koordinaten des Minimumpunktes anzeigen.

Tiefster Punkt der Profillinie: $\underline{\underline{T(-200{,}0 \mid 0{,}0)}}$

$h = y_P - y_T = f(0{,}0) - 0{,}0 = \underline{\underline{20{,}0}}$

Die Vermessungsmarke befindet sich $\underline{\underline{20{,}0}}$ m über dem tiefsten Punkt der Profillinie des Tals.

1.2 $f(-300{,}0) = 110{,}0 \Rightarrow A(-300{,}0 \mid 110{,}0)$
$f(100{,}0) = 90{,}0 \Rightarrow B(100{,}0 \mid 90{,}0)$

$\overline{AB} = |\overrightarrow{AB}| = \left| \begin{pmatrix} 400{,}0 \\ -20{,}0 \end{pmatrix} \right| = \sqrt{400{,}0^2 + (-20{,}0)^2} = \sqrt{160\,400} \approx 400{,}5$

Die Länge der Profillinie der Fahrbahn beträgt $\underline{\underline{400{,}5}}$ m.

Die Lösung kann auch mit einem geeigneten GTR-Programm bestimmt werden. Der ausführliche Lösungsweg ist nicht erforderlich.

1.3 Für den Neigungswinkel α des Hanges im Punkt $B(x_B \mid y_B)$ gilt:

$\tan\alpha = f'(x_B)$ mit $f'(x) = \dfrac{1}{2\,500\,000} \cdot x^3 + \dfrac{21}{200\,000} \cdot x^2 + \dfrac{1}{200} \cdot x$

$\tan\alpha = f'(100{,}0) = 1{,}95$

$\underline{\underline{\alpha \approx 63°}}$

Der Neigungswinkel beträgt $\underline{\underline{\text{ca. } 63°}}$.

Die Lösung kann auch mit einem geeigneten GTR-Programm bestimmt werden. Der ausführliche Lösungsweg ist nicht erforderlich.

1.4 $g: y = mx + n$ mit $m = \dfrac{\Delta y}{\Delta x} = \dfrac{y_B - y_A}{x_B - x_A}$

$m = \dfrac{90{,}0 - 110{,}0}{100{,}0 + 300{,}0} = -0{,}05$

und $A(-300{,}0 \mid 110{,}0)$

folgt $110{,}0 = -0{,}05 \cdot (-300{,}0) + n$
$n = 95$

$\underline{\underline{g: y = -0{,}05x + 95}}$

d ... Abstand der Profillinie der Fahrbahn von der Profillinie des Tals
$d(x) = |g(x) - f(x)|$

$d(x) = \left| -\dfrac{1}{10\,000\,000} \cdot x^4 - \dfrac{7}{200\,000} \cdot x^3 - \dfrac{1}{400} \cdot x^2 - 0{,}05x + 75 \right|$

Man stellt den Graphen der Funktion d im GRAPH-Menü dar und lässt sich die Koordinaten des Maximumpunktes anzeigen.

$E_{Max}(-204{,}3 \mid 105{,}1)$

Der Funktionswert des Maximumpunktes gibt die größte Höhe an. Sie beträgt 105,1 m.

Für die Koordinaten des Punktes Q gilt:

$\left. \begin{array}{l} x_Q = -204{,}3 \\ y_Q = g(x_Q) = 105{,}2 \end{array} \right\} \quad Q(-204{,}3 \mid 105{,}2)$

1.5 b ... Breite des Flusses bei einem Wasserstand von 2,0 m

$f(x_S) = 2{,}0$

$\left. \begin{array}{l} x_{S_1} = -217{,}8 \\ x_{S_2} = -179{,}2 \end{array} \right\} \quad b = x_{S_2} - x_{S_1} = \underline{\underline{38{,}6}}$

Die Breite des Baches beträgt 38,6 m.

Die Lösung kann mit einem geeigneten GTR-Programm bestimmt werden.

A ... Inhalt der Querschnittsfläche des Baches bei einem Wasserstand von 2,0 m

$A = \displaystyle\int_{x_{S_1}}^{x_{S_2}} (2 - f(x))\, dx$

$A \approx \underline{\underline{51{,}2}}$

Der Inhalt der vom Wasser durchflossenen Querschnittsfläche des Baches beträgt $\underline{\underline{51{,}2\ m^2}}$.

Die Lösung kann mit einem geeigneten GTR-Programm bestimmt werden.

1.6 b' ... Breite des Asphaltweges
A' ... Asphaltfläche

$$A' = 1\,000 = b' \cdot \int_{-120,0}^{50,0} \sqrt{1 + (f'(x))^2}\, dx$$

$$1\,000 = b' \cdot 172,4$$

$$b' = \frac{1\,000}{172,4} = \underline{5,8}$$

Der Asphaltweg ist 172,4 m lang und seine größtmögliche Breite beträgt 5,8 m.

Das Integral berechnet man mit einem geeigneten GTR-Programm unter Nutzung der Ableitungsfunktion aus Teilaufgabe 1.3.

1.7 Prüfgröße X ... Anzahl der geschützten Tiere unter n = 80 gesichteten Tieren
p ... Anteil der im Umfeld der geplanten Brücke lebenden geschützten Tiere
Nullhypothese H_0: $p_0 = 0,025$
Alternativhypothese H_1: $p_1 = 0,1$

Fehler 1. Art: $\alpha = P_{H_0}$(Entscheidung für H_1)
$\alpha = P(X \geq 4)$ X ist binomialverteilt mit n = 80, p = 0,025
$\underline{\alpha = 0,1406 > 0,05}$

Fehler 2. Art: $\beta = P_{H_1}$(Entscheidung für H_0)
$\beta = P(X \leq 3)$ X ist binomialverteilt mit n = 80, p = 0,1
$\underline{\beta = 0,0353}$

Für $\alpha = P(X \geq k) \leq 0,01$ (X ist binomialverteilt mit n = 80, p = 0,025) ergibt sich z. B. durch systematisches Probieren mit einem geeigneten GTR-Programm der Ablehnungsbereich der Nullhypothese: $\underline{\{7; ...; 80\}}$
Begründung:
$k = 5$: $\alpha = 0,0504 > 0,01$
$k = 6$: $\alpha = 0,0152 > 0,01$
$\underline{k = 7}$: $\alpha = 0,0039 < 0,01$

Grundkurs Mathematik (Sachsen): Abiturprüfung 2013
Teil B – Aufgabe 2

Das Architektenbüro „Kreativ" entwirft Häuser nach dem Vorbild des niederländischen Architekten Piet Blom.

Ein derartiges Haus besteht aus einem auf einer Ecke stehenden würfelförmigen Baukörper, der in einen Sockel eingelassen ist.

In der Abbildung 1 ist der Würfel ohne Sockel in einem kartesischen Koordinatensystem (1 Längeneinheit entspricht 1 Meter) dargestellt.

Das ebene horizontale Gelände um das Haus befindet sich in der x-y-Koordinatenebene.

Der Punkt A befindet sich im Koordinatenursprung und die Raumdiagonale $\overline{AG}$ des Würfels liegt auf der z-Koordinatenachse.

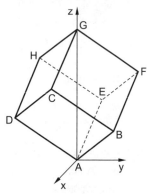

Abbildung 1 (nicht maßstäblich)

Gegeben sind die Punkte B, D und F mit den Koordinaten B(2,86 | 4,95 | 4,04), D(2,86 | –4,95 | 4,04) und F(–2,86 | 4,95 | 8,08).

2.1 Ermitteln Sie die Kantenlänge des Würfels.

Weisen Sie nach, dass der Punkt C die Koordinaten C(5,72 | 0,00 | 8,08) besitzt.

Erreichbare BE-Anzahl: 4

2.2 Ermitteln Sie den Abstand des höchsten Punktes des würfelförmigen Baukörpers vom ebenen horizontalen Gelände.

Erreichbare BE-Anzahl: 2

2.3 Die Seitenfläche BFGC des würfelförmigen Baukörpers soll mit Solarkollektoren ausgestattet werden.

Für einen hohen Wirkungsgrad muss die Neigung der Solarkollektoren bezüglich des ebenen horizontalen Geländes zwischen 30° und 50° betragen.

Untersuchen Sie, ob parallel zur Seitenfläche BFGC angebrachte Solarkollektoren einen hohen Wirkungsgrad ermöglichen.

Erreichbare BE-Anzahl: 3

2.4 Das Haus enthält drei Wohnebenen. Diese Wohnebenen verlaufen jeweils parallel zur x-y-Koordinatenebene.

Die Ebene W, in welcher die unterste Wohnebene liegt, schneidet die Kanten des würfelförmigen Baukörpers in den Punkten I(1,71 | 2,97 | 2,42), J(−3,43 | 0,00 | 2,42) und K (siehe Abbildung 2).

Geben Sie eine Gleichung der Ebene W an.

Weisen Sie nach, dass der Punkt K die Koordinaten K(1,71 | −2,97 | 2,42) hat.

Ermitteln Sie den Anteil des Volumens des Körpers AIJK am Gesamtvolumen des würfelförmigen Baukörpers.

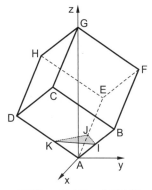

Abbildung 2 (nicht maßstäblich)

Erreichbare BE-Anzahl: 6

Das Interesse an einem derartigen Haus ist sehr groß. Da das Einrichten derartiger Häuser recht schwierig ist, entscheiden sich erfahrungsgemäß nur 5 % der Interessenten für den Kauf eines derartigen Hauses.

2.5 Es gibt 80 Interessenten für ein derartiges Haus.

Geben Sie an, wie viele Käufer eines derartigen Hauses darunter zu erwarten sind.

Ermitteln Sie die Wahrscheinlichkeiten der Ereignisse A und B:
Ereignis A: Mindestens drei dieser Interessenten kaufen ein derartiges Haus.
Ereignis B: Der zehnte dieser Interessenten ist der erste Käufer.

Erreichbare BE-Anzahl: 5

2.6 Berechnen Sie, wie viele Interessenten es mindestens für ein derartiges Haus geben muss, damit sich mit einer Wahrscheinlichkeit von mehr als 90 % mindestens ein Interessent zum Kauf entschließt.

Erreichbare BE-Anzahl: 2

Tipps und Hinweise

Teilaufgabe 2.1

- Nutzen Sie für die Bestimmung der Kantenlänge die Formel
$$|\overrightarrow{AB}| = \sqrt{(x_B - x_A)^2 + (y_B - y_A)^2 + (z_B - z_A)^2}.$$
Geben Sie die Kantenlänge in Meter an.

- Für den Nachweis der Koordinaten des Punktes C eignet sich folgender Ansatz:
$$\overrightarrow{AD} = \overrightarrow{BC} = \begin{pmatrix} x_C - x_B \\ y_C - y_B \\ z_C - z_B \end{pmatrix}$$

Teilaufgabe 2.2

- Beachten Sie, dass die z-Koordinate des Punktes G in Meter den gesuchten Abstand angibt.
- Bestimmen Sie die gesuchte Koordinate des Punktes G z. B. mit dem Ansatz $\overrightarrow{AD} = \overrightarrow{FG}$, wobei gilt $G(0\,|\,0\,|\,z_G)$.

Teilaufgabe 2.3

- Stellen Sie eine Ebenengleichung für die Seitenfläche BFGC auf.
- Bestimmen Sie den Winkel zwischen dieser Ebene und der Ebene $z = 0$.
- Interpretieren Sie das Ergebnis.

Teilaufgabe 2.4

- Beachten Sie, dass die Ebene W parallel zur x-y-Koordinatenebene verläuft. Somit hat sie z. B. die Form $z = z_I = z_J$.
- Zum Nachweis der Koordinaten des Punktes K ist zu zeigen, dass der Punkt K
  (1) in der Ebene W und
  (2) auf der Kante $\overrightarrow{AD}$ liegt.
- Nutzen Sie für die Berechnung des Volumens des Körpers AIJK die Volumenformel für eine Pyramide. Wählen Sie das Dreieck KIJ als Grundfläche und die z-Koordinate eines Grundflächenpunktes als Höhe.
- Für die Berechnung des Würfelvolumens verwenden Sie die in Teilaufgabe 2.1 berechnete Kantenlänge.
- Berechnen Sie den gesuchten Anteil als Quotient $\dfrac{V_{Pyramide}}{V_{Würfel}}$.

Teilaufgabe 2.5

- Wählen Sie eine geeignete Zufallsgröße X, z. B. „Anzahl der Käufer". Diese Zufallsgröße X ist binomialverteilt mit den Parametern $n = 80$ und $p = 0{,}05$.
- Berechnen Sie den Erwartungswert E mit $E(X) = n \cdot p$.

- Berechnen Sie für das Ereignis A die Wahrscheinlichkeit für $X \geq 3$.
- Berechnen Sie die Wahrscheinlichkeit des Ereignisses B mittels Produktregel, indem Sie den Ansatz $P(B) = (1-p)^9 \cdot p^1$ nutzen.

Teilaufgabe 2.6
- Nutzen Sie die Zufallsgröße X aus Teilaufgabe 2.5.
- Nutzen Sie zur Berechnung der Mindestzahl der Interessenten die Beziehung:
P(mindestens ein Erfolg) = 1 − P(kein Erfolg) > 0,9

Lösungen

2.1 Kantenlänge des Würfels:

$$\overrightarrow{AB} = |\overrightarrow{AB}| = \left| \begin{pmatrix} 2,86 \\ 4,95 \\ 4,04 \end{pmatrix} \right| - \sqrt{2,86^2 + 4,95^2 + 4,04^2} = \underline{7,00}$$

Die Kantenlänge des Würfels beträgt 7,00 m.

Nachweis der Koordinaten des Punktes C:
Für die Kanten des Würfels gilt:
$$\overrightarrow{AD} = \overrightarrow{BC}$$

$$\begin{pmatrix} 2,86 \\ -4,95 \\ 4,04 \end{pmatrix} = \begin{pmatrix} x_C - 2,86 \\ y_C - 4,95 \\ z_C - 4,04 \end{pmatrix} \Rightarrow \begin{matrix} x_C = 5,72 \\ y_C = 0,00 \\ z_C = 8,08 \end{matrix} \Bigg\} C(5,72 \mid 0,00 \mid 8,08)$$

Damit ist die Aussage bestätigt.

2.2 Der höchste Punkt des Baukörpers ist der Punkt G, der auf der z-Achse liegt.

$$\overrightarrow{AD} = \overrightarrow{FG} \quad \text{mit} \quad G(0 \mid 0 \mid z_G)$$

$$\begin{pmatrix} 2,86 \\ -4,95 \\ 4,04 \end{pmatrix} = \begin{pmatrix} 0 + 2,86 \\ 0 - 4,95 \\ z_G - 8,08 \end{pmatrix} \Rightarrow z_G = \underline{12,12}$$

Die z-Koordinate von G bestimmt den Abstand des höchsten Punktes des würfelförmigen Baukörpers vom ebenen horizontalen Gelände (der x-y-Koordinatenebene). Der Abstand beträgt 12,12 m.

2.3 E_{BFGC}: $\vec{x} = \begin{pmatrix} 2,86 \\ 4,95 \\ 4,04 \end{pmatrix} + r \begin{pmatrix} 2,86 \\ -4,95 \\ 4,04 \end{pmatrix} + s \begin{pmatrix} -5,72 \\ 0,00 \\ 4,04 \end{pmatrix}$ (r, s ∈ ℝ)

α ... Neigungswinkel der Solarkollektoren bezüglich des ebenen Geländes

$\cos\alpha = \dfrac{|\vec{n}_1 \circ \vec{n}_2|}{|\vec{n}_1| \cdot |\vec{n}_2|}$ mit $\vec{n}_1 = \begin{pmatrix} 2,86 \\ -4,95 \\ 4,04 \end{pmatrix} \times \begin{pmatrix} -5,72 \\ 0,00 \\ 4,04 \end{pmatrix} = \begin{pmatrix} -20,00 \\ -34,66 \\ -28,31 \end{pmatrix}$, $|\vec{n}_1| \approx 49,02$

und $\vec{n}_2 = \begin{pmatrix} 0 \\ 0 \\ 1 \end{pmatrix}$, $|\vec{n}_2| = 1$

$\cos\alpha = \dfrac{|-28,31|}{49,02 \cdot 1}$

$\underline{\underline{\alpha \approx 54,7°}}$

Parallel zur Seitenfläche BFGC angebrachte Solarkollektoren ermöglichen keinen hohen Wirkungsgrad, da der Neigungswinkel bezüglich des horizontalen Geländes größer als 50° ist.

Der Neigungswinkel kann mit einem geeigneten GTR-Programm bestimmt werden. Der ausführliche Lösungsweg ist nicht erforderlich.

2.4 Eine Gleichung der Ebene W: $\underline{\underline{z = 2,42}}$

Der Punkt K besitzt die z-Koordinate 2,42, da er in der Ebene W liegt.
Außerdem liegt K auf der Kante $\overline{AD}$, also müssen seine Koordinaten die Gleichung

g_{AD}: $\vec{x} = \begin{pmatrix} 0 \\ 0 \\ 0 \end{pmatrix} + t \begin{pmatrix} 2,86 \\ -4,95 \\ 4,04 \end{pmatrix}$ mit t ∈ ℝ, 0 < t < 1 erfüllen.

Einsetzen der Koordinaten von K in die Geradengleichung g_{AD}:
1,71 = 2,86t ⇒ $t_1 = 0,60$
−2,97 = −4,95t ⇒ $t_2 = 0,60$
2,42 = 4,04t ⇒ $t_3 = 0,60$

Da $t_1 = t_2 = t_3 = 0,60$ und 0 < 0,60 < 1 erfüllt sind, liegt K auf der Kante $\overline{AD}$. Somit sind die Koordinaten des Punktes K nachgewiesen.

Man kann die Koordinaten des Punktes K auch als Schnittpunkt von g_{AD} mit der Ebene W bestimmen.

V_W ... Volumen des Würfels
V_P ... Volumen der Pyramide AIJK

$V_W = \overline{AB}^3$
$V_W = (7{,}00 \text{ m})^3$
$\underline{V_W = 343{,}00 \text{ m}^3}$

Berechnung des Pyramidenvolumens V_P:

Weg 1:

$V_P = \frac{1}{3} \cdot A_G \cdot h_P$ mit $A_G = \frac{1}{2} \cdot |\vec{JK}| \cdot |\vec{JI}| \cdot \sin \underbrace{\sphericalangle KJI}_{=\beta}$ und $h_P = 2{,}42$

$\vec{JK} = \begin{pmatrix} 5{,}14 \\ -2{,}97 \\ 0{,}00 \end{pmatrix}; \quad |\vec{JK}| = \sqrt{35{,}24} \approx 5{,}94$

$\vec{JI} = \begin{pmatrix} 5{,}14 \\ 2{,}97 \\ 0{,}00 \end{pmatrix}; \quad |\vec{JI}| = \sqrt{35{,}24} \approx 5{,}94$

$\cos\beta = \dfrac{\vec{JK} \circ \vec{JI}}{|\vec{JK}| \cdot |\vec{JI}|}$

$\cos\beta = \dfrac{5{,}14^2 - 2{,}97^2}{\sqrt{35{,}24} \cdot \sqrt{35{,}24}}$

$\underline{\beta \approx 60{,}04°}$

$A_G = \frac{1}{2} \cdot \sqrt{35{,}24} \cdot \sqrt{35{,}24} \cdot \sin 60{,}04°$

$\underline{A_G \approx 15{,}27}$

$V_P = \frac{1}{3} \cdot 15{,}27 \cdot 2{,}42$

$\underline{V_P \approx 12{,}32}$

Weg 2:

$V_P = \frac{1}{3} \cdot A_G \cdot h_P$ mit $A_G = \frac{1}{2} \cdot |\vec{JK} \times \vec{JI}|$ und $h_P = 2{,}42$

$A_G = \frac{1}{2} \cdot \left| \begin{pmatrix} 5{,}14 \\ -2{,}97 \\ 0{,}00 \end{pmatrix} \times \begin{pmatrix} 5{,}14 \\ 2{,}97 \\ 0{,}00 \end{pmatrix} \right| = \frac{1}{2} \cdot \left| \begin{pmatrix} 0{,}00 \\ 0{,}00 \\ 30{,}53 \end{pmatrix} \right| \approx 15{,}27$

Der weitere Lösungsweg ist analog zu Weg 1.

Anteil:

$$\frac{V_P}{V_W} = \frac{12{,}32\ m^3}{343{,}00\ m^3} \approx \underline{\underline{3{,}6\ \%}}$$

Der Anteil des Volumens des Körpers AIJK am Gesamtvolumen des würfelförmigen Baukörpers beträgt ca. 3,6 %.

/ Die Lösung kann auch mit einem geeigneten GTR-Programm bestimmt werden.
/ Der ausführliche Lösungsweg ist nicht erforderlich.

2.5 X ... Anzahl der Käufer
(X ist binomialverteilt mit n = 80, p = 0,05)

$E(X) = n \cdot p$

$E(X) = 80 \cdot 0{,}05$

$\underline{\underline{E(X) = 4}}$

Unter den 80 Interessenten sind 4 Käufer eines derartigen Hauses zu erwarten.

$P(A) = P(X \geq 3) = \underline{\underline{0{,}7694}}$

/ Die Lösung bestimmt man mit einem geeigneten GTR-Programm.

$P(B) = 0{,}95^9 \cdot 0{,}05 = \underline{\underline{0{,}0315}}$

2.6 $P(X \geq 1) = 1 - P(X = 0) > 0{,}9$

$\qquad P(X = 0) < 0{,}1$

$\qquad \binom{n}{0} \cdot 0{,}05^0 \cdot 0{,}95^n < 0{,}1$

$\qquad\qquad n > \dfrac{\ln 0{,}1}{\ln 0{,}95}$

$\qquad\qquad n > 44{,}89$

$\Rightarrow$ Es muss mindestens 45 Interessenten für ein derartiges Haus geben.

Grundkurs Mathematik (Sachsen): Abiturprüfung 2014
Teil A (ohne Rechenhilfsmittel)

1 In den Aufgaben 1.1 bis 1.5 ist von den jeweils fünf Auswahlmöglichkeiten genau eine Antwort richtig. Kreuzen Sie das jeweilige Feld an.

1.1 Wie viele Nullstellen besitzt die Funktion f mit $f(x) = x \cdot (x-7) \cdot (x^2+4)$ $(x \in \mathbb{R})$?

☐ 0   ☐ 1   ☐ 2   ☐ 3   ☐ 4

1.2 Welche Funktion h besitzt an der Stelle $x = 1$ eine Extremstelle?

☐ $h(x) = e^x$ $(x \in \mathbb{R})$
☐ $h(x) = \sin x$ $(x \in \mathbb{R})$
☐ $h(x) = \ln x$ $(x \in \mathbb{R}, x > 0)$
☒ $h(x) = \frac{1}{x} + x$ $(x \in \mathbb{R}, x \neq 0)$
☐ $h(x) = \sqrt{x}$ $(x \in \mathbb{R}, x \geq 0)$

1.3 Der Wert des bestimmten Integrals $\int_0^a (x^2 - 2 \cdot x)\, dx$ $(x \in \mathbb{R}; a \in \mathbb{R}, a > 0)$ beträgt

☐ $a^3 - 2 \cdot a^2$
☐ $\frac{1}{3} \cdot a^3 - 2 \cdot a$
☒ $\frac{1}{3} \cdot a^3 - a^2$
☐ $a^2 - 2 \cdot a$
☐ $2 \cdot a - 2$

1.4 Gegeben sind die Geraden g und i mit

g: $\vec{x} = \begin{pmatrix} 1 \\ 2 \end{pmatrix} + s \cdot \begin{pmatrix} -2 \\ 3 \end{pmatrix}$ $(s \in \mathbb{R})$ und i: $\vec{x} = \begin{pmatrix} -2 \\ 0 \end{pmatrix} + t \cdot \begin{pmatrix} 2 \\ 3 \end{pmatrix}$ $(t \in \mathbb{R})$.

Welche Aussage bezüglich der Lagebeziehung der beiden Geraden g und i ist wahr? Die Geraden g und i

☐ sind identisch.
☐ verlaufen parallel.
☐ verlaufen windschief.
☐ schneiden sich senkrecht.
☒ schneiden sich nicht senkrecht.

1.5 Bei einem Alternativtest wird ein Fehler 1. Art begangen, wenn

☐ die Nullhypothese angenommen wird und die Nullhypothese zutrifft.

☐ die Nullhypothese abgelehnt wird und die Nullhypothese nicht zutrifft.

☐ die Nullhypothese angenommen wird, aber die Nullhypothese nicht zutrifft.

☐ die Nullhypothese abgelehnt wird, aber die Nullhypothese zutrifft.

☐ die Nullhypothese und die Alternativhypothese angenommen werden.

Erreichbare BE-Anzahl: 5

2   Die Abbildung zeigt den Graphen einer ganzrationalen Funktion f dritten Grades.
    Der Punkt W ist Wendepunkt des Graphen der Funktion f.

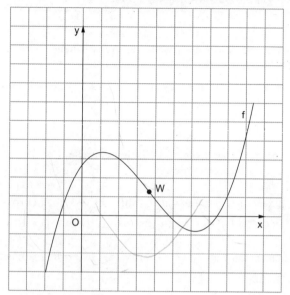

2.1 Skizzieren Sie in der Abbildung den Graphen der ersten Ableitungsfunktion f'
    von f im dargestellten Intervall.

    Erreichbare BE-Anzahl: 2

2.2 Begründen Sie, dass folgende Aussage wahr ist:
    Der Graph der zweiten Ableitungsfunktion f" der Funktion f ist eine Gerade.
    Begründung:

    f' = quadratisch ist

    Erreichbare BE-Anzahl: 1

3   In einem kartesischen Koordinatensystem sind die Punkte A(−6|2|1),
    B(−2|3|−1) und C(6|5|−5) gegeben.
    Untersuchen Sie, ob die Punkte A, B und C Eckpunkte eines Dreiecks sind.

    Erreichbare BE-Anzahl: 3

4   In jeder Werbepackung einer Firma befinden sich zehn Gummibärchen. Davon sind jeweils sieben rot, zwei gelb und eins weiß.

4.1 Tina entnimmt einer vollen Werbepackung zufällig und ohne Zurücklegen zwei Gummibärchen.
Geben Sie die Wahrscheinlichkeit dafür an, dass diese beiden Gummibärchen rot sind.

Erreichbare BE-Anzahl: 1

4.2 Tina schlägt ihrer Freundin Nora folgendes Spiel vor:
Nora zahlt einen Einsatz und zieht nacheinander zufällig und ohne Zurücklegen zwei Gummibärchen aus einer vollen Werbepackung.
Sind beide gezogenen Gummibärchen rot, erhält Nora zwei Euro ausgezahlt.
Sind beide gezogenen Gummibärchen gelb, so erhält sie drei Euro Auszahlung.
Haben die beiden gezogenen Gummibärchen verschiedene Farben, so bekommt sie nichts ausgezahlt.
Ermitteln Sie, wie hoch der Einsatz von Nora sein muss, damit sie auf lange Sicht weder Gewinn noch Verlust macht.

Erreichbare BE-Anzahl: 3

Tipps und Hinweise

Teilaufgabe 1.1

✓ Untersuchen Sie, für welche Werte x die einzelnen Faktoren null werden, und leiten Sie daraus das Ergebnis ab.

Teilaufgabe 1.2

✓ Finden Sie die Funktion h, deren erste Ableitung an der Stelle $x = 1$ gleich null wird.

Teilaufgabe 1.3

✓ Wenden Sie den Hauptsatz der Differenzial- und Integralrechnung an, hier:
$$\int_0^a f(x)\,dx = \left[F(x)\right]_0^a = F(a) - F(0)$$

Teilaufgabe 1.4

✓ Überlegen Sie, welche Lagemöglichkeiten es für zwei Geraden in der Ebene gibt.

✓ Untersuchen Sie anschließend die Lage der Richtungsvektoren. Schließen Sie weitere Lagemöglichkeiten aus.

✓ Sollte ein Schnittpunkt vorliegen, dann untersuchen Sie die beiden Richtungsvektoren der Geraden auf Orthogonalität, indem Sie prüfen, ob das Skalarprodukt dieser beiden Vektoren null wird.

Teilaufgabe 1.5

✒ Beachten Sie die Festlegung für den Fehler 1. Art: „Die Nullhypothese wird verworfen, obwohl sie tatsächlich wahr ist."

Teilaufgabe 2.1

✒ Markieren Sie an den Extremstellen der Funktion f die Nullstellen der Funktion f'.
✒ Markieren Sie den Extrempunkt des Graphen der Funktion f' im 4. Quadranten senkrecht unter dem Wendepunkt W des Graphen der Funktion f. Beachten Sie, dass es sich um einen Minimumpunkt handelt, da die Funktion f zwischen den beiden Extrempunkten monoton fallend ist und im Punkt W somit ihre betragsmäßig größte, aber negative Steigung besitzt.

Teilaufgabe 2.2

✒ Charakterisieren Sie die Art der Funktion, die nach zweimaliger Ableitung einer ganzrationalen Funktion dritten Grades entsteht.
✒ Geben Sie den Namen des Graphen dieser Funktionsart an.

Teilaufgabe 3

✒ Nutzen Sie zur Untersuchung z. B. folgende Aussage: „Ein Dreieck wird durch drei nicht auf einer Geraden liegende Punkte eindeutig bestimmt."

Teilaufgabe 4.1

✒ Stellen Sie den Sachverhalt in einem Baumdiagramm dar.
✒ Beachten Sie, dass es sich um einen Ziehungsvorgang ohne Zurücklegen handelt.
✒ Multiplizieren Sie die Wahrscheinlichkeiten für beide Teilergebnisse.

Teilaufgabe 4.2

✒ Wählen Sie eine geeignete Zufallsgröße X, z. B. „Auszahlungsbetrag in €".
✒ Erstellen Sie eine Verteilungstabelle, die den möglichen Werten der Zufallsgröße die entsprechenden Wahrscheinlichkeiten zuordnet.
✒ Berechnen Sie den Erwartungswert E(X) für den Auszahlungsbetrag.
✒ Schlussfolgern Sie daraus auf den Einsatz, den Nora zahlen muss, damit sie auf lange Sicht weder Gewinn noch Verlust macht.

Lösungen

1   *Vorbemerkung:* Als Lösung ist nur das Kreuz im jeweils richtigen Feld verlangt; im Folgenden sind zusätzlich Rechnungen und Begründungen für die richtige Antwort angegeben.

1.1 Richtige Antwort: Kreuz in Feld 3

$$f(x_N) = 0 = x_N \cdot (x_N - 7) \cdot (x_N^2 + 4)$$

$x_{N_1} = 0 \quad\quad x_N - 7 = 0 \quad\quad x_N^2 + 4 = 0$

$\quad\quad\quad\quad\quad x_{N_2} = 7 \quad\quad x_N^2 = -4 \quad$ nicht lösbar

Funktion besitzt 2 Nullstellen.

1.2 Richtige Antwort: Kreuz in Feld 4

$$h(x) = \frac{1}{x} + x$$

$$h'(x) = -\frac{1}{x^2} + 1$$

$h'(1) = -\frac{1}{1} + 1 = 0 \;\Rightarrow\;$ Bedingung für Extremstelle an der Stelle $x = 1$ erfüllt

Die übrigen Funktionen können auch aufgrund des Verlaufs ihrer Graphen ausgeschlossen werden.

1.3 Richtige Antwort: Kreuz in Feld 3

$$\int_0^a (x^2 - 2\cdot x)\, dx = \left[\frac{x^3}{3} - x^2\right]_0^a = \left(\frac{a^3}{3} - a^2\right) - 0 = \frac{a^3}{3} - a^2 = \frac{1}{3}\cdot a^3 - a^2$$

1.4 Richtige Antwort: Kreuz in Feld 5

Die Richtungsvektoren der beiden Geraden sind nicht parallel. Somit entfallen die Lagebeziehungen „parallel" und „identisch". Weiterhin ist die Lagebeziehung „windschief" in der Ebene nicht möglich. Die Geraden g und i müssen sich also schneiden.
Die Geraden würden sich senkrecht schneiden, wenn $\begin{pmatrix}-2\\3\end{pmatrix} \circ \begin{pmatrix}2\\3\end{pmatrix} = 0$ gelten würde. Dieses Skalarprodukt hat aber den Wert $-4 + 9 = 5 \neq 0$.

1.5 Richtige Antwort: Kreuz in Feld 4

Ein Fehler 1. Art liegt vor, wenn man die Nullhypothese ablehnt, obwohl diese wahr ist.

2.1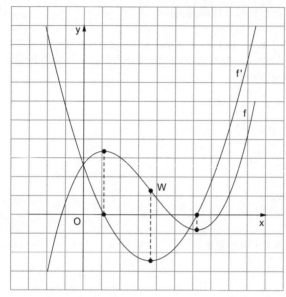

2.2 Die Abbildung zeigt laut Aufgabenstellung den Graphen einer ganzrationalen Funktion f dritten Grades. Damit ist die 1. Ableitungsfunktion f' eine Funktion zweiten Grades und die zweite Ableitungsfunktion f" eine Funktion ersten Grades, da der Grad der Funktion beim Differenzieren jeweils um eins abnimmt. Der Graph einer Funktion ersten Grades (lineare Funktion) ist eine Gerade.

3 Die Punkte A, B und C sind Eckpunkte eines Dreiecks, wenn sie nicht auf einer Geraden liegen.

$$g_{AB}: \vec{x} = \begin{pmatrix} -6 \\ 2 \\ 1 \end{pmatrix} + r \begin{pmatrix} 4 \\ 1 \\ -2 \end{pmatrix} \quad (r \in \mathbb{R})$$

Punktprobe mit C:

$$\left.\begin{array}{rl} 6 = -6 + 4r & \Rightarrow \quad r_1 = 3 \\ 5 = 2 + r & \Rightarrow \quad r_2 = 3 \\ -5 = 1 - 2r & \Rightarrow \quad r_3 = 3 \end{array}\right\} \begin{array}{l} r_1 = r_2 = r_3 \\ \Rightarrow C \in g_{AB} \end{array}$$

Damit ist gezeigt, dass die Punkte A, B und C auf einer Geraden liegen und somit <u><u>keine Eckpunkte eines Dreiecks</u></u> sind.

4   10 Gummibärchen, davon 7 rot (r)   Baumdiagramm:
                           2 gelb (g)
                           1 weiß (w)

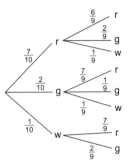

4.1 $P(rr) = \dfrac{7}{10} \cdot \dfrac{6}{9} = \dfrac{42}{90} = \underline{\underline{\dfrac{7}{15}}}$

4.2   X ... Auszahlungsbetrag in €

x_i	2	3	0
$P(X=x_i)$	$\dfrac{42}{90}$	$\dfrac{2}{90}$	$\dfrac{46}{90}$

$E(X) = 2 \cdot \dfrac{42}{90} + 3 \cdot \dfrac{2}{90} = \dfrac{84}{90} + \dfrac{6}{90} = 1$

Da Nora auf lange Sicht pro Spiel 1 € ausgezahlt bekommt, muss ihr Einsatz je Spiel $\underline{\underline{1\ €}}$ sein, damit sie auf lange Sicht weder Gewinn noch Verlust macht.

Grundkurs Mathematik (Sachsen): Abiturprüfung 2014
Teil B – Aufgabe 1

In Faultürmen einer Kläranlage wird Abwasser mit unterschiedlichen mechanischen und biologischen Reinigungsverfahren behandelt.

Die Symmetrieachse eines Faulturms verläuft senkrecht zum ebenen waagerechten Gelände. Der Faulturm wird durch eine Ebene geschnitten, die diese Symmetrieachse enthält. Die dabei entstehende Schnittfläche wird in einem kartesischen Koordinatensystem mit dem Koordinatenursprung O (1 Längeneinheit entspricht 1 Meter) dargestellt (siehe Abbildung).

Die Begrenzungslinie der Schnittfläche kann durch die Graphen der Funktionen f und g

mit $f(x) = -\frac{1}{1630} \cdot x^4 - \frac{1}{30} \cdot x^2 + 35$ $(x \in D_f)$

und $g(x) = \frac{1}{1630} \cdot x^4 + \frac{1}{30} \cdot x^2$ $(x \in D_g)$

beschrieben werden.

Die x-Koordinatenachse liegt im ebenen waagerechten Gelände.

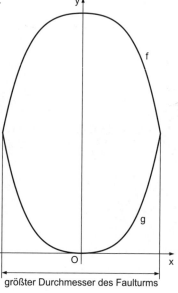

größter Durchmesser des Faulturms
Abbildung (nicht maßstäblich)

1.1 Geben Sie die Höhe des Faulturms an.
Ermitteln Sie den größten Durchmesser des Faulturms.
Erreichbare BE-Anzahl: 3

1.2 Berechnen Sie den Inhalt der dargestellten Schnittfläche des Faulturms.
Erreichbare BE-Anzahl: 3

Um den Faulturm herum soll eine begehbare Plattform errichtet werden. Der Aufgang zu dieser Plattform verläuft geradlinig vom ebenen Gelände zum Punkt B(-7,3 | f(-7,3)) und liegt auf einer Geraden k. Der Aufgang geht tangential (ohne Knick) im Punkt B in die Begrenzungslinie der Schnittfläche des Faulturms über.

1.3 Zeigen Sie, dass die Gerade k näherungsweise den Anstieg 1,44 hat.
Bestimmen Sie den Neigungswinkel des Aufgangs zum ebenen Gelände.
Berechnen Sie die Länge des Aufgangs.
Erreichbare BE-Anzahl: 6

1.4 Die Bodenfläche der begehbaren Plattform soll die Form eines Kreisringes haben. Dabei liegt der innere Kreis des Kreisringes am Faulturm an und enthält den Punkt B. Die Breite der Bodenfläche soll 1,00 Meter betragen. Für die Anfertigung eines Quadratmeters der Bodenfläche werden 175,00 € ohne Mehrwertsteuer berechnet.

Berechnen Sie die Kosten für die Anfertigung der Bodenfläche zuzüglich 19 % Mehrwertsteuer.

Erreichbare BE-Anzahl: 3

1.5 Im Faulturm wird Klärschlamm mithilfe von Bakterien zersetzt. Die Anzahl der im Klärschlamm vorhandenen Bakterien in Abhängigkeit von der Zeit t (in Tagen) kann durch eine Funktion h mit

$h(t) = c \cdot a^t$ ($t \in \mathbb{R}$, $t \geq 0$; $a \in \mathbb{R}$, $a > 1$; $c \in \mathbb{R}$, $c > 1$) beschrieben werden.

In einer Probe des Klärschlamms sind zu Beginn der Faulzeit 10^7 Bakterien vorhanden. Innerhalb eines jeden Tages wächst die Anzahl der Bakterien auf das 1,75-Fache. Die Faulzeit für den Klärschlamm beträgt 21 Tage.

Geben Sie die Werte von a und c an.

Geben Sie die Anzahl der Bakterien am Ende der Faulzeit an.

Erreichbare BE-Anzahl: 3

Der verfaulte Klärschlamm des Faulturms wird mit LKWs entsorgt. Nach der Beladung der LKWs erfolgt eine Kontrolle auf Überladung. Die Auswahl der LKWs erfolgt dabei zufällig. Erfahrungsgemäß sind 15 % der LKWs überladen.

1.6 Bestimmen Sie die Anzahl der LKWs mit Überladung, die unter 60 kontrollierten LKWs im Mittel zu erwarten sind.

Erreichbare BE-Anzahl: 2

1.7 Berechnen Sie die Mindestanzahl der zu kontrollierenden LKWs, damit mit einer Wahrscheinlichkeit von mindestens 90 % mindestens ein kontrollierter LKW überladen ist.

Erreichbare BE-Anzahl: 2

Tipps und Hinweise

Teilaufgabe 1.1
- Bestimmen Sie den Funktionswert f(0).
- Dieser Funktionswert gibt die Höhe des Faulturms in Meter an.
- Bestimmen Sie die Schnittstellen der Graphen der Funktionen f und g.
- Der Abstand der beiden Schnittstellen ist der größte Durchmesser des Faulturms in Meter.

Teilaufgabe 1.2
- Für den Flächeninhalt A der Schnittfläche können Sie folgende Ansätze nutzen:
$$A = 2 \cdot \int_{x_{S_1}}^{x_{S_2}} (f(x) - y_{S_1}) \, dx \quad \text{oder} \quad A = \int_{x_{S_1}}^{x_{S_2}} (f(x) - g(x)) \, dx$$
mit den Schnittstellen x_{S_1} und x_{S_2} der Graphen der Funktionen f und g.
- Der berechnete Wert in m^2 entspricht dem Inhalt der Schnittfläche.

Teilaufgabe 1.3
- Beachten Sie, dass bei einem tangentialen Übergang im Punkt B die Steigung der Geraden k und die 1. Ableitung der Funktion f an der Stelle x_B (x-Koordinate des Punktes B) übereinstimmen müssen.
- Zum Nachweis des Anstiegs leiten Sie die Funktion f ab und bestimmen die 1. Ableitung von f an der Stelle −7,3.
- Für die Berechnung des Neigungswinkels nutzen Sie den Zusammenhang $m = \tan \alpha$.
- Zur Berechnung der Länge des Aufgangs ist eine Skizze geeignet, um sich den Sachverhalt erst einmal zu veranschaulichen.
- Berechnen Sie die Länge über eine geeignete Winkelbeziehung im rechtwinkligen Dreieck unter Nutzung des berechneten Neigungswinkels α *oder* erstellen Sie die Gleichung der Geraden k und nutzen Sie diese zur Berechnung.

Teilaufgabe 1.4
- Nutzen Sie die Flächeninhaltsformel für einen Kreisring.
- Der innere Radius ist der Betrag von x_B und der äußere Radius ist $|x_B| + 1$.
- Geben Sie den Flächeninhalt in m^2 an und multiplizieren Sie ihn mit dem Quadratmeterpreis und dem Faktor 1,19. Das Ergebnis sind die Kosten in €.

Teilaufgabe 1.5
- Beachten Sie bei der Zuordnung, dass c der Startwert und a der Wachstumsfaktor ist.
- Berechnen Sie h(21), um die Anzahl der Bakterien am Ende der Faulzeit angeben zu können.

Teilaufgabe 1.6

Wählen Sie eine geeignete Zufallsgröße X, z. B. „Anzahl der überladenen LKWs".
Diese Zufallsgröße X ist binomialverteilt mit den Parametern $n = 60$ und $p = 0,15$.
Berechnen Sie den Erwartungswert E mit $E(X) = n \cdot p$.

Teilaufgabe 1.7

Nutzen Sie die Zufallsgröße X aus Teilaufgabe 1.6.
Nutzen Sie zur Berechnung der Mindestzahl der LKWs die Beziehung:
P(mindestens ein Erfolg) = $1 - $P(kein Erfolg) $\geq 0,9$

Lösungen

1.1 Die Höhe des Faulturms ist durch den Funktionswert $f(0) = 35$ bestimmt.

Der Faulturm hat die Höhe 35 m.

Der größte Durchmesser des Faulturms wird durch den Abstand der Schnittstellen der Funktionen f und g bestimmt.

Schnittpunkte von f und g (näherungsweise):
$S_1(-12 | 17,5)$ $S_2(12 | 17,5)$
$d = x_{S_2} - x_{S_1} \approx 24$

Der größte Durchmesser beträgt ca. 24 m.

Die Lösungen können mit einem geeigneten GTR-Programm bestimmt werden.
Ein ausführlicher Lösungsweg ist nicht erforderlich.

1.2   A ... Flächeninhalt der Schnittfläche.

$$A = 2 \cdot \int_{-12}^{12} (f(x) - 17,5) \, dx \approx 641$$

oder

$$A = \int_{-12}^{12} (f(x) - g(x)) \, dx \approx 641$$

Die dargestellte Schnittfläche hat einen Inhalt von ca. 641 m^2.

Die Lösung kann mit einem geeigneten GTR-Programm bestimmt werden.

1.3 Der Aufgang geht im Punkt B tangential in die Begrenzungslinie der Schnittfläche des Faulturms über. Das heißt, dass der Anstieg m_k der Geraden k gleich der ersten Ableitung der Funktion f an der Stelle $x_B = -7,3$ ist.

$f'(x) = -\dfrac{2}{815}x^3 - \dfrac{1}{15}x$

$f'(-7,3) \approx \underline{\underline{1,44 = m_k}}$

Damit ist gezeigt, dass die Gerade k näherungsweise den Anstieg $\underline{\underline{1,44}}$ hat.

α ... Anstiegswinkel des Aufgangs
$\tan \alpha = m_k = 1,44$

$\underline{\underline{\alpha \approx 55,2°}}$

Der Neigungswinkel des Aufgangs beträgt etwa $\underline{\underline{55,2°}}$.

ℓ ... Länge des Aufgangs
$B(-7,3 \mid f(-7,3)) = B(-7,3 \mid 31,48)$ Skizze:

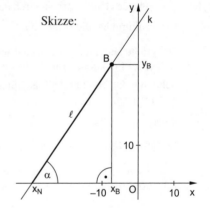

Weg 1:

$\sin \alpha = \dfrac{y_B}{\ell}$

$\ell = \dfrac{y_B}{\sin \alpha}$

$\ell = \dfrac{31,48}{\sin 55,2°}$

$\underline{\underline{\ell \approx 38,3}}$

Weg 2:

k: $y = m_k x + n$ mit $m_k = 1,44$
            und $B(-7,3 \mid 31,48)$
         folgt $31,48 = 1,44 \cdot (-7,3) + n$
            $n = 41,99$

$\Rightarrow$ k: $y = 1,44x + 41,99$

Nullstelle von k: $0 = 1,44 x_N + 41,99$
            $x_N = -29,16$

$\Rightarrow \ell = \sqrt{(x_B - x_N)^2 + y_B^2}$

$\ell = \sqrt{(-7,3 + 29,16)^2 + 31,48^2}$

$\underline{\underline{\ell \approx 38,3}}$

Der Aufgang ist ca. $\underline{\underline{38,3}}$ m lang.

1.4 A ... Flächeninhalt des Kreisringes
$A = \pi \cdot (r_a^2 - r_i^2)$ mit $r_i = |x_B| = 7{,}3$
und $r_a = r_i + 1 = 7{,}3 + 1 = 8{,}3$
r_i und r_a in m
$A = \pi \cdot (8{,}3^2 - 7{,}3^2) \, m^2$
$A \approx 49 \, m^2$

K ... Kosten für die Anfertigung der Bodenfläche zzgl. 19 % Mehrwertsteuer
$K \approx 49 \, m^2 \cdot 175{,}00 \, \dfrac{\text{€}}{m^2} \cdot 1{,}19$
$K \approx 10\,200 \, \text{€}$

Die Kosten betragen etwa 10 200 €.

1.5 $h(t) = c \cdot a^t$ mit $c = 10^7$
und $a = 1{,}75$

folgt $h(21) = 10^7 \cdot 1{,}75^{21}$
$h(21) = 1{,}27 \cdot 10^{12}$

Die Anzahl der Bakterien am Ende der Faulzeit beträgt $1{,}27 \cdot 10^{12}$.

1.6 X ... Anzahl der überladenen LKWs
(X ist binomialverteilt mit $n = 60$, $p = 0{,}15$)
$E(X) = n \cdot p$
$E(X) = 60 \cdot 0{,}15$
$E(X) = 9$

Unter 60 kontrollierten LKWs sind im Mittel 9 mit Überladung zu erwarten.

1.7 $P(X \geq 1) = 1 - P(X = 0) \geq 0{,}9$
$P(X = 0) \leq 0{,}1$
$\binom{n}{0} \cdot 0{,}15^0 \cdot 0{,}85^n \leq 0{,}1$
$n \geq \dfrac{\ln 0{,}1}{\ln 0{,}85}$
$n \geq 14{,}17$

Mindestens 15 LKWs müssen kontrolliert werden.

Grundkurs Mathematik (Sachsen): Abiturprüfung 2014
Teil B – Aufgabe 2

In einem Klettergarten befindet sich ein Haus. Dieses kann in einem kartesischen Koordinatensystem (1 Längeneinheit entspricht 1 Meter) dargestellt werden (siehe Abbildung).

Das Haus besteht aus dem quaderförmigen Gebäudekörper ABCDEFGH mit quadratischer Grundfläche ABCD und der als Dach aufgesetzten geraden Pyramide EFGHS.

Die Fläche ABCD liegt in der x-y-Koordinatenebene. Der Punkt A liegt im Koordinatenursprung.

Die Strecke $\overline{AD}$ liegt auf dem negativen Teil der x-Koordinatenachse.

Der Gebäudekörper ABCDEFGH ist 5,00 m hoch und besitzt einen Grundflächeninhalt von 36,00 m². Das Dach ist 2,00 m hoch.

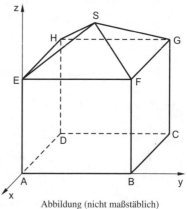

Abbildung (nicht maßstäblich)

2.1 Geben Sie die Koordinaten der Punkte C und H an.

Begründen Sie, dass der Punkt S die Koordinaten S(–3,00 | 3,00 | 7,00) besitzt.

Erreichbare BE-Anzahl: 4

2.2 Ermitteln Sie den Neigungswinkel einer dreieckigen Teildachfläche gegenüber der Fläche EFGH.

Bestimmen Sie den Inhalt der gesamten Dachfläche.

Erreichbare BE-Anzahl: 4

2.3 Zu einem bestimmten Zeitpunkt verlaufen Sonnenstrahlen in Richtung des Vektors $\vec{r} = \begin{pmatrix} 1,00 \\ 3,00 \\ -4,00 \end{pmatrix}$.

Weisen Sie nach, dass der Schattenpunkt G' des Eckpunktes G in der x-y-Koordinatenebene die Koordinaten G'(–4,75 | 9,75 | 0,00) besitzt.

Ermitteln Sie die Koordinaten des Schattenpunktes F' des Eckpunktes F in der x-y-Koordinatenebene.

Untersuchen Sie, ob die Schattenfläche BF'G'C ein Parallelogramm ist.

Erreichbare BE-Anzahl: 6

2.4 Im Klettergarten sind Seile gespannt, die zur Sicherung der kletternden Personen dienen. Das erste Seil ist im Punkt M(0,00 | 2,00 | 2,00) am Haus verankert, verläuft geradlinig bis zum Punkt N(20,00 | 8,00 | −2,00) und liegt auf der Geraden s_1. Im letzten Kletterabschnitt verläuft das ebenfalls geradlinig gespannte zweite Seil, welches auf der Geraden s_2 mit $s_2: \vec{x} = \begin{pmatrix} 0,00 \\ 6,00 \\ 2,00 \end{pmatrix} + r \cdot \begin{pmatrix} 11,00 \\ -1,00 \\ 2,00 \end{pmatrix}$ ($r \in \mathbb{R}$) liegt.

Untersuchen Sie die Lagebeziehung der Geraden s_1 und s_2, auf denen die beiden Seile liegen.

Alle Punkte des zweiten Seils liegen auf der Geraden s_2 mit $0 \leq r \leq 3$.

Ermitteln Sie die Länge des zweiten Seils.

Erreichbare BE-Anzahl: 4

2.5 Bei den Besuchern des Klettergartens wird zwischen Kindern und Erwachsenen unterschieden.

70 % aller Besucher dieses Klettergartens sind Kinder. Von diesen Kindern sind 55 % männlich. 15 % der erwachsenen Besucher sind weiblich.

Ermitteln Sie, wie viel Prozent aller Besucher des Klettergartens männlich sind.

Erreichbare BE-Anzahl: 2

2.6 Der Betreiber des Klettergartens behauptet, dass sogar 80 % aller Besucher des Klettergartens Kinder sind. Diese Behauptung soll durch einen Alternativtest untersucht werden.

Die Nullhypothese „Der Anteil der Kinder an den Besuchern des Klettergartens beträgt 70 %." soll abgelehnt werden, wenn mehr als 77 von 100 zufällig ausgewählten Besuchern des Klettergartens Kinder sind. In diesem Fall wird die Alternativhypothese „Der Anteil der Kinder an den Besuchern des Klettergartens beträgt 80 %." angenommen.

Berechnen Sie die Wahrscheinlichkeit für den Fehler 1. Art.

Geben Sie die Wahrscheinlichkeit dafür an, dass die Nullhypothese irrtümlicherweise angenommen wird.

Erreichbare BE-Anzahl: 3

Tipps und Hinweise

Teilaufgabe 2.1

- Nutzen Sie für die Angabe der Koordinaten des Punktes C die Abbildung in der Aufgabe unter Beachtung der quadratischen Grundfläche mit der Kantenlänge 6,00 m und der Lage der Strecke $\overline{AD}$ auf dem negativen Teil der x-Achse.
- Nutzen Sie für die Angabe der Koordinaten des Punktes H zusätzlich die Quaderhöhe von 5,00 m.
- Beachten Sie für die Begründung der Koordinaten des Punktes S, dass das Dach eine gerade Pyramide ist und sich die Gesamthöhe des Hauses aus der Gebäudehöhe und der Höhe des Daches zusammensetzt.

Teilaufgabe 2.2

- Erstellen Sie für die Fläche EFGH und eine Teildachfläche je eine Ebenengleichung.
- Bestimmen Sie den gesuchten Neigungswinkel als Schnittwinkel der beiden Ebenen.
- Beachten Sie, dass sich die Dachfläche aus 4 kongruenten Dreiecksflächen zusammensetzt.
- Berechnen Sie den Flächeninhalt A_S eines Dreiecks z. B. mit der Formel $A_S = \frac{1}{2} g \cdot h_g$, wobei g die Länge einer Grundseite und h_g die Höhe einer dreieckigen Dachfläche ist.
- Multiplizieren Sie diesen Flächeninhalt mit 4. Das Ergebnis in Quadratmeter ist der Inhalt der gesuchten Dachfläche.

Teilaufgabe 2.3

- Erstellen Sie die Gleichung einer Geraden g durch den Punkt G mit dem gegebenen Richtungsvektor.
- Weisen Sie die Koordinaten des Punktes G' nach, indem Sie begründen, dass dieser Punkt G' gleichzeitig in der x-y-Ebene und auf der Geraden g liegt.
- Erstellen Sie die Gleichung der Geraden f durch den Punkt F mit dem gegebenen Richtungsvektor.
- Der Punkt F' ist der Durchstoßpunkt der Geraden f durch die x-y-Ebene.
- Nutzen Sie eine geeignete Nachweismöglichkeit für das Parallelogramm, z. B. den Nachweis, dass die Vektoren zweier Gegenseiten identisch sind. Legen Sie zuvor die Orientierung dieser Vektoren sinnvoll fest.

Teilaufgabe 2.4

- Erstellen Sie die Gleichung der Geraden s_1.
- Führen Sie die Untersuchung der Lagebeziehung durch.
- Die Länge ℓ des zweiten Seils ist die Länge des Vektors $|\overrightarrow{P_0 P_1}|$. Die Koordinaten des Punktes P_0 erhält man durch Einsetzen von $r=0$ und die des Punktes P_1 durch Einsetzen von $r=3$ in die Gleichung der Geraden s_2.

Teilaufgabe 2.5

- Stellen Sie den Sachverhalt in einem Baumdiagramm dar.
- Wählen Sie die Pfade mit den männlichen Besuchern aus.
- Berechnen Sie die gesuchte Wahrscheinlichkeit unter Nutzung der Pfadregeln.

Teilaufgabe 2.6

- Berechnen Sie die Wahrscheinlichkeit für den Fehler 1. Art mittels Binomialverteilung: P(Fehler 1. Art) = $P(X \geq 78)$ mit $n = 100$, $p = 0{,}7$
- Beachten Sie, dass es sich bei der irrtümlichen Annahme der Nullhypothese um einen Fehler 2. Art handelt.
- Berechnen Sie die Wahrscheinlichkeit für den Fehler 2. Art mittels Binomialverteilung: P(Fehler 2. Art) = $P(X \leq 77)$ mit $n = 100$, $p = 0{,}8$

Lösungen

2.1 $C(-6{,}00 \mid 6{,}00 \mid 0{,}00)$ $H(-6{,}00 \mid 0{,}00 \mid 5{,}00)$

Der Punkt S hat die z-Koordinate 7,00, da er sich 7 m (5 m Gebäudehöhe + 2 m Dachhöhe) über der Fläche ABCD, welche in der x-y-Ebene ($z = 0$) liegt, befindet. Das Dach ist eine gerade Pyramide, sodass sich der Punkt S senkrecht über dem Diagonalenschnittpunkt M der Fläche ABCD befindet. Somit müssen die Punkte S und M in der x-Koordinate und der y-Koordinate übereinstimmen.

$M\left(\dfrac{x_A + x_C}{2} \mid \dfrac{y_A + y_C}{2} \mid \dfrac{z_A + z_C}{2} \right)$ mit $A(0{,}00 \mid 0{,}00 \mid 0{,}00)$ und $C(-6{,}00 \mid 6{,}00 \mid 0{,}00)$

folgt $M(-3{,}00 \mid 3{,}00 \mid 0{,}00)$

$\Rightarrow x_M = x_S = -3{,}00$ und $y_M = y_S = 3{,}00$

Damit ist begründet, dass die Koordinaten des Punktes S richtig sind.

2.2 $E_{EHS}: \vec{x} = \begin{pmatrix} 0{,}00 \\ 0{,}00 \\ 5{,}00 \end{pmatrix} + r \begin{pmatrix} -3{,}00 \\ 3{,}00 \\ 2{,}00 \end{pmatrix} + s \begin{pmatrix} -6{,}00 \\ 0{,}00 \\ 0{,}00 \end{pmatrix}$ $(r, s \in \mathbb{R})$

$E_{EHS}: \ -2y + 3z = 15$

$E_{EFGH}: \ z = 5$

α ... Neigungswinkel der Ebene E_{EHS} gegenüber der Ebene E_{EFGH}

$\cos \alpha = \dfrac{|\vec{n}_1 \circ \vec{n}_2|}{|\vec{n}_1| \cdot |\vec{n}_2|}$ mit $\vec{n}_1 = \begin{pmatrix} 0 \\ -2 \\ 3 \end{pmatrix}$, $|\vec{n}_1| = \sqrt{13}$

und $\vec{n}_2 = \begin{pmatrix} 0 \\ 0 \\ 1 \end{pmatrix}$, $|\vec{n}_2| = 1$

$$\cos\alpha = \frac{3}{\sqrt{13}\cdot 1}$$

$\underline{\underline{\alpha \approx 33,7°}}$

Der Neigungswinkel der Teildachfläche EHS gegenüber der Fläche EFGH beträgt ca. $\underline{\underline{33,7°}}$.

Die Lösung kann mit einem geeigneten GTR-Programm bestimmt werden.
Ein ausführlicher Lösungsweg ist nicht erforderlich.

A ... Flächeninhalt der gesamten Dachfläche
A_S ... Flächeninhalt einer dreieckigen Teildachfläche

$A = 4 \cdot A_S$ mit $A_S = \frac{1}{2} g \cdot h_g$

$$\text{mit} \quad g = |\overrightarrow{EH}| = \left|\begin{pmatrix} -6,00 \\ 0,00 \\ 0,00 \end{pmatrix}\right| = 6$$

$$\text{und} \quad h = |\overrightarrow{M_{EH}S}| = \left|\begin{pmatrix} 0,00 \\ 3,00 \\ 2,00 \end{pmatrix}\right| = \sqrt{13} \quad \text{mit } M_{EH}(-3,00 \mid 0,00 \mid 5,00)$$

folgt $A = 4 \cdot \frac{1}{2} \cdot 6 \cdot \sqrt{13}$

$A = 12 \cdot \sqrt{13}$

$\underline{\underline{A \approx 43,3}}$

Die gesamte Dachfläche hat einen Inhalt von ca. $\underline{\underline{43,3 \text{ m}^2}}$.

2.3 $G'(-4,75 \mid 9,75 \mid 0,00)$ liegt in der x-y-Ebene, da $z_{G'} = 0,00$.

Sonnenstrahl durch G:

$$g: \vec{x} = \begin{pmatrix} -6,00 \\ 6,00 \\ 5,00 \end{pmatrix} + t \begin{pmatrix} 1,00 \\ 3,00 \\ -4,00 \end{pmatrix} \quad (t \in \mathbb{R})$$

Es muss gelten:

$\left.\begin{array}{l} -4,75 = -6,00 + 1,00t \Rightarrow t_1 = 1,25 \\ 9,75 = 6,00 + 3,00t \Rightarrow t_2 = 1,25 \\ 0,00 = 5,00 - 4,00t \Rightarrow t_3 = 1,25 \end{array}\right\} \Rightarrow t_1 = t_2 = t_3 \Rightarrow G' \in g$

Damit ist gezeigt, dass G' der Schattenpunkt von G in der x-y-Ebene ist.

Sonnenstrahl durch F:

$$f:\ \vec{x} = \begin{pmatrix} 0,00 \\ 6,00 \\ 5,00 \end{pmatrix} + t \begin{pmatrix} 1,00 \\ 3,00 \\ -4,00 \end{pmatrix} \quad (t \in \mathbb{R})$$

F' ist der Schattenpunkt von F, wenn gilt:
$z = 5,00 - 4,00t = 0$
$t = 1,25$

$t = 1,25$ in f: $\underline{\underline{F'(1,25 \mid 9,75 \mid 0,00)}}$

Die Schattenfläche BF'G'C ist ein Parallelogramm, wenn z. B. gilt:
$$\vec{BC} = \vec{F'G'}$$
$$\begin{pmatrix} -6,00 \\ 0,00 \\ 0,00 \end{pmatrix} = \begin{pmatrix} -6,00 \\ 0,00 \\ 0,00 \end{pmatrix} \text{ w. A.}$$

Damit ist der Nachweis geführt.

Skizze:

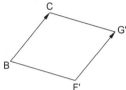

2.4 $s_1:\ \vec{x} = \begin{pmatrix} 0,00 \\ 2,00 \\ 2,00 \end{pmatrix} + t \begin{pmatrix} 20,00 \\ 6,00 \\ -4,00 \end{pmatrix} \quad (t \in \mathbb{R})$

$s_2:\ \vec{x} = \begin{pmatrix} 0,00 \\ 6,00 \\ 2,00 \end{pmatrix} + r \begin{pmatrix} 11,00 \\ -1,00 \\ 2,00 \end{pmatrix} \quad (r \in \mathbb{R})$

Untersuchung der Lage der Richtungsvektoren:
$20,00 = 11,00w$
$6,00 = -1,00w \Rightarrow w_2 = -6,00$
$-4,00 = 2,00w \Rightarrow w_3 = -2,00$ $\Bigg\} \Rightarrow w_2 \neq w_3$

$\Rightarrow s_1$ schneidet s_2 oder s_1 ist windschief zu s_2.

Untersuchung der Geraden auf gemeinsame Punkte:
$$s_1 = s_2$$
(1) $20,00t = 11,00r \Rightarrow r = \dfrac{20}{11}t$
(2) $2,00 + 6,00t = 6,00 - 1,00r$
(3) $2,00 - 4,00t = 2,00 + 2,00r$

$r = \dfrac{20}{11}t$ in (2): $t_2 = \dfrac{22}{43}$
$r = \dfrac{20}{11}t$ in (3): $t_3 = 0$ $\Bigg\} \Rightarrow t_2 \neq t_3$
$\Rightarrow s_1$ und s_2 haben keinen gemeinsamen Punkt.

Die Geraden s_1 und s_2 sind <u>windschief</u> zueinander.

Die Lösung kann mit einem geeigneten GTR-Programm bestimmt werden. Ein ausführlicher Lösungsweg ist nicht erforderlich.

ℓ ... Länge des zweiten Seils
Punkte auf s_2 für $r=0$: $P_0(0,00 \mid 6,00 \mid 2,00)$
für $r=3$: $P_1(33,00 \mid 3,00 \mid 8,00)$

$$\ell = |\overrightarrow{P_0P_1}| = \left|\begin{pmatrix} 33,00 \\ -3,00 \\ 6,00 \end{pmatrix}\right| = \sqrt{33,00^2 + (-3,00)^2 + 6,00^2} = \sqrt{1134} \approx \underline{\underline{33,7}}$$

Das zweite Seil ist etwa $\underline{\underline{33,7\text{ m}}}$ lang.

2.5 K ... Besucher ist ein Kind.
E ... Besucher ist ein Erwachsener.
m ... Besucher ist männlich.
w ... Besucher ist weiblich.

Baumdiagramm:

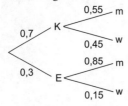

$P(m) = 0,7 \cdot 0,55 + 0,3 \cdot 0,85$
$\underline{\underline{P(m) = 0,64}}$

2.6 X ... Anzahl der Kinder im Klettergarten
p ... Anteil der Kinder im Klettergarten

H_0: $p_0 = 0,7$
H_1: $p_1 = 0,8$

Entscheidungsregel: $X \geq 78$ Entscheidung für H_1
$X \leq 77$ Entscheidung für H_0

$P(\text{Fehler 1. Art}) = P_{H_0}(\text{Entscheidung für } H_1)$
$\qquad = P(X \geq 78)$ X ist binomialverteilt mit $n = 100$, $p = 0,7$
$\qquad \approx \underline{\underline{0,0479}}$

$P(\text{Fehler 2. Art}) = P_{H_1}(\text{Entscheidung für } H_0)$
$\qquad = P(X \leq 77)$ X ist binomialverteilt mit $n = 100$, $p = 0,8$
$\qquad \approx \underline{\underline{0,2611}}$

Die Lösungen bestimmt man mit einem geeigneten GTR-Programm.

Grundkurs Mathematik (Sachsen): Abiturprüfung 2015
Teil A (ohne Rechenhilfsmittel)

1 In den Aufgaben 1.1 bis 1.5 ist von den jeweils fünf Auswahlmöglichkeiten genau eine Antwort richtig. Kreuzen Sie das jeweilige Feld an.

1.1 Welchen Anstieg besitzt der Graph der Funktion f mit $f(x) = e^{-\frac{1}{4} \cdot x + 2}$ ($x \in \mathbb{R}$) an der Stelle $x = 0$?

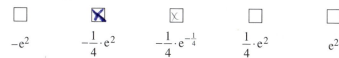

☐ $-e^2$ ☒ $-\frac{1}{4} \cdot e^2$ ☒ $-\frac{1}{4} \cdot e^{-\frac{1}{4}}$ ☐ $\frac{1}{4} \cdot e^2$ ☐ e^2

1.2 Welches der folgenden bestimmten Integrale hat den Wert 0?

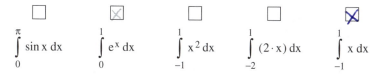

☐ $\int_0^{\pi} \sin x \, dx$ ☒ $\int_0^1 e^x \, dx$ ☐ $\int_{-1}^1 x^2 \, dx$ ☐ $\int_{-2}^1 (2 \cdot x) \, dx$ ☒ $\int_{-1}^1 x \, dx$

1.3 In der Abbildung ist der Graph der ersten Ableitungsfunktion f' einer Funktion f in einem Intervall ihres Definitionsbereichs dargestellt. Die Nullstelle von f' ist x_0. Welche der folgenden Aussagen ist für die Funktion f im dargestellten Intervall wahr?

☐ Die Funktion f ist streng monoton fallend.
☐ Die Funktion f ist streng monoton wachsend.
☐ Die Funktion f ist für $x < x_0$ streng monoton wachsend.
☒ Die Funktion f ist für $x > x_0$ streng monoton wachsend.
☒ Die Funktion f besitzt keine Extremstelle.

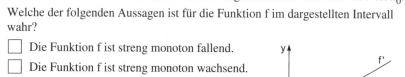

1.4 Eine parameterfreie Gleichung der Geraden g mit $g: \vec{x} = \begin{pmatrix} 0 \\ 2 \end{pmatrix} + t \cdot \begin{pmatrix} 2 \\ 1 \end{pmatrix}$ ($t \in \mathbb{R}$) ist:

☐ $y = \frac{1}{2} \cdot x + \frac{1}{2}$ ☐ $y = \frac{1}{2} \cdot x + 2$ ☐ $y = 2 \cdot x + \frac{1}{2}$ ☐ $y = 2 \cdot x + 2$ ☐ $y = \frac{1}{2} \cdot x$

1.5 Ein Glücksrad ist in zehn zueinander kongruente Sektoren eingeteilt. Fünf der Sektoren sind weiß, vier blau und einer gelb angestrichen.
Durch Drehen des Glücksrades wird genau ein Sektor zufällig ausgewählt.

Das Glücksrad wird zweimal gedreht.

Die Wahrscheinlichkeit für das Ereignis „Es werden zwei Sektoren der gleichen Farbe ausgewählt." beträgt:

☐ 0,10   ☐ 0,41   ☐ 0,42   ☐ 0,50   ☐ 0,51

Erreichbare BE-Anzahl: 5

2 Gegeben ist die Funktion f mit $f(x) = 3 \cdot x \cdot (x-2)$ ($x \in \mathbb{R}$).

2.1 Der Graph der Funktion f begrenzt mit der x-Achse eine Fläche vollständig.
Berechnen Sie den Inhalt dieser Fläche.

Erreichbare BE-Anzahl: 3

2.2 Geben Sie die Koordinaten des lokalen Extrempunktes des Graphen der Funktion f an.

Erreichbare BE-Anzahl: 1

3 Gegeben sind der Punkt A(2|1|−3) und eine Ebene E mit E: $2 \cdot x - y - z = 0$.
Der Punkt A wird an der Ebene E gespiegelt. Der Bildpunkt ist B.

Berechnen Sie die Koordinaten des Bildpunktes B.

Erreichbare BE-Anzahl: 3

4 In einer Schachtel befinden sich neun Chips im Wert von je 2 €, fünf Chips im Wert von je 1 € und sechs Chips im Wert von je 50 Cent.

Der Schachtel wird ein Chip zufällig entnommen.
Die Zufallsgröße X beschreibt den Wert des gezogenen Chips.
Ermitteln Sie den Erwartungswert der Zufallsgröße X.

Erreichbare BE-Anzahl: 3

Tipps und Hinweise

Teilaufgabe 1.1
- Bestimmen Sie die erste Ableitung der Funktion f an der Stelle $x=0$.

Teilaufgabe 1.2
- Überlegen Sie sich anhand einer Skizze, bei welcher Funktion Flächenstücke ober- und unterhalb der x-Achse vorkommen und diese gleich groß sind.

Teilaufgabe 1.3
- Nutzen Sie den Zusammenhang zwischen den Werten der Ableitungsfunktion f' einer Funktion f in einem Intervall und dem Monotonieverhalten der Funktion f in diesem Intervall.

Teilaufgabe 1.4
- Notieren Sie die beiden Koordinaten der Geradenpunkte in Form eines linearen Gleichungssystems und eliminieren Sie den Parameter t.
- Wandeln Sie die entstehende Geradengleichung in die explizite Form um.
- Sie können auch aus den Koordinaten des Richtungsvektors $\vec{a} = \begin{pmatrix} a_x \\ a_y \end{pmatrix}$ der Geraden g den Anstieg m mit $m = \frac{a_y}{a_x}$ bestimmen und diesen sowie die Koordinaten des Geradenpunktes, den der Stützvektor bestimmt, in die explizite Form der Geradengleichung $y = mx + n$ einsetzen, um das Absolutglied n zu berechnen.

Teilaufgabe 1.5
- Addieren Sie die Wahrscheinlichkeiten für die Ereignisse weiß–weiß, blau–blau und gelb–gelb.

Teilaufgabe 2.1
- Berechnen Sie die Nullstellen der Funktion f.
- Nutzen Sie folgende Formel für die Flächenberechnung:
$$A = \left| \int_a^b f(x)\,dx \right|$$
, wobei a und b die Nullstellen der Funktion f sind.

Teilaufgabe 2.2
- Die Koordinaten des Extrempunktes sind die Koordinaten des Scheitelpunktes der quadratischen Funktion.
- Die Extremstelle liegt mittig zwischen den beiden Nullstellen.
- Der Funktionswert des Extrempunktes ist der Funktionswert an der Extremstelle.

Teilaufgabe 3

- Erstellen Sie unter Nutzung des Normalenvektors der Ebene E eine Lotgerade durch den Punkt A senkrecht zur Ebene E.
- Bestimmen Sie den Wert des Parameters der Geradengleichung, für den sich die Lotgerade und die Ebene E schneiden.
- Bestimmen Sie die Koordinaten des Durchstoßpunktes F der Lotgeraden durch die Ebene E und die Koordinaten des Punktes B unter Verwendung des Vektors $\overrightarrow{AF}$ *oder* bestimmen Sie die Koordinaten des Spiegelpunktes B direkt unter Verwendung der Geradengleichung und des doppelten Parameterwertes.

Teilaufgabe 4

- Erstellen Sie eine Verteilungstabelle, die den Werten der Zufallsgröße X die entsprechenden Wahrscheinlichkeiten zuordnet.
- Berechnen Sie den Erwartungswert von X.

Lösungen

1 *Vorbemerkung:* Als Lösung ist nur das Kreuz im jeweils richtigen Feld verlangt; im Folgenden sind zusätzlich Rechnungen und Begründungen für die richtige Antwort angegeben.

1.1 Richtige Antwort: Kreuz in Feld 2

$$f'(x) = -\frac{1}{4} \cdot e^{-\frac{1}{4}x + 2}$$

$$f'(0) = -\frac{1}{4} \cdot e^{-\frac{1}{4} \cdot 0 + 2} = -\frac{1}{4} \cdot e^2$$

1.2 Richtige Antwort: Kreuz in Feld 5

$$\int_{-1}^{1} x \, dx = \left[\frac{x^2}{2}\right]_{-1}^{1} = \frac{1}{2} - \frac{1}{2} = 0$$

Skizze:

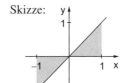

1.3 Richtige Antwort: Kreuz in Feld 4

Da die Funktionswerte der Ableitungsfunktion f' für $x > x_0$ positiv sind, ist die Funktion f für $x > x_0$ streng monoton wachsend.

1.4 Richtige Antwort: Kreuz in Feld 2

$$\begin{array}{l} x = 0 + 2t \\ y = 2 + t \quad | \cdot (-2) \\ \hline x - 2y = -4 \\ y = \frac{1}{2}x + 2 \end{array}$$

oder:

$y = mx + n$ mit $m = \dfrac{a_y}{a_x} = \dfrac{1}{2}$ (a_x und a_y sind die Koordinaten des Richtungsvektors der Geraden g)

und $P(0|2)$

folgt $2 = \dfrac{1}{2} \cdot 0 + n$

$n = 2$

also $y = \dfrac{1}{2}x + 2$

1.5 Richtige Antwort: Kreuz in Feld 3

$$P(\text{weiß}) = P(w) = \frac{5}{10} \qquad P(\text{blau}) = P(b) = \frac{4}{10} \qquad P(\text{gelb}) = P(g) = \frac{1}{10}$$

$$P(ww) + P(bb) + P(gg) = \frac{5}{10} \cdot \frac{5}{10} + \frac{4}{10} \cdot \frac{4}{10} + \frac{1}{10} \cdot \frac{1}{10} = \frac{25}{100} + \frac{16}{100} + \frac{1}{100} = \frac{42}{100} = 0{,}42$$

2.1 Nullstellen: $f(x_N) = 0 = 3 \cdot x_N \cdot (x_N - 2)$

$$x_{N_1} = 0 \qquad x_{N_2} = 2$$

Flächeninhalt:

$$A = \left| \int_0^2 f(x)\,dx \right|$$

$$A = \left| \int_0^2 (3x^2 - 6x)\,dx \right|$$

$$A = \left| \left[x^3 - 3x^2 \right]_0^2 \right|$$

$$A = |(8 - 12) - 0|$$

$$\underline{\underline{A = 4}}$$

2.2 Die Koordinaten des Extrempunktes sind gleichzeitig die Koordinaten des Scheitelpunktes der Funktion f.
Die Extremstelle x_E liegt mittig zwischen den beiden Nullstellen, also $x_E = 1$, und für den Funktionswert des Extrempunktes folgt somit $f(1) = 3 \cdot 1 \cdot (1 - 2) = -3$.

$$\underline{\underline{E(1 \mid -3)}}$$

3 Skizze:

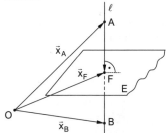

Lotgerade ℓ: $\vec{x} = \begin{pmatrix} 2 \\ 1 \\ -3 \end{pmatrix} + r \cdot \underbrace{\begin{pmatrix} 2 \\ -1 \\ -1 \end{pmatrix}}_{\substack{\text{Normalenvektor} \\ \text{der Ebene E}}}$

Einsetzen in E: $2x - y - z = 0$:

$$2(2+2r) - (1-r) - (-3-r) = 0$$
$$4 + 4r - 1 + r + 3 + r = 0$$
$$6r + 6 = 0$$
$$r = -1$$

Weg 1:

Für die Koordinaten des Lotfußpunktes F gilt:

$\vec{x}_F = \begin{pmatrix} 2 \\ 1 \\ -3 \end{pmatrix} - 1 \cdot \begin{pmatrix} 2 \\ -1 \\ -1 \end{pmatrix} \Rightarrow F(0|2|-2)$

Damit gilt für die Koordinaten des Bildpunktes B:

$\overrightarrow{OB} = \overrightarrow{OA} + 2 \cdot \overrightarrow{AF}$ bzw. $\overrightarrow{OB} = \overrightarrow{OF} + \overrightarrow{AF}$

$\overrightarrow{OB} = \begin{pmatrix} 2 \\ 1 \\ -3 \end{pmatrix} + 2 \cdot \begin{pmatrix} -2 \\ 1 \\ 1 \end{pmatrix}$ $\qquad$ $\overrightarrow{OB} = \begin{pmatrix} 0 \\ 2 \\ -2 \end{pmatrix} + \begin{pmatrix} -2 \\ 1 \\ 1 \end{pmatrix}$

$\overrightarrow{OB} = \begin{pmatrix} -2 \\ 3 \\ -1 \end{pmatrix} \Rightarrow \underline{\underline{B(-2|3|-1)}}$ $\qquad$ $\overrightarrow{OB} = \begin{pmatrix} -2 \\ 3 \\ -1 \end{pmatrix} \Rightarrow \underline{\underline{B(-2|3|-1)}}$

Weg 2:

Für die Koordinaten des Bildpunktes B gilt:

$\vec{x}_B = \vec{x}_A + 2r \cdot \begin{pmatrix} 2 \\ -1 \\ -1 \end{pmatrix}$ mit $r = -1$

$\vec{x}_B = \begin{pmatrix} 2 \\ 1 \\ -3 \end{pmatrix} - 2 \cdot \begin{pmatrix} 2 \\ -1 \\ -1 \end{pmatrix} = \begin{pmatrix} -2 \\ 3 \\ -1 \end{pmatrix} \Rightarrow \underline{\underline{B(-2|3|-1)}}$

4   X ... Wert des gezogenen Chips

x_i	2 €	1 €	0,50 €
$P(X=x_i)$	$\frac{9}{20}$	$\frac{5}{20}$	$\frac{6}{20}$

$E(X) = 2 \text{ €} \cdot \frac{9}{20} + 1 \text{ €} \cdot \frac{5}{20} + 0,50 \text{ €} \cdot \frac{6}{20}$

$\underline{\underline{E(X) = \frac{26}{20} \text{ €} = \frac{130}{100} \text{ €} = 1,30 \text{ €}}}$

Grundkurs Mathematik (Sachsen): Abiturprüfung 2015
Teil B – Aufgabe 1

In einem Skigebiet wird eine Kabinenseilbahn betrieben. Der Verlauf des Tragseils der Kabinenseilbahn und die Profillinie des Geländes unterhalb der Kabinenseilbahn können in einem kartesischen Koordinatensystem (1 Längeneinheit entspricht 100 Meter) dargestellt werden. Für die Höhe des Meeresspiegels gilt: $y = 0$

Das Tragseil verläuft zwischen zwei Befestigungspunkten. In der Abbildung werden der linke Befestigungspunkt mit A und der rechte Befestigungspunkt mit B bezeichnet. Diese Punkte besitzen die Koordinaten $A(-9,00 \mid y_A)$ und $B(5,80 \mid y_B)$.

Der Verlauf des Tragseils kann durch den Graphen der Funktion s mit
$y = s(x) = 8,227 \cdot 10^{-3} \cdot x^2 + 1,955 \cdot 10^{-2} \cdot x + 8,360$ ($x \in \mathbb{R}$; $-9,00 \leq x \leq 5,80$)
beschrieben werden.

Der Verlauf der Profillinie des Geländes unterhalb der Kabinenseilbahn kann durch den Graphen der Funktion g mit
$y = g(x) = 1,504 \cdot 10^{-3} \cdot x^3 + 3,125 \cdot 10^{-2} \cdot x^2 + 7,300$ ($x \in \mathbb{R}$; $-9,00 \leq x \leq 5,80$)
beschrieben werden.

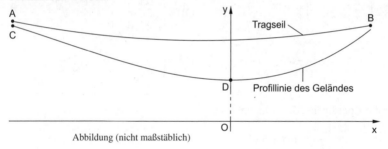

Abbildung (nicht maßstäblich)

1.1 Begründen Sie, dass die y-Koordinate des Punktes A näherungsweise 8,85 beträgt.
Zeigen Sie, dass der Höhenunterschied zwischen den beiden Befestigungspunkten des Tragseils etwa 10 m beträgt.
Geben Sie die kleinste Höhe des Tragseils über dem Meeresspiegel an.

Erreichbare BE-Anzahl: 4

1.2 Die Kabinen bewegen sich mit der Durchschnittsgeschwindigkeit $7,5 \frac{m}{s}$.
Berechnen Sie die Fahrzeit einer Kabine zwischen den beiden Befestigungspunkten des Tragseils.
Hinweis: Für die Länge ℓ des Graphen einer Funktion f im Intervall $a \leq x \leq b$ gilt:
$$\ell = \int_a^b \sqrt{1 + (f'(x))^2} \, dx$$

Erreichbare BE-Anzahl: 4

1.3 Jeder Punkt des Tragseils besitzt eine Höhe über der Profillinie des Geländes. Diese Höhen werden jeweils parallel zur y-Achse gemessen.

Ermitteln Sie den größten Wert dieser Höhen.

Aus Sicherheitsgründen muss die Höhe jedes Punktes des Tragseils über der Profillinie des Geländes mindestens 9 m betragen.

Zeigen Sie, dass diese Bedingung für die Befestigungspunkte A und B erfüllt ist.

Erreichbare BE-Anzahl: 4

Entlang der Profillinie des Geländes verläuft eine Skipiste zwischen zwei Punkten. In der Abbildung werden der Anfangspunkt der Skipiste mit C und der Endpunkt mit D bezeichnet.

Diese Punkte besitzen die Koordinaten $C(-9,00 \mid g(-9,00))$ und $D(0,00 \mid g(0,00))$.

1.4 Skipisten werden nach dem Schwierigkeitsgrad in blaue, rote und schwarze Skipisten unterteilt. Bei blauen Skipisten darf das maximale Gefälle höchstens 25 %, bei roten Skipisten höchstens 40 % betragen. Schwarze Pisten besitzen ein maximales Gefälle von mehr als 40 %.

Bestimmen Sie den Schwierigkeitsgrad der Skipiste.

Erreichbare BE-Anzahl: 3

1.5 Untersuchen Sie, ob die Profillinie des Geländes den Blick vom Endpunkt der Skipiste zum linken Befestigungspunkt des Tragseils behindert.

Erreichbare BE-Anzahl: 2

1.6 Erfahrungsgemäß betreiben 72 % der Wintertouristen des Skigebietes alpinen Skisport. 95 % der Wintertouristen des Skigebietes, die alpinen Skisport betreiben, nutzen auch diese Kabinenseilbahn. 50 % der Wintertouristen des Skigebietes, welche keinen alpinen Skisport betreiben, nutzen ebenfalls diese Kabinenseilbahn.

Berechnen Sie die Wahrscheinlichkeit dafür, dass ein zufällig ausgewählter Wintertourist des Skigebietes alpinen Skisport betreibt und diese Kabinenseilbahn nutzt.

Ermitteln Sie, wie viele von 1 000 Wintertouristen des Skigebietes diese Kabinenseilbahn erfahrungsgemäß nutzen werden.

Erreichbare BE-Anzahl: 4

1.7 Für die Kabinenseilbahn können auch ermäßigte Tickets erworben werden. Erfahrungsgemäß beträgt der Anteil der erworbenen ermäßigten Tickets 10 %.

Berechnen Sie die Wahrscheinlichkeit dafür, dass von 30 erworbenen Tickets mehr als drei Tickets ermäßigt sind.

Bestimmen Sie, wie viele Tickets mindestens erworben werden müssen, damit mit einer Wahrscheinlichkeit von mindestens 98 % mindestens ein ermäßigtes Ticket erworben wird.

Erreichbare BE-Anzahl: 4

Tipps und Hinweise

Teilaufgabe 1.1
- Bestimmen Sie zur Begründung mit dem GTR die y-Koordinate des Punktes A, welcher auf dem Graphen der Funktion s liegt.
- Bestimmen Sie ebenso die y-Koordinate des Punktes B.
- Ermitteln Sie den Höhenunterschied als Differenz der Funktionswerte der Punkte A und B. Geben Sie die Länge in Meter an.
- Der Funktionswert des Minimumpunktes des Graphen der Funktion s multipliziert mit 100 gibt die kleinste Höhe des Tragseils über dem Meeresspiegel in Meter an.

Teilaufgabe 1.2
- Nutzen Sie zur Berechnung der Fahrzeit die Formel für die Geschwindigkeit $v = \frac{s}{t}$ der geradlinig gleichförmigen Bewegung und stellen Sie diese nach der Zeit t um.
- Die Fahrstrecke s berechnet sich mit der vorgegebenen Formel für die Bogenlänge ℓ als Länge des Tragseils. Die Integrationsgrenzen a und b entsprechen den x-Koordinaten der Punkte A und B.
- Geben Sie die Bogenlänge ℓ in Meter an, um die Fahrzeit in Sekunden zu berechnen.

Teilaufgabe 1.3
- Erstellen Sie eine Gleichung einer Funktion d, welche die Höhe des Tragseils über der Profillinie des Geländes darstellt, z. B. $d(x) = s(x) - g(x)$.
- Bestimmen Sie mittels GTR das lokale Maximum dieser Funktion.
- Lesen Sie die y-Koordinate des lokalen Maximumpunktes ab. Dieser liefert, unter Beachtung der Längeneinheit, die gesuchte Höhe in Meter.
- Nutzen Sie die Gleichung der Funktion d auch zur Begründung der Aussage, dass sich die Punkte A und B des Tragseils mindestens 9 m über der Profillinie des Geländes befinden, indem Sie die Funktionswerte der Funktion d an den Stellen x_A und x_B bestimmen.
- Vergleichen Sie die Werte mit der Vorgabe.

Teilaufgabe 1.4
- Bestimmen Sie den Anstieg der Funktion g im Wendepunkt im Intervall $x_C \leq x \leq x_D$.
- Wandeln Sie die Dezimalzahl in die Prozentangabe um und formulieren Sie die Schlussfolgerung.

Teilaufgabe 1.5
- Erstellen Sie z. B. eine Gleichung der linearen Funktion g_{AD} durch die Punkte A und D.
- Untersuchen Sie die Lagebeziehung dieser Geraden g_{AD} und der Funktion g im Intervall $x_C \leq x \leq x_D$.
- Formulieren Sie das Ergebnis.

Teilaufgabe 1.6
- Stellen Sie den Sachverhalt in einem Baumdiagramm dar.
- Wählen Sie den für den Sachverhalt günstigen Pfad bzw. die günstigen Pfade.
- Berechnen Sie die gesuchten Wahrscheinlichkeiten unter Nutzung der Pfadregeln.
- Die Anzahl der Nutzer der Kabinenseilbahn berechnet sich durch Multiplikation der entsprechenden Wahrscheinlichkeit mit 1 000.

Teilaufgabe 1.7
- Wählen Sie eine geeignete Zufallsgröße X, z. B. „Anzahl der ermäßigten Tickets". Diese Zufallsgröße X ist binomialverteilt mit den Parametern $n = 30$ und $p = 0{,}1$.
- Berechnen Sie die Wahrscheinlichkeit für $X \geq 4$.
- Nutzen Sie zur Berechnung der Mindestzahl der erworbenen Tickets die Beziehung: P(mindestens ein Erfolg) = 1 − P(kein Erfolg) ≥ 0,98

Lösungen

1.1 Die Punkte A und B liegen auf dem Graphen der Funktion s.

Für die y-Koordinate des Punktes A gilt:
$\underline{y_A = s(-9,00) \approx 8,85}$

Koordinaten des Punktes A(−9,00 | 8,85)
Koordinaten des Punktes B(5,80 | s(5,80)) ≈ B(5,80 | 8,75)
Höhenunterschied h zwischen den beiden Befestigungspunkten:
$h = y_A - y_B$
$h = 8,85 - 8,75$
$\underline{h = 0,1 \triangleq 10 \text{ m}}$

Der Höhenunterschied zwischen den beiden Befestigungspunkten beträgt etwa $\underline{\underline{10 \text{ m}}}$.

Die kleinste Höhe des Tragseils über dem Meeresspiegel beträgt $\underline{\underline{\text{ca. 835 m}}}$.

Dieser Wert ergibt sich aus der y-Koordinate des lokalen Minimumpunktes $E_{Min}(-1,19 \mid 8,35)$ der Funktion s.

1.2 Für die Fahrzeit t der Kabine gilt:

mit $\quad v = \dfrac{s}{t}$

folgt $\quad t = \dfrac{s}{v}$

mit $\quad s = \ell = \displaystyle\int_{x_A}^{x_B} \sqrt{1+(s'(x))^2} \, dx$

$\ell = \displaystyle\int_{-9,00}^{5,80} \sqrt{1+(16,454\cdot 10^{-3}\cdot x + 1,955\cdot 10^{-2})^2} \, dx$

$\ell \approx 14,84 \triangleq 1\,484 \text{ m}$

Die Lösung wird mit einem geeigneten GTR-Programm bestimmt.

$t = \dfrac{1\,484 \text{ m}}{7,5 \, \frac{m}{s}} \approx \underline{\underline{198 \text{ s}}}$

Die Fahrzeit der Kabine zwischen den beiden Befestigungspunkten des Tragseils beträgt $\underline{\text{ca. 198 s}}$.

1.3 d ... Höhe des Tragseils über der Profillinie des Geländes
$d(x) = s(x) - g(x)$

Man stellt den Graphen der Funktion d im GRAPH-Menü dar und lässt sich die Koordinaten des Maximumpunktes anzeigen:
$E_{Max}(0,41 | 1,06)$

Die y-Koordinate des Maximumpunktes ergibt unter Beachtung der Längeneinheit die gesuchte Höhe. Die maximale Höhe des Tragseils über der Profillinie des Geländes beträgt rund 106 m.

Weiterhin gilt: $d(-9,00) = s(-9,00) - g(-9,00) \approx 0,12 \triangleq$ 12 m > 9 m

und $d(5,80) = s(5,80) - g(5,80) \approx 0,11 \triangleq$ 11 m > 9 m

Damit ist gezeigt, dass die beiden Befestigungspunkte A und B des Tragseils sich mehr als 9 m über der Profillinie des Geländes befinden.

1.4 Das maximale Gefälle befindet sich im Wendepunkt W der Funktion g.

Weg 1:
Unter Nutzung der TRACE-Funktion des GTR:
$W(-6,95 | 8,31)$ $g'(-6,95) \approx -0,216 \approx 22\,\%$ Gefälle

Weg 2:
$g'(x) = 4,512 \cdot 10^{-3} \cdot x^2 + 6,25 \cdot 10^{-2} \cdot x$
$g''(x) = 9,024 \cdot 10^{-3} \cdot x + 6,25 \cdot 10^{-2}$
$g''(x_W) = 0$
$x_W \approx -6,93$
$g'(-6,93) \approx -0,216 \approx 22\,\%$ Gefälle

Das maximale Gefälle beträgt ca. 22 %. Es handelt sich um eine blaue Piste.

1.5 Sichtlinie vom Endpunkt D der Skipiste zum linken Befestigungspunkt A:

$g_{AD}: y = mx + n$ mit $m = \dfrac{\Delta y}{\Delta x} = \dfrac{y_D - y_A}{x_D - x_A} = \dfrac{7,30 - 8,85}{0,00 + 9,00}$

$m \approx -0,17$

und $D(0,00 | 7,30)$ mit $g(0,00) = 7,30$

folgt $y = -0,17 \cdot x + 7,30$

Untersuchung der Lagebeziehung der Funktion g und der Geraden g_{AD} mittels GTR: Einziger Schnittpunkt ist der Punkt D im vorgegebenen Intervall $x_C \leq x \leq x_D$. Die Gerade g_{AD} verläuft oberhalb des Graphen der Funktion g.
Somit behindert die Profillinie des Geländes den Blick von D nach A nicht.

1.6 A ... Wintertourist betreibt alpinen Skisport
K ... Wintertourist nutzt Kabinenseilbahn
Baumdiagramm:

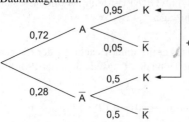

$P(A \cap K) = 0,72 \cdot 0,95 = \underline{\underline{0,684}}$

$P(K) = 0,72 \cdot 0,95 + 0,28 \cdot 0,5$
$P(K) = 0,824$
$P(K) \cdot 1000 = \underline{\underline{824}}$

824 von 1000 Wintertouristen des Skigebietes werden erfahrungsgemäß die Kabinenseilbahn nutzen.

1.7 X ... Anzahl der ermäßigten Tickets
(X ist binomialverteilt mit n=30, p=0,1)

$P(X > 3) = P(X \geq 4) \approx \underline{\underline{0,3526}}$

Die Lösung bestimmt man mit einem geeigneten GTR-Programm.

$P(X \geq 1) = 1 - P(X = 0) \geq 0,98$
$$P(X = 0) \leq 0,02$$
$$\binom{n}{0} \cdot 0,1^0 \cdot 0,9^n \leq 0,02$$
$$n \geq \frac{\ln 0,02}{\ln 0,9}$$
$$n \geq 37,13$$

⇒ Mindestens 38 Tickets müssen erworben werden.

Grundkurs Mathematik (Sachsen): Abiturprüfung 2015
Teil B – Aufgabe 2

Die Abbildung zeigt den grundsätzlichen Aufbau eines Pumpspeicherkraftwerkes.

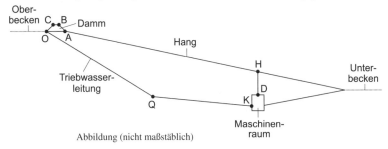

Abbildung (nicht maßstäblich)

Das Oberbecken ist mit dem unterirdischen Maschinenraum durch zwei baugleiche, parallel zueinander verlaufende Triebwasserleitungen verbunden. In der Abbildung ist nur eine der beiden Leitungen von O über Q zu K sichtbar.

Das Oberbecken wird auf einer Länge von 500 Metern von einem geradlinig verlaufenden Damm begrenzt. Der Damm kann als gerades Prisma betrachtet werden. Die Grundfläche OABC dieses Prismas ist ein gleichschenkliges Trapez mit einer Höhe von 26 Metern. Die Längen der beiden parallelen Seiten dieses Trapezes betragen 80 Meter bzw. 24 Meter.

Ein kartesisches Koordinatensystem (1 Längeneinheit entspricht 1 Meter) wird so festgelegt, dass der Punkt O im Koordinatenursprung liegt.

Die Grundfläche OABC des Prismas liegt in der y-z-Koordinatenebene. Der Punkt A liegt auf dem positiven Teil der y-Achse.

2.1 Geben Sie die Koordinaten des Punktes A im festgelegten Koordinatensystem an.

Ermitteln Sie die Größe des Winkels AOC. Erreichbare BE-Anzahl: 4

Eine der beiden Triebwasserleitungen beginnt im Punkt O und verläuft geradlinig in Richtung des Vektors $\vec{v} = \begin{pmatrix} 25 \\ 221 \\ -128 \end{pmatrix}$ bis zum Punkt Q. Vom Punkt Q aus verläuft diese Triebwasserleitung geradlinig in Richtung des Vektors $\vec{w} = \begin{pmatrix} 45 \\ 398 \\ -34 \end{pmatrix}$ und trifft im Punkt K auf den Maschinenraum.

Der Punkt K besitzt die Koordinaten K(95 | 840 | −290).

2.2 Ermitteln Sie die Größe des Winkels, den die beiden Abschnitte $\overline{OQ}$ und $\overline{QK}$ dieser Triebwasserleitung einschließen.

Bestimmen Sie die Gesamtlänge der Triebwasserleitung von O über Q bis K.

Erreichbare BE-Anzahl: 5

2.3 Für die beiden parallel verlaufenden Triebwasserleitungen wurde jeweils eine 915 m lange Bohrung mit 7 m Durchmesser in den felsigen Untergrund getrieben. Der Felsausbruch für den Maschinenraum betrug ca. 160 000 m^3. Der Felsausbruch für die beiden Triebwasserleitungen und der Felsausbruch für den Maschinenraum wurden vollständig zum Bau des Damms verwendet.

Berechnen Sie den prozentualen Anteil des gesamten Felsausbruchs am Volumen des Damms.

Erreichbare BE-Anzahl: 5

2.4 Zum Anschluss an das Stromnetz existiert ein parallel zur z-Achse verlaufender Schacht $\overline{DH}$ in den Maschinenraum. Der Punkt D besitzt die Koordinaten D(40|865|−245). Im Punkt H erreicht der Schacht den Hang zwischen Ober- und Unterbecken. Dieser Hang liegt in der Ebene E mit E: $y + 5 \cdot z = 80$.

Ermitteln Sie die Koordinaten des Punktes H.

Erreichbare BE-Anzahl: 2

Pumpspeicherkraftwerke können im Energieverbundnetz sowohl erhöhten Stromverbrauch als auch erhöhte Stromerzeugung ausgleichen.

2.5 An durchschnittlich 8 von 30 Tagen wird ein Pumpspeicherkraftwerk zum Ausgleich von erhöhtem Stromverbrauch zugeschaltet.

Bestimmen Sie die Wahrscheinlichkeit, mit der dieses Pumpspeicherkraftwerk innerhalb von 30 Tagen an höchstens 8 Tagen aus diesem Grund zugeschaltet werden muss.

Erreichbare BE-Anzahl: 2

2.6 An durchschnittlich 5 von 30 Tagen muss ein Pumpspeicherkraftwerk erhöhte Stromerzeugung ausgleichen. Mit einer Wahrscheinlichkeit von 0,04 ist die Stromerzeugung an zwei aufeinanderfolgenden Tagen erhöht.

Zeigen Sie, dass die erhöhte Stromerzeugung an einem Tag von der des Vortages stochastisch abhängig ist.

Erreichbare BE-Anzahl: 2

Tipps und Hinweise

Teilaufgabe 2.1
- Stellen Sie den Dammquerschnitt OABC in einer Skizze dar. Tragen Sie wichtige Maße und eventuell auch die Koordinaten der Eckpunkte ein.
- Beachten Sie die Lage des Punktes A auf der y-Achse mit einer Entfernung von 80 m (1 Längeneinheit entspricht 1 Meter) vom Punkt O.
- Bestimmen Sie die Koordinaten des Punktes C.
- Der Winkel AOC ist der Winkel zwischen den Vektoren $\vec{OA}$ und $\vec{OC}$.

Teilaufgabe 2.2
- Erstellen Sie je eine Gleichung der Geraden g_{OQ} durch die Punkte O und Q und g_{QK} durch die Punkte Q und K mithilfe der gegebenen Richtungsvektoren.
- Beachten Sie, dass der gesuchte Winkel der Nebenwinkel des Schnittwinkels der beiden Geraden ist.
- Bestimmen Sie die Koordinaten des Punktes Q als Schnittpunkt der Geraden g_{OQ} und g_{QK}.
- Die Gesamtlänge ℓ der Triebwasserleitung ist die Summe der Streckenlängen $\overline{OQ}$ und $\overline{QK}$.

Teilaufgabe 2.3
- Berechnen Sie das Volumen des Damms. Es handelt sich um ein gerades Prisma mit einem gleichschenkligen Trapez als Grundfläche.
- Berechnen Sie das Volumen des gesamten Felsausbruchs, wobei das Volumen einer Triebwasserleitung verdoppelt werden muss.
- Für das Volumen einer Triebwasserleitung nutzen Sie die Volumenformel für einen Zylinder.
- Der gesuchte prozentuale Anteil bestimmt sich aus dem Verhältnis der Volumina von Felsausbruch und Damm.

Teilaufgabe 2.4
- Erstellen Sie eine Gleichung der Geraden g_{DH} durch den Punkt D mit dem Richtungsvektor der z-Achse.
- Bestimmen Sie die Koordinaten des Punktes H als Schnittpunkt von Gerade g_{DH} und Ebene E.

Teilaufgabe 2.5
- Wählen Sie eine geeignete Zufallsgröße X, z. B. „Anzahl der Tage, an denen das Pumpspeicherkraftwerk zum Ausgleich von erhöhtem Stromverbrauch zugeschaltet wird". Diese Zufallsgröße X ist binomialverteilt mit den Parametern $n = 30$ und $p = \frac{8}{30}$.
- Berechnen Sie die Wahrscheinlichkeit für $X \leq 8$.

Teilaufgabe 2.6

- Beachten Sie, dass zwei Ereignisse stochastisch unabhängig sind, wenn gilt:
$P(A \cap B) = P(A) \cdot P(B)$
- Zeigen Sie, dass dies für den gegebenen Sachverhalt nicht gilt.

Lösungen

2.1 Skizze:

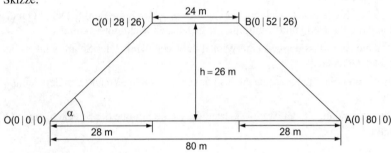

Koordinaten des Punktes A: $\underline{\underline{A(0|80|0)}}$

Größe des Winkels $\alpha = \sphericalangle AOC = \sphericalangle(\vec{OA}; \vec{OC})$:

$\cos\alpha = \dfrac{\vec{OA} \circ \vec{OC}}{|\vec{OA}| \cdot |\vec{OC}|}$ mit $\vec{OA} = \begin{pmatrix} 0 \\ 80 \\ 0 \end{pmatrix}$ und $\vec{OC} = \begin{pmatrix} 0 \\ 28 \\ 26 \end{pmatrix}$

$\qquad\qquad\qquad\qquad\qquad |\vec{OA}| = 80 \qquad |\vec{OC}| = \sqrt{1460}$

$\cos\alpha = \dfrac{2240}{80 \cdot \sqrt{1460}}$

$\underline{\underline{\alpha \approx 43°}}$

- Die Lösung kann auch mit einem geeigneten GTR-Programm bestimmt werden.
- Der ausführliche Lösungsweg ist nicht erforderlich.

2.2 $g_{OQ}: \vec{x} = \begin{pmatrix} 0 \\ 0 \\ 0 \end{pmatrix} + r \begin{pmatrix} 25 \\ 221 \\ -128 \end{pmatrix}$ $(r \in \mathbb{R})$ $\quad g_{QK}: \vec{x} = \begin{pmatrix} 95 \\ 840 \\ -290 \end{pmatrix} + s \begin{pmatrix} 45 \\ 398 \\ -34 \end{pmatrix}$ $(s \in \mathbb{R})$

Skizze:

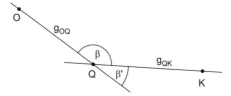

Größe des Winkels $\beta = \sphericalangle(\overrightarrow{QO}; \overrightarrow{QK})$:

$\beta = 180° - \beta'$ mit

β' ... Schnittwinkel der Geraden g_{OQ} und g_{QK}

$\cos\beta' = \dfrac{|\vec{v} \circ \vec{w}|}{|\vec{v}| \cdot |\vec{w}|}$ mit $|\vec{v}| = \left| \begin{pmatrix} 25 \\ 221 \\ -128 \end{pmatrix} \right| = \sqrt{65\,850}$

und $|\vec{w}| = \left| \begin{pmatrix} 45 \\ 398 \\ -34 \end{pmatrix} \right| = \sqrt{161\,585}$

$\cos\beta' = \dfrac{93\,435}{\sqrt{65\,850} \cdot \sqrt{161\,585}}$

$\beta' \approx 25°$

$\Rightarrow \underline{\underline{\beta \approx 155°}}$

Die beiden Abschnitte $\overline{OQ}$ und $\overline{QK}$ der Triebwasserleitung schließen einen Winkel von <u>ca. 155°</u> ein.

Die Lösung kann auch mit einem geeigneten GTR-Programm bestimmt werden. Der ausführliche Lösungsweg ist nicht erforderlich.

ℓ ... Gesamtlänge der Triebwasserleitung

Bestimmung der Koordinaten des Punktes Q:

$g_{OQ} = g_{QK}$

$\left. \begin{aligned} 0 + 25r &= 95 + 45s \\ 0 + 221r &= 840 + 398s \\ 0 - 128r &= -290 - 34s \end{aligned} \right\}$ $r = 2$ und $s = -1$

Probe: $2 \cdot (-128) = -290 + 34$
$\quad\quad\quad -256 = -256 \quad \text{w. A.}$

$r = 2$ in g_{OQ}: $Q(50 \mid 442 \mid -256)$

$$\ell = |\overrightarrow{OQ}| + |\overrightarrow{QK}|$$

$$\ell = \left| \begin{pmatrix} 50 \\ 442 \\ -256 \end{pmatrix} \right| + \left| \begin{pmatrix} 45 \\ 398 \\ -34 \end{pmatrix} \right|$$

$$\ell = \sqrt{263\,400} + \sqrt{161\,585}$$

$$\underline{\underline{\ell \approx 915}}$$

Die Triebwasserleitung von O über Q nach K hat eine Gesamtlänge von $\underline{\text{ca. 915 m}}$.

Die Lösung kann auch mit einem geeigneten GTR-Programm bestimmt werden.
Der ausführliche Lösungsweg ist nicht erforderlich.

2.3 V_D ... Volumen des Damms
V_F ... Volumen des Felsausbruchs

$$V_D = \frac{\overline{CB} + \overline{OA}}{2} \cdot h_D \cdot \ell_D \qquad \text{mit } h_D \text{ ... Höhe des Damms}$$
$$\ell_D \text{ ... Länge des Damms}$$

$$V_D = \frac{24\text{ m} + 80\text{ m}}{2} \cdot 26\text{ m} \cdot 500\text{ m}$$

$$\underline{\underline{V_D = 676\,000\text{ m}^3}}$$

$$V_F = 2 \cdot \left(\frac{\pi}{4} \cdot d^2 \cdot \ell \right) + 160\,000\text{ m}^3 \qquad \text{mit } d = 7\text{ m} \text{ und } \ell = 915\text{ m}$$

$$V_F = 2 \cdot \left(\frac{\pi}{4} \cdot (7\text{ m})^2 \cdot 915\text{ m} \right) + 160\,000\text{ m}^3$$

$$\underline{\underline{V_F \approx 230\,427\text{ m}^3}}$$

Prozentualer Anteil:

$$\frac{V_F}{V_D} = \frac{230\,427\text{ m}^3}{676\,000\text{ m}^3} \approx \underline{\underline{34\,\%}}$$

Der Anteil des gesamten Felsausbruchs am Volumen des Damms beträgt $\underline{\underline{\text{etwa 34 \%}}}$.

2.4 g_{DH}: $\vec{x} = \begin{pmatrix} 40 \\ 865 \\ -245 \end{pmatrix} + t \begin{pmatrix} 0 \\ 0 \\ 1 \end{pmatrix}$ $(t \in \mathbb{R})$

E: $y + 5z = 80$

Lagebeziehung zwischen g_{DH} und E:

g_{DH} in E: $865 + 5 \cdot (-245 + t) = 80$
$\phantom{g_{DH} \text{ in E: }} -360 + 5t = 80$
$\phantom{g_{DH} \text{ in E: } -360 + 5} t = 88$

t in g_{DH}: $\underline{\underline{H(40 \mid 865 \mid -157)}}$

/ Die Lösung kann auch mit einem geeigneten GTR-Programm bestimmt werden.
/ Der ausführliche Lösungsweg ist nicht erforderlich.

2.5 X ... Anzahl der Tage, an denen das Pumpspeicherkraftwerk zum Ausgleich von erhöhtem Stromverbrauch zugeschaltet wird

(X ist binomialverteilt mit $n = 30$, $p = \frac{8}{30}$)

$P(X \leq 8) \approx \underline{\underline{0,5937}}$

/ Die Lösung bestimmt man mit einem geeigneten GTR-Programm.

2.6 Zwei Ereignisse A und B sind stochastisch unabhängig, wenn gilt:
$P(A) \cdot P(B) = P(A \cap B)$

Ereignis B: erhöhte Stromerzeugung an einem Tag

Ereignis A: erhöhte Stromerzeugung am Vortag

Ereignis $A \cap B$: erhöhte Stromerzeugung an zwei aufeinanderfolgenden Tagen

In diesem Fall müsste gelten:

$\frac{5}{30} \cdot \frac{5}{30} = 0,04$

$\frac{1}{36} = 0,04 = \frac{1}{25}$ $\Rightarrow$ falsche Aussage

Damit ist gezeigt, dass die erhöhte Stromerzeugung an einem Tag von der des Vortages stochastisch abhängig ist.

Grundkurs Mathematik (Sachsen): Abiturprüfung 2016
Teil A (ohne Rechenhilfsmittel)

1 In den Aufgaben 1.1 bis 1.5 ist von den jeweils fünf Auswahlmöglichkeiten genau eine Antwort richtig. Kreuzen Sie das jeweilige Feld an.

1.1 Gegeben ist die Funktion f mit $f(x) = x \cdot e^x$ ($x \in \mathbb{R}$).
Die erste Ableitungsfunktion f' von f kann beschrieben werden durch:

☐ $f'(x) = e^x$ ($x \in \mathbb{R}$)

☐ $f'(x) = e^{x-1}$ ($x \in \mathbb{R}$)

☐ $f'(x) = x \cdot e^x$ ($x \in \mathbb{R}$)

☐ $f'(x) = e^x \cdot (1+x)$ ($x \in \mathbb{R}$)

☐ $f'(x) = x \cdot (e^x + 1)$ ($x \in \mathbb{R}$)

1.2 Der Graph der Funktion f mit $y = f(x) = \frac{2 \cdot x^2 - 3 \cdot x + 4}{-6 \cdot x^2}$ ($x \in \mathbb{R}$; $x \neq 0$) besitzt eine waagerechte Asymptote mit der Gleichung

☐ $y = -3$ ☐ $y = -\frac{1}{3}$ ☐ $y = 0$ ☐ $y = \frac{1}{3}$ ☐ $y = 3$

1.3 Gegeben ist die Funktion g mit $g(x) = (2 \cdot x - 4)^3$ ($x \in \mathbb{R}$).
Eine mögliche Stammfunktion G von g kann beschrieben werden durch:

☐ $G(x) = \frac{1}{6} \cdot (2 \cdot x - 4)^2$ ($x \in \mathbb{R}$)

☐ $G(x) = \frac{1}{3} \cdot (2 \cdot x - 4)^2$ ($x \in \mathbb{R}$)

☐ $G(x) = \frac{1}{8} \cdot (2 \cdot x - 4)^4$ ($x \in \mathbb{R}$)

☐ $G(x) = \frac{1}{4} \cdot (2 \cdot x - 4)^4$ ($x \in \mathbb{R}$)

☐ $G(x) = \frac{1}{2} \cdot (2 \cdot x - 4)^4$ ($x \in \mathbb{R}$)

1.4 In einem kartesischen Koordinatensystem verläuft eine Gerade g senkrecht zur y-z-Koordinatenebene.
Eine mögliche Gleichung der Geraden g ist:

☐ $\vec{x} = \begin{pmatrix} 1 \\ 2 \\ 3 \end{pmatrix} + t \cdot \begin{pmatrix} 0 \\ 1 \\ 1 \end{pmatrix}$ (t ∈ ℝ)

☐ $\vec{x} = \begin{pmatrix} 1 \\ 2 \\ 3 \end{pmatrix} + t \cdot \begin{pmatrix} 1 \\ 1 \\ 1 \end{pmatrix}$ (t ∈ ℝ)

☐ $\vec{x} = \begin{pmatrix} 1 \\ 2 \\ 3 \end{pmatrix} + t \cdot \begin{pmatrix} 1 \\ 0 \\ 1 \end{pmatrix}$ (t ∈ ℝ)

☐ $\vec{x} = \begin{pmatrix} 1 \\ 2 \\ 3 \end{pmatrix} + t \cdot \begin{pmatrix} -1 \\ 0 \\ 0 \end{pmatrix}$ (t ∈ ℝ)

☐ $\vec{x} = \begin{pmatrix} 1 \\ 2 \\ 3 \end{pmatrix} + t \cdot \begin{pmatrix} 0 \\ -1 \\ -1 \end{pmatrix}$ (t ∈ ℝ)

1.5 In einer Urne befinden sich 3 grüne und 5 rote Kugeln.
Der Urne wird eine Kugel zufällig entnommen. Nach Feststellung ihrer Farbe wird die gezogene Kugel in die Urne zurückgelegt.
Dieser Vorgang wird insgesamt dreimal durchgeführt. Die Zufallsgröße X beschreibt die Anzahl der dabei gezogenen grünen Kugeln.

Die Wahrscheinlichkeit P(X = 2) kann mit folgendem Term berechnet werden:

☐   ☐   ☐   ☐   ☐

$2 \cdot \dfrac{3}{8} \cdot \dfrac{5}{7}$ $3 \cdot \dfrac{3}{8} \cdot \dfrac{2}{7} \cdot \dfrac{5}{6}$ $\left(\dfrac{3}{8}\right)^2 \cdot \dfrac{5}{8}$ $3 \cdot \left(\dfrac{3}{8}\right)^2 \cdot \dfrac{5}{8}$ $3 \cdot \dfrac{3}{8} \cdot \left(\dfrac{5}{8}\right)^2$

Erreichbare BE-Anzahl: 5

2   Der Graph der Funktion f mit $f(x) = 2 \cdot x^3 - 6 \cdot x^2$ (x ∈ ℝ) besitzt genau einen Wendepunkt W.
Ermitteln Sie eine Gleichung der Tangente an den Graphen der Funktion f in diesem Wendepunkt W.

Erreichbare BE-Anzahl: 5

3   In einem kartesischen Koordinatensystem sind die Gerade g mit
g: $\vec{x} = \begin{pmatrix} 3 \\ 3 \\ 2 \end{pmatrix} + t \cdot \begin{pmatrix} 1 \\ -1 \\ 2 \end{pmatrix}$ (t ∈ ℝ) und für jeden Wert von a (a ∈ ℝ) der Punkt $P_a(2|a|0)$
gegeben.
Es existiert ein Wert von a, sodass der Punkt P_a auf der Geraden g liegt.
Berechnen Sie diesen Wert von a.

Erreichbare BE-Anzahl: 2

4 Gegeben ist die vollständige Wahrscheinlichkeitsverteilung einer Zufallsgröße X.

x_i	0	1	2	3
$P(X = x_i)$	0,25	0,4	$P(X = 2)$	0,2

Berechnen Sie den Erwartungswert der Zufallsgröße X.

Erreichbare BE-Anzahl: 3

Tipps und Hinweise

Teilaufgabe 1.1
- Bestimmen Sie die erste Ableitung der Funktion f unter Nutzung der Produktregel.
- Klammern Sie den Term e^x aus.

Teilaufgabe 1.2
- Untersuchen Sie das Verhalten der Funktion f im Unendlichen.
- Suchen Sie die höchste Potenz von x im Nenner und klammern Sie diese im Zähler und im Nenner aus. Wenden Sie die Grenzwertsätze an.

Teilaufgabe 1.3
- Integrieren Sie mittels linearer Substitution.
- Alternativ können Sie auch alle gegebenen Funktionen ableiten.

Teilaufgabe 1.4
- Beachten Sie, dass ein möglicher Richtungsvektor der gesuchten Geraden ein Richtungsvektor der Achse ist, welche senkrecht zur y-z-Ebene verläuft.

Teilaufgabe 1.5
- Nutzen Sie die Formel von Bernoulli.
- Alternativ können Sie auch den Sachverhalt in einem Baumdiagramm veranschaulichen und die Pfadregeln anwenden.

Teilaufgabe 2
- Berechnen Sie die Koordinaten des Wendepunktes der Funktion f.
- Bestimmen Sie den Anstieg der Wendetangente mittels 1. Ableitung der Funktion f an der Wendestelle.
- Setzen Sie die Koordinaten des Wendepunktes und den Anstieg der Wendetangente in die Gleichung $y = mx + n$ ein und berechnen Sie n.
- Geben Sie die Gleichung der Tangente an.

Teilaufgabe 3

▸ Setzen Sie die Koordinaten des Punktes P_a in die Geradengleichung ein.
▸ Bestimmen Sie mittels x- oder z-Koordinate den Wert des Parameters t.
▸ Nutzen Sie diesen, um a zu berechnen.

Teilaufgabe 4

▸ Berechnen Sie die Wahrscheinlichkeit $P(X=2)$, indem Sie die Summe der gegebenen Wahrscheinlichkeiten von 1 subtrahieren.
▸ Berechnen Sie den Erwartungswert $E(X)$, indem Sie die Produkte aus Wert der Zufallsgröße und zugehöriger Wahrscheinlichkeit addieren.

Lösungen

1 *Vorbemerkung:* Als Lösung ist nur das Kreuz im jeweils richtigen Feld verlangt; im Folgenden sind zusätzlich Rechnungen und Begründungen für die richtige Antwort angegeben.

1.1 Richtige Antwort: Kreuz in <u>Feld 4</u>

$f'(x) = 1 \cdot e^x + x \cdot e^x$
$f'(x) = e^x \cdot (1+x)$

1.2 Richtige Antwort: Kreuz in <u>Feld 2</u>

$$\lim_{x \to \pm\infty} f(x) = \lim_{x \to \pm\infty} \frac{x^2 \cdot \left(2 - \frac{3}{x} + \frac{4}{x^2}\right)}{x^2 \cdot (-6)} = -\frac{2}{6} = -\frac{1}{3}$$

1.3 Richtige Antwort: Kreuz in <u>Feld 3</u>

$$G(x) = \frac{1}{4} \cdot \frac{1}{2} \cdot (2 \cdot x - 4)^4 = \frac{1}{8} \cdot (2 \cdot x - 4)^4$$

1.4 Richtige Antwort: Kreuz in <u>Feld 4</u>

$\vec{a} = \begin{pmatrix} -1 \\ 0 \\ 0 \end{pmatrix}$ ist ein Richtungsvektor der x-Achse und diese verläuft senkrecht zur y-z-Koordinatenebene.

1.5 Richtige Antwort: Kreuz in Feld 4

X ... Anzahl der gezogenen grünen Kugeln
(X ist binomialverteilt mit $n = 3$, $p = \frac{3}{8}$)

$$P(X=2) = \binom{3}{2} \cdot \left(\frac{3}{8}\right)^2 \cdot \frac{5}{8} = 3 \cdot \left(\frac{3}{8}\right)^2 \cdot \frac{5}{8}$$

2\. $f(x) = 2 \cdot x^3 - 6 \cdot x^2$
$f'(x) = 6 \cdot x^2 - 12 \cdot x$
$f''(x) = 12 \cdot x - 12$
$f''(x_W) = 0 = 12 \cdot x_W - 12$

$\left. \begin{array}{l} x_W = 1 \\ f(x_W) = f(1) = -4 \end{array} \right\} \Rightarrow W(1|-4)$

t_W ... Tangente im Wendepunkt W
t_W: $y = mx + n$ mit $m = f'(x_W) = f'(1) = -6$
                und $W(1|-4)$
folgt $-4 = -6 \cdot 1 + n$
        $n = 2$

$\underline{\underline{t_W: y = -6 \cdot x + 2}}$

3\. $g: \vec{x} = \begin{pmatrix} 3 \\ 3 \\ 2 \end{pmatrix} + t \cdot \begin{pmatrix} 1 \\ -1 \\ 2 \end{pmatrix}$ $P_a(2|a|0)$

P_a in g einsetzen:

$\left. \begin{array}{l} 2 = 3 + t \Rightarrow t = -1 \\ a = 3 - t \\ 0 = 2 + 2t \Rightarrow t = -1 \end{array} \right\} \Rightarrow \begin{array}{l} a = 3 - (-1) \\ \underline{\underline{a = 4}} \end{array}$

4\. $E(X) = 0 \cdot 0{,}25 + 1 \cdot 0{,}4 + 2 \cdot P(X=2) + 3 \cdot 0{,}2$
   mit $P(X=2) = 1 - 0{,}25 - 0{,}4 - 0{,}2$
         $P(X=2) = 0{,}15$
   folgt $E(X) = 1 \cdot 0{,}4 + 2 \cdot 0{,}15 + 3 \cdot 0{,}2$
           $\underline{\underline{E(X) = 1{,}3}}$

Grundkurs Mathematik (Sachsen): Abiturprüfung 2016
Teil B – Aufgabe 1

Eine ebene viereckige Werbefläche wird in einem kartesischen Koordinatensystem durch die Eckpunkte P(4|2|0), Q(2|4|0), R(0|4|2) und S(0|2|4) beschrieben (1 Längeneinheit entspricht 1 Meter).

1.1 Stellen Sie das Viereck PQRS in einem kartesischen Koordinatensystem dar.
Weisen Sie nach, dass dieses Viereck ein gleichschenkliges Trapez ist.
Erreichbare BE-Anzahl: 6

1.2 Ermitteln Sie den Flächeninhalt der Werbefläche.
Erreichbare BE-Anzahl: 3

Für eine Sonderausstellung wird die Werbefläche so zu einem Sechseck PQRSTU vergrößert, dass die Gerade durch die Punkte P und S eine Symmetrieachse dieses Sechsecks ist.

1.3 Weisen Sie nach, dass der Punkt T die Koordinaten T(2|0|4) besitzt.
Bestimmen Sie die Koordinaten des Punktes U.
Erreichbare BE-Anzahl: 4

1.4 Zur Stabilisierung dieser sechseckigen Werbefläche verlaufen von einem Punkt Z jeweils gleich lange Metallstreben zu jedem Eckpunkt des Sechsecks PQRSTU, sodass die gerade Pyramide PQRSTUZ entsteht. Der Punkt Z liegt in der x-y-Koordinatenebene.
Ermitteln Sie die Koordinaten dieses Punktes Z.
Erreichbare BE-Anzahl: 3

1.5 Träger für derartige Werbeflächen werden aus Kunststoff gefertigt.
30 % der Träger werden aus recyceltem Kunststoff hergestellt. Die Wahrscheinlichkeit für einen Materialfehler bei einem Träger aus nicht recyceltem Kunststoff beträgt 0,3 %. Die Wahrscheinlichkeit dafür, dass ein Träger einen Materialfehler besitzt, beträgt 1,5 %.
Bestimmen Sie die Wahrscheinlichkeit dafür, dass ein Träger aus nicht recyceltem Kunststoff besteht und keinen Materialfehler besitzt.
Ermitteln Sie den prozentualen Anteil der Träger mit Materialfehler an allen aus recyceltem Kunststoff hergestellten Trägern.
Erreichbare BE-Anzahl: 4

Tipps und Hinweise

Teilaufgabe 1.1
- Verwenden Sie für die Darstellung ein räumliches kartesisches Koordinatensystem.
- Verwenden Sie für den Nachweis des gleichschenkligen Trapezes folgende Kriterien:
  (1) Parallelität zweier Seiten
  (2) gleiche Länge der beiden anderen Seiten

Teilaufgabe 1.2
- Nutzen Sie die Flächeninhaltsformel für ein Trapez: $A_T = \frac{a+c}{2} \cdot h$
- Stellen Sie sich das gleichschenklige Trapez in einer Skizze dar und markieren Sie die Höhe als Lot von einem der Endpunkte der kürzeren Seite auf die längere Seite.
- Berechnen Sie die Höhe des Trapezes mithilfe des so entstandenen rechtwinkligen Dreiecks unter Nutzung des Lehrsatzes des Pythagoras.
- Sie können die Trapezhöhe auch als Abstand der beiden parallelen Seiten mit einem geeigneten Taschenrechnerprogramm ermitteln.

Teilaufgabe 1.3
- Nutzen Sie die Symmetrieeigenschaften für dieses Sechseck.
  So gilt z. B. $\overrightarrow{QM} = \overrightarrow{MT}$, wobei M der Mittelpunkt der Strecke $\overline{PS}$ ist.
- Für den Punkt U gilt z. B. $\overrightarrow{RM} = \overrightarrow{MU}$.

Teilaufgabe 1.4
- Beachten Sie, dass der Punkt Z die Spitze einer geraden sechsseitigen Pyramide ist, sodass er lotrecht über dem Punkt M liegen muss.
- Erstellen Sie eine Gerade ℓ senkrecht zur Grundflächenebene PQRSTU durch M.
- Der Durchstoßpunkt der Geraden ℓ durch die x-y-Ebene ist der gesuchte Punkt Z.
- Sie können auch die Längen zweier geeigneter Vektoren von Z zu den Eckpunkten des Sechsecks gleichsetzen.
- Dabei müssen Sie zusätzlich beachten, dass der Punkt Z auf der bereits oben erwähnten Geraden ℓ liegt.

Teilaufgabe 1.5
- Stellen Sie den Sachverhalt in einem Baumdiagramm dar. Notieren Sie alle bekannten Pfadwahrscheinlichkeiten.
- Kennzeichnen Sie die Wahrscheinlichkeit dafür, dass ein Träger einen Materialfehler besitzt, als Summenwahrscheinlichkeit der Pfadwahrscheinlichkeiten der Pfade, die auf einen Materialfehler enden.
- Wählen Sie den für den Sachverhalt günstigen Pfad bzw. die günstigen Pfade.
- Berechnen Sie die gesuchten Wahrscheinlichkeiten unter Nutzung der Pfadregeln.

Lösungen

P(4|2|0), Q(2|4|0), R(0|4|2) und S(0|2|4) (1 Längeneinheit $\triangleq$ 1 Meter).

1.1
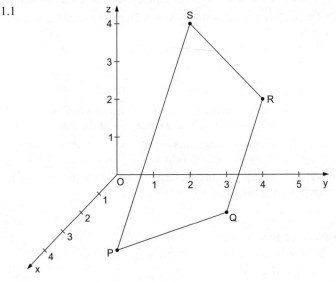

Zu zeigen ist für ein gleichschenkliges Trapez:
(1) ein Paar paralleler Gegenseiten und
(2) gleiche Länge der nicht parallelen Seiten

$\vec{PQ} = \begin{pmatrix} -2 \\ 2 \\ 0 \end{pmatrix}$ $\quad |\vec{PQ}| = \sqrt{(-2)^2 + 2^2} = \sqrt{8}$

$\vec{SR} = \begin{pmatrix} 0 \\ 2 \\ -2 \end{pmatrix}$ $\quad |\vec{SR}| = \sqrt{2^2 + (-2)^2} = \sqrt{8}$

$\vec{PS} = \begin{pmatrix} -4 \\ 0 \\ 4 \end{pmatrix}$ $\quad |\vec{PS}| = \sqrt{(-4)^2 + 4^2} = \sqrt{32}$

$\vec{QR} = \begin{pmatrix} -2 \\ 0 \\ 2 \end{pmatrix}$ $\quad |\vec{QR}| = \sqrt{(-2)^2 + 2^2} = \sqrt{8}$

zu (1) $\vec{PS} = 2 \cdot \vec{QR} \implies \vec{PS} \parallel \vec{QR}$
zu (2) $|\vec{PQ}| = |\vec{SR}| = \sqrt{8}$

Damit ist der Nachweis für das gleichschenklige Trapez geführt.

1.2 Skizze:

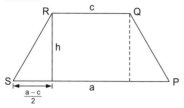

Flächeninhalt: $A_T = \dfrac{a+c}{2} \cdot h$

mit $\quad a = |\vec{PS}| = \sqrt{32}$
$\quad\quad c = |\vec{QR}| = \sqrt{8}$

$h = \sqrt{|\vec{SR}|^2 - \left(\dfrac{a-c}{2}\right)^2}$

$h = \sqrt{8 - \left(\dfrac{\sqrt{32} - \sqrt{8}}{2}\right)^2}$

$h = \sqrt{6}$

folgt $\quad A_T = \dfrac{\sqrt{32} + \sqrt{8}}{2} \cdot \sqrt{6}$

$\quad\quad\underline{\underline{A_T \approx 10,4}}$

Der Flächeninhalt der Werbefläche beträgt ca. 10,4 m².

Der Abstand der beiden parallelen Seiten kann auch mit einem geeigneten GTR-Programm bestimmt werden.

1.3 Skizze:

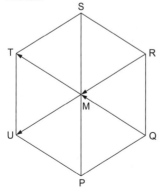

M ... Mittelpunkt der Seite $\overline{PS}$

$M\left(\dfrac{x_P+x_S}{2} \mid \dfrac{y_P+y_S}{2} \mid \dfrac{z_P+z_S}{2}\right) = M(2\mid 2\mid 2)$

Nachweis der Koordinaten des Punktes $T(2\mid 0\mid 4)$:
z. B. $\overrightarrow{QM} = \overrightarrow{MT}$, da g_{SP} Symmetrieachse ist

$\begin{pmatrix} 0 \\ -2 \\ 2 \end{pmatrix} = \begin{pmatrix} 0 \\ -2 \\ 2 \end{pmatrix}$

Bestimmung der Koordinaten des Punktes U:
z. B. $\overrightarrow{RM} = \overrightarrow{MU}$ mit $U(x_U\mid y_U\mid z_U)$

$\begin{pmatrix} 2 \\ -2 \\ 0 \end{pmatrix} = \begin{pmatrix} x_U - 2 \\ y_U - 2 \\ z_U - 2 \end{pmatrix} \Rightarrow \underline{\underline{U(4\mid 0\mid 2)}}$

1.4 $Z(x_Z\mid y_Z\mid 0)$

Ebenengleichung für die Werbefläche:

$E_{PQR}: \vec{x} = \begin{pmatrix} 4 \\ 2 \\ 0 \end{pmatrix} + r\cdot\begin{pmatrix} -2 \\ 2 \\ 0 \end{pmatrix} + s\cdot\begin{pmatrix} -4 \\ 2 \\ 2 \end{pmatrix}$ $(r, s \in \mathbb{R})$

bzw.
$E_{PQR}: x + y + z = 6$

Die Koordinaten des Punktes Z findet man z. B., indem man eine Lotgerade ℓ zur Ebene E_{PQR} durch den Punkt M mit der x-y-Ebene zum Schnitt bringt.

$\ell: \vec{x} = \begin{pmatrix} 2 \\ 2 \\ 2 \end{pmatrix} + t\cdot\underbrace{\begin{pmatrix} 1 \\ 1 \\ 1 \end{pmatrix}}_{\vec{n}_{E_{PQR}}}$ $(t \in \mathbb{R})$

Schnitt von ℓ mit $z = 0$: $z = 0 = 2 + t$
$t = -2 \Rightarrow \underline{\underline{Z(0\mid 0\mid 0)}}$

Die Lösung kann auch ohne ausführliche Rechnung mit einem geeigneten GTR-Programm bestimmt werden.

Alternativer Lösungsweg:

z. B. $\quad |\overrightarrow{PZ}| = |\overrightarrow{SZ}| \quad$ mit $Z(x_Z\mid y_Z\mid 0)$

folgt $\left|\begin{pmatrix} x_Z - 4 \\ y_Z - 2 \\ 0 - 0 \end{pmatrix}\right| = \left|\begin{pmatrix} x_Z - 0 \\ y_Z - 2 \\ 0 - 4 \end{pmatrix}\right| \quad$ mit $Z \in \ell$, d. h. $x_Z = y_Z = 2 + t$

folgt $\left|\begin{pmatrix} 2+t-4 \\ 2+t-2 \\ 0 \end{pmatrix}\right| = \left|\begin{pmatrix} 2+t \\ 2+t-2 \\ -4 \end{pmatrix}\right|$

$\left|\begin{pmatrix} t-2 \\ t \\ 0 \end{pmatrix}\right| = \left|\begin{pmatrix} 2+t \\ t \\ -4 \end{pmatrix}\right|$

$\sqrt{(t-2)^2 + t^2} = \sqrt{(2+t)^2 + t^2 + (-4)^2}$

$2t^2 - 4t + 4 = 20 + 4t + 2t^2$

$8t = -16$

$t = -2 \quad \Rightarrow \quad \underline{\underline{Z(0|0|0)}}$

1.5 K ... Träger aus recyceltem Kunststoff
M ... Materialfehler
Baumdiagramm:

```
              x    M
         K  <
    0,3  /    \   M̄       +   P(M) = 0,015
        <
    0,7  \         0,003  M
         K̄  <
              0,997  M̄
```

$P(\overline{K} \cap \overline{M}) = 0,7 \cdot 0,997 = \underline{\underline{0,6979}}$

$P(M) = 0,3 \cdot x + 0,7 \cdot 0,003 = 0,015$

$\underline{\underline{x = 0,043}}$

Der prozentuale Anteil der Träger mit Materialfehler an allen aus recyceltem Kunststoff hergestellten Trägern beträgt $\underline{\underline{4,3 \%}}$.

Grundkurs Mathematik (Sachsen): Abiturprüfung 2016
Teil B – Aufgabe 2

An einer Wetterstation in Deutschland werden kontinuierlich Temperaturen gemessen. In der Abbildung ist der Temperaturverlauf für die ersten 18 Stunden nach Mitternacht an einem Tag im Juli dargestellt.

Der Temperaturverlauf kann in dem gegebenen Koordinatensystem näherungsweise durch den Graphen der Funktion f mit

$f(x) = -0{,}00178 \cdot x^4 + 0{,}05 \cdot x^3 - 0{,}33 \cdot x^2 + 0{,}37 \cdot x + 16$ ($x \in \mathbb{R}$; $0{,}00 \leq x \leq 18{,}00$)

beschrieben werden.

Dabei gilt:

x ... Zeitpunkt nach Mitternacht (in Stunden)

f(x) ... Temperatur (in Grad Celsius) zum Zeitpunkt x

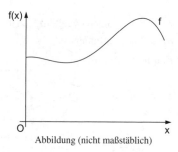

Abbildung (nicht maßstäblich)

2.1 Zeigen Sie, dass 10,00 Stunden nach Mitternacht die Temperatur von 18,9 °C erreicht wurde.

Ermitteln Sie, zu welcher Uhrzeit die niedrigste Temperatur im angegebenen Zeitraum gemessen wurde.

Erreichbare BE-Anzahl: 4

2.2 Bestimmen Sie für den angegebenen Zeitraum den Zeitpunkt nach Mitternacht, an dem der Anstieg des Temperaturverlaufes am größten war.

Erreichbare BE-Anzahl: 3

2.3 Ermitteln Sie für den angegebenen Zeitraum die Zeitdauer, in der die Temperatur mindestens 25,0 °C betrug.

Erreichbare BE-Anzahl: 2

2.4 An einem anderen Tag wurden um 07:00 Uhr die Temperatur von 18,0 °C und um 12:00 Uhr die Temperatur von 27,0 °C gemessen. Die Tageshöchsttemperatur von 30,0 °C wurde um 15:00 Uhr erreicht. Der Temperaturverlauf kann für diesen Tag im Zeitraum von 07:00 Uhr bis 18:00 Uhr annähernd durch den Graphen einer ganzrationalen Funktion g dritten Grades beschrieben werden.

Ermitteln Sie eine Gleichung der Funktion g.

Erreichbare BE-Anzahl: 4

Die Funktion h mit $h(x) = -\frac{x^2}{80} + \frac{x}{5}$ ($x \in D_h$) beschreibt näherungsweise die Leistung pro Fläche, die an einem Sommertag zu einem bestimmten Zeitpunkt zwischen Sonnenaufgang und Sonnenuntergang an die Erdoberfläche abgegeben wird.

Dabei gilt:

x ... Zeitpunkt nach Sonnenaufgang (in Stunden)

h(x) ... Leistung pro Fläche (in Kilowatt pro Quadratmeter) zum Zeitpunkt x

Zu den Zeitpunkten des Sonnenaufgangs und des Sonnenuntergangs beträgt die Leistung pro Fläche null Kilowatt pro Quadratmeter.

Die Energie pro Fläche, die in einem Zeitintervall an die Erdoberfläche übertragen wird, kann durch die Integration der Leistung pro Fläche über die Zeit bestimmt werden.

2.5 Ermitteln Sie die Energie pro Fläche (in Kilowattstunden pro Quadratmeter), die an diesem Tag zwischen Sonnenaufgang und Sonnenuntergang an die Erdoberfläche abgegeben wird.

Erreichbare BE-Anzahl: 3

2.6 Bestimmen Sie, bis zu welchem Zeitpunkt $x = a$ ($a \in \mathbb{R}$, $0 < a < 16$) nach Sonnenaufgang eine Energie von 7,2 Kilowattstunden an einen Quadratmeter der Erdoberfläche abgegeben wird.

Erreichbare BE-Anzahl: 2

2.7 Der Deutsche Wetterdienst gibt die Niederschlagswahrscheinlichkeiten für drei aufeinanderfolgende Tage mit jeweils 30 % an.

Ermitteln Sie unter Verwendung dieser Angabe die Wahrscheinlichkeiten folgender Ereignisse:
Ereignis A: An allen drei Tagen fällt kein Niederschlag.
Ereignis B: An höchstens einem der drei Tage fällt Niederschlag.

Erreichbare BE-Anzahl: 4

2.8 Die Güte einer Wettervorhersage gibt Aufschluss darüber, wie hoch die Wahrscheinlichkeit für das Zutreffen dieser Wettervorhersage ist.

Erfahrungsgemäß beträgt die Güte einer Wettervorhersage für den kommenden Tag 90 %. Es besteht die Vermutung, dass die Güte einer Wettervorhersage für den kommenden Tag gestiegen ist.
In einem Test mit 120 zufällig ausgewählten Wettervorhersagen für den jeweils kommenden Tag soll die Nullhypothese „Die Güte einer Wettervorhersage für den kommenden Tag liegt höchstens bei 90 %." auf einem Signifikanzniveau von 5 % getestet werden.

Bestimmen Sie den Ablehnungsbereich der Nullhypothese.

Erreichbare BE-Anzahl: 3

Tipps und Hinweise

Teilaufgabe 2.1
- Bestimmen Sie die gesuchte Temperatur als Funktionswert f(10,00). Achten Sie auf die Einheit.
- Ermitteln Sie die Uhrzeit mit der niedrigsten Temperatur, indem Sie den x-Wert des Minimumpunktes zur Zeitangabe nutzen.

Teilaufgabe 2.2
- Der Anstieg des Temperaturverlaufes ist im Wendepunkt mit positivem Anstieg am größten.
- Nutzen Sie den x-Wert dieses Wendepunktes zur Zeitangabe. Beachten Sie, dass der Zeitpunkt nach Mitternacht gefragt ist und **keine** Uhrzeit.

Teilaufgabe 2.3
- Bestimmen Sie die Zeitpunkte, in denen die Temperatur 25,0 °C beträgt, mit dem Ansatz f(x) = 25.
- Berechnen Sie aus den beiden Zeitpunkten die Zeitspanne.

Teilaufgabe 2.4
- Notieren Sie die allgemeine Gleichung einer Funktion 3. Grades $g(x) = ax^3 + bx^2 + cx + d$ und deren 1. Ableitungsfunktion.
- Notieren Sie die gegebenen Informationen als Koordinaten dreier Punkte und beachten Sie dabei, dass einer der Punkte ein Extrempunkt ist.
- Erstellen Sie mithilfe der Punkte ein Gleichungssystem mit vier Gleichungen und vier Unbekannten.
- Lösen Sie dieses Gleichungssystem mit dem GTR.
- Notieren Sie die gesuchte Funktionsgleichung.

Teilaufgabe 2.5
- Nutzen Sie für die Lösung folgendes Integral:
$$\int_{x_{N_1}}^{x_{N_2}} h(x)\,dx, \text{ wobei } x_{N_1} \text{ und } x_{N_2} \text{ die Nullstellen der Funktion h sind.}$$
- Vergessen Sie die Einheit bei der Angabe des Ergebnisses nicht.

Teilaufgabe 2.6

- Wenden Sie den Hauptsatz der Differenzial- und Integralrechnung an, hier:

$$\int_0^a h(x)\,dx = [H(x)]_0^a = H(a) - H(0) = 7{,}2$$

- Lösen Sie die entstehende Gleichung 3. Grades mit dem GTR und wählen Sie die richtige Lösung aus.

Teilaufgabe 2.7

- Wählen Sie eine geeignete Zufallsgröße X, z. B. „Anzahl der Tage mit Niederschlag". Diese Zufallsgröße X ist binomialverteilt mit den Parametern $n=3$ und $p=0{,}3$.
- Berechnen Sie für das Ereignis A die Wahrscheinlichkeit für $X=0$.
- Berechnen Sie für das Ereignis B die Wahrscheinlichkeit für $X \leq 1$.

Teilaufgabe 2.8

- Nutzen Sie zur Bestimmung des Ablehnungsbereiches der Nullhypothese die Binomialverteilung: $P(X>k) = P(X \geq k+1) \leq 0{,}05$, wobei die Zufallsgröße X die Anzahl der ausgewählten Wettervorhersagen, die zutreffen, angibt.
- Ermitteln Sie k z. B. durch Probieren mit einem GTR-Programm zur summierten Binomialverteilung.

Lösungen

$f(x) = -0{,}00178 \cdot x^4 + 0{,}05 \cdot x^3 - 0{,}33 \cdot x^2 + 0{,}37 \cdot x + 16$ ($x \in \mathbb{R};\ 0{,}00 \leq x \leq 18{,}00$)

Dabei gilt:
x ... Zeitpunkt nach Mitternacht (in Stunden)
f(x) ... Temperatur (in Grad Celsius) zum Zeitpunkt x

2.1 $f(10{,}00) = \underline{\underline{18{,}9}}$

10,00 Stunden nach Mitternacht betrug die Temperatur $\underline{\underline{18{,}9\ °C}}$.

Die niedrigste Temperatur im angegebenen Zeitraum wurde um $\underline{\underline{5{:}13\ \text{Uhr}}}$ gemessen.
Der Wert ergibt sich aus der x-Koordinate des lokalen Minimumpunktes $E_{Min}(\underline{\underline{5{,}22}} \mid 14{,}73)$ der Funktion f.

$5{,}22 \stackrel{\wedge}{=} 5{:}13\ \text{Uhr}\quad (0{,}22 \cdot 60\ \text{min} \approx 13\ \text{min})$

2.2 Den Zeitpunkt für den größten Temperaturanstieg findet man, indem man den Wendepunkt der Funktion f bestimmt, in dem die Steigung positiv ist, und dessen x-Koordinate für die Zeitangabe nutzt.

Weg 1:
Unter Nutzung der TRACE-Funktion des GTR:
$W(11{,}33 \mid 21{,}23)$ mit $f'(11{,}33) = 1{,}79$

11,33 Stunden nach Mitternacht

Weg 2:
$f'(x) = -0{,}00712x^3 + 0{,}15x^2 - 0{,}66x + 0{,}37$
$f''(x) = -0{,}02136x^2 + 0{,}3x - 0{,}66$
$f''(x_W) = 0$

$x_{W_1} \approx 11{,}31$

$x_{W_2} \approx 2{,}73$ entfällt, da $x > 5{,}22$ gelten muss, denn für $x < 5{,}22$ fällt die Temperatur (vgl. Teilaufgabe 2.1), somit ist die Steigung negativ.

Ca. 11,3 Stunden nach Mitternacht ist der Anstieg des Temperaturverlaufes am größten.

2.3 $f(x) = 25$ für $x_1 \approx 13{,}71$ und $x_2 \approx 16{,}46$
$f(x) \geq 25$ für $x_2 - x_1 = 2{,}75$

Für rund 2,8 Stunden beträgt die Temperatur im angegebenen Zeitraum mindestens 25,0 °C.

2.4 Allgemeine Gleichung von g:

$g(x) = ax^3 + bx^2 + cx + d$ x … Zeitpunkt nach Mitternacht (in h)
$g'(x) = 3ax^2 + 2bx + c$ g(x) … Temperatur (in °C) zum Zeitpunkt x

$P_1(7{,}00 \mid 18{,}0)$ $\Rightarrow$ $g(7) = 18 = 343a + 49b + 7c + d$
$P_2(12{,}00 \mid 27{,}0)$ $\Rightarrow$ $g(12) = 27 = 1\,728a + 144b + 12c + d$
$P_3 = E_{Max}(15{,}00 \mid 30{,}0)$ $\Rightarrow$ $g(15) = 30 = 3\,375a + 225b + 15c + d$
und $g'(15) = 0 = 675a + 30b + c$

Die Lösung des Gleichungssystems bestimmt man mit einem geeigneten GTR-Programm.

$$g(x) = -\frac{7}{240}x^3 + \frac{107}{120}x^2 - \frac{113}{16}x + \frac{135}{4}$$

2.5 E ... Energie pro Fläche (in kWh pro m²)

$$E = \int_{x_{N_1}}^{x_{N_2}} h(x)\,dx = \frac{128}{15} \approx \underline{\underline{8,5}}$$

mit $h(x_N) = 0 = -\dfrac{x_N^2}{80} + \dfrac{x_N}{5}$

$x_{N_1} = 0$

$x_{N_2} = 16$

Die zu bestimmende Energie pro Fläche beträgt ca. 8,5 kWh pro m².

/ Die Lösungen werden mit dem GTR bestimmt.

2.6 $E = 7,2 = \int_0^a h(x)\,dx = \int_0^a \left(-\dfrac{1}{80}x^2 + \dfrac{1}{5}x\right)dx$

$7,2 = \left[-\dfrac{1}{240}x^3 + \dfrac{1}{10}x^2\right]_0^a$

$7,2 = -\dfrac{1}{240}a^3 + \dfrac{1}{10}a^2$

$0 = -\dfrac{1}{240}a^3 + \dfrac{1}{10}a^2 - 7,2$

$a_1 \approx 19,4$
$\underline{a_2 = 12}$ } a_1 und a_3 entfallen, da sie <u>nicht</u> die Bedingung $0 < a < 16$
$a_3 \approx -7,4$ erfüllen.

Der gesuchte Wert a beträgt a = 12.

Bis <u>12 Stunden</u> nach Sonnenaufgang wird eine Energie von 7,2 kWh pro m² abgegeben.

/ Die Gleichung 3. Grades wird mit dem GTR gelöst.

2.7 X ... Anzahl der Tage mit Niederschlag
(X ist binomialverteilt mit n = 3, p = 0,3)

$P(A) = P(X = 0) = \underline{\underline{0,343}}$

$P(B) = P(X \leq 1) = \underline{\underline{0,784}}$

/ Die Lösungen bestimmt man mit einem geeigneten GTR-Programm.

2.8 X ... Anzahl der ausgewählten Wettervorhersagen, die zutreffen
p ... Güte der Wettervorhersage für den kommenden Tag
H_0: $p \leq 0{,}9$
H_1: $p > 0{,}9$
Entscheidungsregel: $X \leq k$ Entscheidung für H_0
$X > k$ Entscheidung für H_1
P(Fehler 1. Art) = P_{H_0}(Entscheidung für H_1)

$P(X > k) \leq 0{,}05$ X ist binomialverteilt mit $n = 120$, $p = 0{,}9$
bzw. $P(X \geq k+1) \leq 0{,}05$

Die Lösung findet man mit einem geeigneten GTR-Programm.

Lösungsvorschlag:
Ermittlung der kritischen Zahl k mit einem GTR-Programm zur summierten Binomialverteilung durch Probieren:

$P(X \geq 112) \approx 0{,}1414$

$P(X \geq 113) \approx 0{,}0784 > 0{,}05$

$P(X \geq 114) \approx 0{,}0382 < 0{,}05$

$\quad\quad \hookrightarrow k + 1 = 114$
$\quad\quad\quad\quad k = 113$

$\Rightarrow$ für $X > 113$ bzw. $X \geq 114$ Entscheidung für H_1

$\Rightarrow$ Ablehnungsbereich von H_0: {114; ...; 120}

Liebe Kundin, lieber Kunde,

der STARK Verlag hat das Ziel, Sie effektiv beim Lernen zu unterstützen. In welchem Maße uns dies gelingt, wissen Sie am besten. Deshalb bitten wir Sie, uns Ihre Meinung zu den STARK-Produkten in dieser Umfrage mitzuteilen:

www.stark-verlag.de/feedback

Als Dankeschön verlosen wir einmal jährlich, zum 31. Juli, unter allen Teilnehmern ein aktuelles Samsung-Tablet. Für nähere Informationen und die Teilnahmebedingungen folgen Sie dem Internetlink.

Herzlichen Dank!

Haben Sie weitere Fragen an uns?
Sie erreichen uns telefonisch **0180 3 179000***
per E-Mail **info@stark-verlag.de**
oder im Internet unter **www.stark-verlag.de**

Lernen • Wissen • Zukunft

*9 Cent pro Min. aus dem deutschen Festnetz, Mobilfunk bis 42 Cent pro Min. Aus dem Mobilfunknetz wählen Sie die Festnetznummer: **08167 9573-0**

Erfolgreich durchs Abitur mit den **STARK** Reihen

Abiturprüfung

Anhand von Original-Aufgaben die Prüfungssituation trainieren. Schülergerechte Lösungen helfen bei der Leistungskontrolle.

Abitur-Training

Prüfungsrelevantes Wissen schülergerecht präsentiert. Übungsaufgaben mit Lösungen sichern den Lernerfolg.

Klausuren

Durch gezieltes Klausurentraining die Grundlagen schaffen für eine gute Abinote.

Kompakt-Wissen

Kompakte Darstellung des prüfungsrelevanten Wissens zum schnellen Nachschlagen und Wiederholen.

Interpretationen

Perfekte Hilfe beim Verständnis literarischer Werke.

Und vieles mehr auf www.stark-verlag.de

Abi in der Tasche – und dann?

In den **STARK** Ratgebern findest du alle Informationen für einen erfolgreichen Start in die berufliche Zukunft.

Alle Titel zu
Beruf & Karriere
www.berufundkarriere.de

Lernen • Wissen • Zukunft

Bestellungen bitte direkt an
STARK Verlagsgesellschaft mbH & Co. KG · Postfach 1852 · 85318 Freising
Tel. 0180 3 179001* · Fax 0180 3 179001* · www.stark-verlag.de · info@stark-verlag.de

*9 Cent pro Min. aus dem deutschen Festnetz, Mobilfunk bis 42 Cent pro Min. Aus dem Mobilfunknetz wählen Sie die Festnetznummer: 08167 9573-0